教师成长必读系列

丛书主编

刘春琼 刘 建

· What Every Teacher Should Know About ·
(SECOND EDITION)

Trust Matters
Leadership for Successful Schools
MEGAN TSCHANNEN-MORAN

信任的力量
成功学校的领导力
第二版

[美] 梅甘·茜嫩-莫兰 / 著

程晋宽 / 译

上海教育出版社
SHANGHAI EDUCATIONAL
PUBLISHING HOUSE

献给鲍勃（Bob）、布琳（Bryn）和埃文（Evan），从他们那里，我学习了"信任"这门最重要的功课。

献给米歇尔（Michelle）、安德烈斯（Andrés）、埃丽卡（Erika）和西奥（Theo），他们通过对"爱的力量"的精彩展示丰富了这门功课。

我阅读《信任的力量》(第一版)已经有一阵子了,但我还是能够回想起梅甘·茜嫩-莫兰巧妙地把故事与分析融合起来的诀窍,这影响了我的思维,极大地促进了我后来的研究工作。第二版更好!第二版和第一版一样,充满智慧和洞见,源于经验,成于学者的不懈努力。该书主要关注学校领导者的关键角色,回应了背信弃义、信任破损如何修复的问题,以及在政府和公共监督达到前所未有高度的背景下,与家庭和社区建立信任纽带的必要性。信任和值得信赖是教师和学校有能力提高学生学习水平和成绩的关键,这是该书的主题思想。每章结尾给出的反思性提醒不仅对主题思想起到支撑作用,而且给出了强有力的揭示性信息。该书具有人文特征,贴近实践,并具有循证的学校改进要旨,是所有教育工作者的必读书。

——克里斯托弗·戴(Christopher Day)
英国诺丁汉大学教育学教授

学校成功的领导依赖于信任,包括教师对校长的信任,以及社区对学校的信任。在解释信任这一关键动力方面,没有人比梅甘·茜嫩-莫兰做得更好。对所有在职的和即将上任的学校领导者来说,这是一本必读书。

——史蒂芬·雅各布森(Stephen Jacobson)博士
美国纽约州立大学布法罗分校教授

在影响学校领导者工作的因素中，很少有什么事情比教师、家长和学生之间的相互信任更加根本。本书基于可获得的最佳证据，以颇具可读性的写作风格，为建立、恢复和维持领导者所需的信任，让学生获得更好的教育，提供了全面、精彩的实践指南。为了与你一起工作的每个人，请读一读这本书！

——肯尼斯·利思伍德（Kenneth Leithwood）

加拿大多伦多大学荣誉退休教授

对学校教育这一社会事业中的每个人来讲，信任非常重要，因为在学生、教师、领导者、家长、社区成员之间，信任既是核心的，又是弥散的。著名学者梅甘·茜嫩-莫兰将她在这一领域的研究成果转化为教育工作者可以立即使用的内容，其写作风格清晰、灵动，有洞见。

——帕梅拉·D. 塔克（Pamela D. Tucker）

美国弗吉尼亚大学教授

总　序

　　"教师成长必读系列"是上海教育出版社教育与心理出版中心策划、出版的一套教师教育类译丛,2018—2021 年推出第一辑。第一辑主要选自美国培生教育出版公司出版的 *What Every Teacher Should Know about* 系列。这些著作面向中小学教师和师范生,其中超过半数图书多次再版,受到各方好评,在美国大、中、小学都有很大影响。第一辑的六本书分别是《课堂管理的第一本书》(第三版)、《教学第一年生存指南》(第五版)、《教师的专业素养》(第三版)、《教育评估》《行动研究》和《课堂管理》(后三本集为《教育评估、行动研究与课堂管理》翻译出版)。第一辑所选图书以实践为导向,理论联系实际,将各学科基础理论与中小学教育实践进行很好的整合。

　　自译丛第一辑出版以来,编者与译者收到来自师范院校在读学生、一线教师以及相关专家和学者等的积极反馈。他们肯定了这些图书对推进我国教师教育理论研究与实践,促进中小学教师专业发展,提升师范生综合素养等方面的重要作用与借鉴意义。具体来看,首先,这些反馈肯定了丛书第一辑内容丰富且接地气的一面:既涉及教育管理、教育测量等理论性较强的专业性领域,也涉及教师职业化、教师职业规划等发展性主题，很好地体现出教师专业发展知识基础的基本构成。其次，这些反馈肯定了丛书的实践性。丛书短小精悍，内容精练，注重实用，以把问题讲清楚作为主要目标，以好用、易行为主要原则。这些著作直面实践，确实能做到"让读者看懂，看懂后马上能照着做"。再次，读者肯定了丛书的翻译质量。丛书译者均为相关领域专家，其中不乏学科带头人，他们以深厚、扎实的学术功底与积累，严谨、认真的工作态度和作风保证了译丛的质量。

自译丛第一辑出版以来，教师教育领域经历了持续且日益深化的改革，面临诸多挑战。在教育政策方面，《新时代基础教育强师计划》等一系列文件的出台对教师教育提出了新要求与新方向。在社会实际方面，ChatGPT 等人工智能的发展对教师教育领域产生了冲击，发起了挑战，而"双减"政策的落地也需要教师教育在广度和深度上加以拓展。无疑，教育处于一个剧烈变革时代，教师教育是改革重点。

困难与挑战并存的时刻，也是创造性迸发的时刻，教师教育领域从来不缺乏理论和实践探索。国际上很多学者都在该领域做出卓越贡献，很有必要博采众长，多方借鉴。鉴于读者对丛书第一辑的积极反响，基于我们对社会和教育发展、市场需求以及国外相关研究成果的关注与追踪，出版社与丛书主编联系各位专家、学者进行了译丛第二辑的选题论证工作，确定以下五本图书：《更好的行为：给教师的指南》(*Better Behaviour: A Guide for Teachers*)、《信任的力量：成功学校的领导力》(第二版)(*Trust Matters: Leadership for Successful Schools*, Second Edition)、《写给早期教育实践者的学习理论》(第二版)(*Learning Theories for Early Years Practice*, Second

Edition)、《从备课到上课：精心设计与有效教学的力量》（第二版）（*Explicit Direct Instruction: The Power of the Well-crafted*，*Well-taught Lesson*，Second Edition）和《品格教育何以有效：学校改进的 PRIMED 原则》（*PRIMED for Character Education: Six Design Principles for School Improvement*）。

第二辑有以下特点：

第一，在第一辑的基础上，研究广度和深度有所提升。丛书第一辑以"第一年""第一本""应知应会"为关键词，注重基础性和普适性。第二辑则选择相对专业和专门的主题，具有一定的问题特定性或领域特定性。如《更好的行为：给教师的指南》是一本心理学著作，主要介绍教师如何在实践和管理中进行"行为理解"，把日常的主题纳入教师影响与管理、学生行为改善、师生互动、家校互动等，体现了教育生态化。《从备课到上课：精心设计与有效教学的力量》（第二版）基于大数据研究和思路为读者展示显性直接教学法（EDI）的运用和作用。《信任的力量：成功学校的领导力》（第二版）介绍了基于对信任和教师自我效能感的研究以及非暴力沟通等理念开发的一套教练模式。《品格教育何以有效：学校改进的PRIMED 原则》则是对北美品格教育学校实践的集大成介绍。另外，丛书第一辑主要面向未来从事中小学教育工作的师范院校学生、中小学在职教师和相关人员，第二辑中的《写给早期教育实践者的学习理论》（第二版），将读者群扩大至学前教育专业学生、学前教育在职教师和相关实践者。

第二，坚持实践导向。教师教育离不开实践，从某种意义上讲，它是基于实践的。第一辑译著的特色，也是我们的选书原则——基于专业理论、注重专业理论知识的通识性表达、直面教育实践、操作性强、聚焦现实问题——在第二辑继续贯彻。即便是理论性较强的著作，如《写给早期教育实践者的学习理论》（第二版），它对每一种学习理论的阐述也都包含其在实践中的具体体现、实践活动与讨论主题，并设置案例研究，以深化对理论的把握。《品格教育何以有效：学校改进的 PRIMED 原则》从学校具体实践的角度来谈如何切实落实持续三十多年的品格教育研究之大成。因此，从某种程度上说，虽然第二辑所选著作多为最新研究成果，并不是基础理论著作，但作者们都能够将理论以实践化方式呈现，使得这些著作兼具理论前沿性、创新性和应用性。这样的成果对当下我国教师教育更具启发与借鉴意义。当然，我们也需要注意文化差异和制度差异。

本辑译者主要来自南京师范大学、广东外语外贸大学等高校，他们中有教师教育硕士点负责人，有各地教育研究的中青年专家。译者均具有深厚的英语阅读和翻译功底，态度认真负责，致力于将理论研究应用于中小学实践。他们怀着对教师教育的热爱和热情，对教师教育学科发展的祝福与希冀参与翻译工作。在此致谢且感念！丛书的出版得到诸多领导、专家与学者的帮助，南京师范大学教师教育学院冯建军院长、李学农教授、杨跃教授等领导和专家对丛书的翻译与出版给予了指导和帮助。上海教育出版社谢冬华编审和廖承琳编辑为丛书的策划和出版提供了宝贵建议，付出了艰辛努力，在此一并致谢！

鉴于我们的水平所限，翻译过程中难免存在失误，敬请读者不吝批评指正。

刘春琼

2024 年 6 月于随园

前　言

　　在芝加哥一个冷到破纪录的早晨,我的丈夫鲍勃(Bob)——当时还是一位年轻的市内牧师——接到一位身有残障的教会成员的电话,这个成员说自己要去教堂。鲍勃心地善良,具有不屈不挠的精神,尽管困难重重,他还是决定带她去教堂。于是,他不得不冒着零下的气温去借了辆车,发动车子预热。经过不懈的努力,他终于发动汽车上路,可没开多久,发动机冒烟,指示灯亮了,故障警告显示:发动机油盘的油冻结了。由于没有润滑油,发动机因过热停止了运转。结果因为要更换发动机,鲍勃花费了高昂的修理费。

　　这件事对我们运行一所缺乏信任的学校有很多启示。信任在组织运转中起到润滑剂的作用,没有信任,学校不仅不能获得发展,达不到值得称道的目标,而且可能会经历过热的摩擦冲突。如果学校不能在其所服务的众多群体内部与群体之间建立信任、确立信任和维持信任,就无法成功地发挥领导力。有了信任,学校才更有可能从教职员工的合作和富有成效的努力中获益,这反过来又有助于教育者获得期望的学生成就。

　　一旦学校拥有社区的绝对信任,学校领导者就会感到他们理所当然会得到学校内部和外部的信任。大体而言,过去学校领导者是一个地位高、压力小的岗位,但现在,情况往往相反。所有社会机构和领导者都受到前所未有的高度关注,我们就生活在这样一个时代。因此,在这个复杂而迅速变化的世界,领导者越来越难以获得和维持信任。这种与信任渐行渐远的趋势对学校领导者提出了特别的挑战,因为信任对于学校承担培养学生成为负责任、有成效的公民的根本使命至关重要。因此,理解学校信任的本质和意义就显得更加紧迫和重要了。学校领导者要有欣赏和培育信任的动力,以收获信任带来的益处,既改善组织的适应性和生产效力,又提高学生的学习成绩。

没有信任,学校就不可能成功地改善和实现其核心目标。本书旨在为学校领导者提供切实可行的建议,不仅包括如何建立和维护信任,而且包括信任破损后如何修复。为了阐明信任是如何在学校中发挥作用的,我在书中融入了对三位校长的案例研究。在这三个案例中,一位校长成功地培育了全体教职员的信任,而另两位校长,尽管出于好意,但由于没能成功地驾驭信任这一关键资源,学校效能受到损害。通过这些案例研究,我希望展示学校领导者在培育教师、学生和家长之间的高信任关系方面发挥的作用。这些案例中的名字都是虚构的,但案例研究本身是基于真实的校长及他们各自学校教师的访谈。三位校长分别领导一所小学,学生主要来自低收入和少数族裔家庭,三所学校处于同一城市学区,彼此相距几英里。这些是三所小学的相似之处。但三位校长采取的学校领导方式以及由此建立的与教职员工的关系,都非常不同。这些案例为探讨学校领导方式提供了生动的事例,甚至充满善意的学校领导者也可能最终造成教师的不信任,并且在产生不信任的情况下,不可避免地付出高昂的代价,包括士气骤降、学校效能逐步衰落、学校失去优秀人才。

第一章探讨学校中的信任问题。本章介绍了三位校长。格洛丽亚·戴维斯(Gloria Davies)是一位激进的改革者,她忙于激烈的权力斗争,与教师渐行渐远。弗雷德·马丁(Fred Martin)是一位维稳型校长,想要避免冲突,却失去了教师的信任,由此导致的不信任文化对学校效能产生了负面影响。格洛丽亚校长和弗雷德校长的案例分别展示了他们对冲突做出的"战斗型"和"忽略型"反应。这两个案例与布伦达·汤普森(Brenda Thompson)的案例形成鲜明对照。布伦达·汤普森是一位高支持型、高挑战型校长,她通过关心体贴他人和努力工作赢得了教师们的信任。在这三所学校中,格洛丽亚校长承担了太多改进学校的任务,弗雷德校长承担得太少,布伦达校长则成功地把握了改进学校和在学校里培养积极的人际关系之间的平衡。正如第一章说明的,由于学校的社会和政治环境的变化,学校建立信任的背景变了,学校领导者在处理信任问题时要更加细心和周到,并且要运用智慧。

尽管人们对信任的含义通常有一种直觉的理解,并且对别人做出的信任判断具有某种依据,但要精确定义信任并不容易。在第二章,我根据自己当校长的经历和可靠的文献综述,给信任下了一个全面又综合的定义:信任是基于对他人的仁慈、诚实、公开、可靠和胜任力的信心而易于相信他人的一种意愿。这些方面都会以布伦达校长的领导故事予以说明,涉及她的领导风格及其领导风格如何在教师中逐步发挥作用。布伦达校长在信任的上述所有方面都表现得老练成熟。她对教职员工关爱有加,被尊为高度正直、勇于担当的人,她从不滥用私权,并且不辞劳苦,树立了与众不同的教育领导者形象。这些特征使布伦达校长能够激励教师更加努力地工作。在某种程度上，由于布伦达校长拥有值得信任的领导力，布鲁克赛德小学(Brookside Elementary School)的学生在可测量的和不可测量的方面都取得了比预期更好的表现。他们的成绩大大提高了，整所学校的参与度和成功率显著提高。

信任是一个复杂而动态的过程。第三章探讨影响信任发展的因素。启动信任的动力包括促进信任形成的制度支持诸因素，以及使声誉发挥作用的诸因素。第三章还探讨了个人因素，如性格对信任、价值观和态度以及心情和情绪的影响。促成真正的信任是这种信任发展过程的目标。

第四章探讨背信弃义的动态关系，包括在已经形成的信任关系中，是什么触发了背信弃义。这将以充满善意、平易近人的弗雷德校长的故事予以说明。由于弗雷德校长既不愿意做出具有挑战性的决定，也不愿意让教师负起责任，教师们感到没有保障，易受到伤害，有被骗的感觉。他固执地选择避免冲突，导致学校猜忌盛行。不信任文化令学校付出的代价包括沟通受到限制，难以通过共同决策获得教师的洞见，降低了组织的归属感和承诺水平。

第五章探讨报复及其受害者对背信弃义的反应范围。该章讲述了格洛丽亚校长的故事，她掌管一所表现不佳的学校，决心对学校做出积极的改变。然而，她的领导方法被认为是有操纵性的和不公平的，打破了与教师的信任关系。她的那些领导策略让教师感到被疏远和不被信任，引发抱怨、权力斗争和蓄意破坏。格洛丽亚校长的领导导致这所学校受到一种控制性的文化的伤害。很难想象她最终能够成功实现那些愿望。

第六章探讨领导者在学校教师之间培育高质量关系中的角色

作用,还考察了信任型学校环境具有的某些积极效果,诸如更大范围的合作和强烈的自我效能感,它们可以激发更强的动机和坚持力。

第七章探讨与学生建立信任的动态关系,指出即使是在一个具有挑战性和多样性的城市环境中,也有应对和克服信任的阻碍因素的方法。"学生成绩"这样的学校底线会直接对信任产生冲击,该章的研究报告证明了这种关系。第七章还从依恋理论出发,对学生与教师的不当行为提出了其他思考方向。

第八章讨论了建立学校与家庭信任桥梁的挑战和回报,调查研究了在这些复杂的和经常充满感情的关系中,信任的各个方面是如何发挥作用的,因为家庭的积极参与正是信任的结果。

第九章关注信任修复这一艰巨的任务,并为修复学校受损的信任提供了实用建议。鉴于信任受损代价高昂,且重建信任过程艰难,学校领导者必须投入更多的精力,并将建立和维持更强的互信关系放在首位。重建信任可采用"4A 赎罪法":承认错误(admit)、真诚道歉(apologize)、请求宽恕(ask for forgiveness)、修正做法(amend your ways)。采取建设性的态度和行动,建立明确的界限,传达承诺和可信的威胁,以及采用建设性的冲突解决策略,也有助于修复信任。

最后一章着重讨论了让学校领导者值得信赖的行为。信任在校长"建构愿景、做出表率、教练辅导、经营管理和调解斡旋"等职能中起着重要的作用。此章的建议旨在帮助学校领导者在日常工作中获得信任这种强有力的资源,以使学校更加富有成效。

除这十章外,本书还包含两个实用附录。附录一为学校领导者和有志于评价学校信任度的学者列出了三个信任问卷,包括学生对教师的信任问卷、家长对学校的信任问卷、教师对学生和家长的信任问卷。这些调查问卷可与计分说明及常模配合使用，以便从业者可以比较自己学校的信任水平与其他学校的信任水平。附录一的末尾对学校领导者如何建设性地使用这些调查问卷给出了建议。附录二提供了需要探讨的三种理论思想的附加资源，包括依恋理论、欣赏型探究（appreciative inquiry）和教育中的非暴力沟通。

培养信任没有捷径。建立信任是一个需要反思和关注环境背景的复杂过程。第二至十章末尾的"付诸行动"部分提供了实用建议，以便将各章观点在学校付诸实施。此外，各章列出了要点重点供参考。最后，每章结尾都设计了"反思与讨论题"，提醒你探索如何将该章的观点运用到特定情境的信任发展中。如果将本书作为课程、专业发展系列或合作学习小组的部分内容，各章的观点对你可能有所帮助。

大家对本书第一版的积极反馈一直是我专业生涯中最值得欣慰的。最有价值的反馈是，读者告诉我阅读《信任的力量：成功学校的领导力》教会了他们对话的语言和组织方式，这正是他们学校迫切需要但又一直不知道如何进行的。同样极具价值的反馈是，教育领导专业的教授给我分享了他们研究生的反馈，学生们认为《信任的力量：成功学校的领导力》是领导力培养课程方案中令人印象最深刻和最难忘的内容。令人兴奋的是，无论是经验丰富的学者还是年轻学者，都见证了学校信任研究所呈现的快速发展。我们当然关注社会各方面存在的信任问题，特别是教育中的信任问题。我不能将这种发展归功于对信任研究的兴趣，但我很高兴能参与其中的对话。

我从第一版的成功中学到了很多,特别是故事的力量。我起初没有刻意去寻找三个典型的学校领导者,以说明他们切合二维的领导理论,展示领导者在工作任务和人际关系这两个维度的情况。直到对数据进行深入分析后我才意识到,三位校长在领导模型四分图中分别代表三个象限的典型:高任务、低关系的校长(格洛丽亚校长),低任务、高关系的校长(弗雷德校长),高任务、高关系的校长(布伦达校长)。这三位校长的故事生动展现了信任这一核心内容的多种表现形式,并提供了有力的背景支撑。尽管这些故事令人兴奋,但直到我开始在全国乃至世界各地讲解本书内容时,我才意识到他们代表的是经典的领导风格。好些人对我说:"我认识弗雷德校长,我正在为一个像他一样的人工作!"或者,"我有幸为布伦达校长工作。"这三位校长的故事开始具有象征意义和人生意义。记得有一天下午,我的一个教育领导专业的实习生坐在我办公室里抽泣,她大声说:"我只是害怕我会成为另一个格洛丽亚校长!"我希望本书会对她有所帮助,并能够帮助其他人规避在缺乏信任的环境中推进学校改革的风险。

本书吸纳了多领域的理论和研究,主张学校领导者需要注意在学校建立和维持信任关系。它为如何修复受损的信任关系提供了实用建议,并有助于学校领导者学会解决学校和社区中存在的信任危机,进而构建有效的工作关系。信任是学校成功的重要源泉,学校领导者需通过学习知识与技能来培养信任关系。本书旨在引发读者深入探索信任与领导力,解析其多维特性和动态演进,激发研究兴趣。

致　谢

Acknowledgments

　　我很幸运，在我的生命中，包括在撰写本书的过程中，邂逅了许多美好的值得信赖的人，他们仁慈、诚实、开朗、可靠，有能力。我的丈夫鲍勃就是其中之一，他是我最亲爱的老朋友，而且永远是一位明智且乐于助人的教练。他用鼓励的话语、奇思妙想、一杯茶、技术上的援助以及温暖的拥抱，给予我持续的支持，特别是在我写作中感到焦头烂额的时候。我很高兴地看到他与教育工作者能够通过学校转型中心（Centre for School Transformation）将这些材料运用于工作中。

　　我要特别感谢本书的所有贡献者，他们与我分享了其学校生活故事。我还要感谢我在威廉-玛丽学院的学生，他们就书中的观点和问题与我进行了积极的对话，他们提出的问题和做出的评论有助于我理清思路。

　　从许多方面来说，本书的创作灵感源于35年前的一段经历，当时我是芝加哥一个低收入地区的一所非传统小学的创始人和领导者，我感激那些与我一起经历这段人生旅程的人。带着为社区的孩子营造一个更健康、更人性化、更有效的教育环境的愿望，我们在这个城市的一个非常艰难和危险的角落开创了一片清新的绿洲。14年来，虽然我们经常面对巨大的挑战，但学校里的信任文化支撑着我们。信任是我们完成使命、通向成功的关键，我们的使命是"尽早在贫困学生的生命中释放教育的力量，以打破贫穷的循环"。写作本书的动力，就是渴望分享在这种语境下获得的经验教训。

一路走来，如果不是受到一些重要教师的指导，包括韦恩·K. 霍伊（Wayne K. Hoy）及其妻子安妮塔·伍尔福克·霍伊（Anita Woolfolk Hoy）以及辛西娅·乌琳（Cynthia Uline），我是无法这么明白地说出我们这所小学校如此成功的秘诀的。我在威廉-玛丽学院的同事也是值得信赖的领导者的优秀榜样。

感谢乔西-巴斯出版社（Jossey-Bass）的凯特·加格农（Kate Gagnon）、特蕾西·加拉格尔（Tracy Gallagher），以及其他所有帮助促成本书第二版出版的人。我也受益于一个很棒的评论家团队，他们提出的建设性的、具体的和有益的反馈，让这本书变得更好。

最后，特别感谢我最亲爱的家人和亲人，他们对我创作本书给予了极大的支持。感谢我的丈夫鲍勃、我的孩子布琳（Bryn）和埃文（Evan），以及他们的配偶安德烈斯（Andrés）和米歇尔（Michelle），这些年来，他们一直是本书写作过程中的忠实啦啦队员和鼓励者。我也很感激我的妹妹毛拉（Maura）和她的丈夫戴夫·罗恩（Dave Rawn），感谢他们坚定的关心和随时的聆听。此外，我深深地感激我的公公鲍勃·茜嫩（Bob Tschannen）给予的爱和慷慨，我也不会忘记我的母亲芭芭拉·朗克·贝拉尔德

（Barbara Longacre Belarde）和我的婆婆琼恩·茜嫩（June Tschannen），她们都以自己独特的方式教会我信任。我的愿望是，每个人都像我一样，在人生的旅途中得到值得信赖的亲友的深深祝福。

梅甘·茜嫩-莫兰

2014 年 2 月

目　录

Contents

第一章

信任问题

> 我要的不多,我只要信任;而你知道,这不容易得到。
>
> ——林戈·斯塔尔(Ringo Starr)

有时,甚至是最具善意的校长,都不能把事情做正确。有时,他们也无法领导学校成为自己想象和希望的那种更有成效的共同体。当这些好心的校长未能获得教师和学校共同体的信任时,他们的愿景注定要遭受挫折和失败。请大家思考格洛丽亚校长和弗雷德校长的故事,他们在同一个城市学区分别领导一所学校。

意图良好

当格洛丽亚·戴维斯得知自己被分配到所在学区最差的小学之一林肯小学(Lincoln School)时,她决心要改革这所学校。她认为,林肯小学的学生主要来自低收入家庭,许多人居住在附近的安置项目住房中,他们应该得到更好的教育。她想实施一种全新的更有力度、更加严格的课程,尤其是在阅读方面。为了扭转学校的局面,实现必要的变革,她想让教师们积极行动起来。而且,她还计划解雇所有不能为了学生利益而积极作为的教师。她认为这是自己对学生的亏欠。格洛丽亚校长经常宣称："我不是为了教师而工作的，我是为了学生及其家庭而工作的。"

然而，直到她在林肯小学工作的第三年，学校仍未能取得她所希望的成果。她陷入与林肯小学教师激烈的权力斗争中。她因工会的规章和程序限制了自己的权力而感到沮丧。教师对她极为抱怨和不满，认为她的做法具有操纵性，粗暴严苛。学校理事会会议制度是该学区批准建立的一种共同决策机制，这引发了一场有关规则的书面战争，各方都引用学区合同或工会指导书中的章节来支持其立场。虽然格洛丽亚校长最终成功地辞退了一位不受制度保护的非终身制教师，但她试图辞退那些老教师的努力遇到了远超出目标教师范围的对抗。学校危机四伏，士气低落，学生成绩仍然很差。为了保护自己，格洛丽亚校长经常把自己关在办公室，很少到学校四处看看，除非她要对试图辞退的教师进行突然袭击式的课堂观察。可悲的是，格洛丽亚校长要转变这所趋于失败的学校的梦想没有实现，这很大程度上是因为她的方法让教师们不再信任她，并导致怨恨、权力斗争和消极怠工。

弗雷德·马丁是弗里蒙特小学（Fremont Elementary）的校长，这所学校距离林肯小学只有几英里。弗雷德·马丁是个友善的人，面带微笑，性格随和。在社区里，教师、学生和家长大多很喜欢他，他对许多低收入家庭学生面临的困难处境表示同情，他同样同情那些在城市环境中进行教学的教师，这些教师也必须面对各种压力。弗雷德校长认为自己是一个进步的校长，他把许多重要的和有争议的决定委托给学校理事会裁决。他认为自己在理事会中保持低调是赋权教师成为学校决策者的一种表现。他认为自己是公正的，通常能理解冲突双方。因此，他不愿意做出被认为是偏袒某一方的决定。他感到失望的是,他的学生在州评估测试中表现很差,但他认为应该让决策者理解他和学校教师面临的挑战。

弗雷德校长对冲突的苦恼以及试图避免冲突的做法,并没有实现弗里蒙特小学中的零冲突。相反,由于缺乏有效解决冲突的直接措施,学校中的不和与分歧逐步升级。当教师们把行为不端的学生送到弗雷德校长那里,希望他给这些学生纪律处罚时,教师们感到他给那些学生的更像是一次慈父般的谈心,这让教师们非常愤怒,感到没有得到校长的支持。教师之间有冲突时,也是他们以自己的方式来解决。当他们去找弗雷德校长解决冲突时,他总想避免站在哪一边或支持哪一方,完全不做出任何判断。他让教师们去找学校理事会,或者简单地告诉他们需要自己解决问题。结果,教师间的怨恨累积多年。学校里的教师与许多从附近家长中雇用的教师助手之间的怨恨,已经成为学校文化中根深蒂固的一部分。教师们认为这些助手懒惰,不愿意做他们受雇来做的工作,而助手们却觉得教师们不热情、要求苛刻,而且粗鲁无礼。与此同时,州和学区的问责措施给学校越来越大的压力,但学生成绩却没有明显提高。

尽管格洛丽亚校长和弗雷德校长都希望塑造具有建设性的学校环境,但他们都没有成功。从这两所学校出现的这些情况来看,它们缺少什么呢? 它们缺少的是信任。因为校长不被教师们信赖,他们也没有以积极有效的成果来展示自己的努力。格洛丽亚校长是一位激进的改革者,她太急于改革,以至于难以培养自己需要的人际关系,难以让教师参与进来,努力实现她鼓舞人心的学校愿景。她采取的强硬措施被教师视为背叛。弗雷德校长则试图通过避免冲突来保持和谐的关系,却因善意的不作为而失去了教职员工的信任。他想让大家都开心,却导致学校的普遍不安,引发了无法描述、持续潜在的紧张、不稳定的情绪。虽然教师喜欢弗雷德校长,觉得可以得到他的同情,但他们无法指望他为了教师们的利益而采取行动,因为他不想让任何人发怒。教师们感到很无助,认为自己没有得到支持和保护。

这两位校长的故事展现了校长在面对教师抵制变革时采取了截然不同的应对策略——要么过度维护自己的权力,要么退出争斗。这两种反应方式都损害了信任,妨碍了校长领导能力的发挥。格洛丽亚校长过于关注学校改进的任务,忽略了为形成共同愿景及提高学生成绩付出集体努力所需关系。她认为自己的主要责任是教育学生,而不是提升教师的舒适度与满意度,虽然这一想法是正确的,但她没有领会到校长必须通过其他人来完成自己的工作。相反,弗雷德校长过于注重关系,而以牺牲校长的任务为代价。由于校长的任务涉及对学校共同体成员福祉的保护,弗雷德校长极力避免冲突的做法伤害的正是他努力寻求提升的关系本身。由于他的退缩,弗雷德校长在为学生提供高质量教育的同时,却没有向教师展示出校长应有的领导力,未能构建组织结构和支持。

弗雷德校长和格洛丽亚校长都被认为存在责任问题(Martin,2002)。格洛丽亚校长对其学校变革的倡议行动的责任感过重,这就阻碍了教师在学校变革过程中形成同舟共济和主人翁精神。在极力维护校长权威的过程中,格洛丽亚校长把自己的观点说得太完美,而教师们却没有控制权,对那些会影响他们工作与生活的决定也没有发言权。她的行动缺少一种关爱意识,辜负了教师们对校长的期望，使他们开始质疑她的正直，对她的信任大打折扣。与此相反，弗雷德校长承担的责任太少了，他把决策权交给了没有决策专长的教师们，也没有通过指导和培训来支持教师们获得管理学校所需的决策技能。他没有展示出建立信任所需要的能力和可靠性。所以，虽然他很受欢迎，但他的教职员工和更广泛的学校共同体并不认为他值得信赖。

这两位校长存在的问题并不罕见。像格洛丽亚这样的新校长，常常感到进入学校环境后就要进行开创性变革。缺乏经验的校长往往对自己的权威缺乏信心，因此新任校长的一个常见错误就是过于强势地在学校建立自己的权威。巴思（Barth，1981）指出："我认识的很多新任校长，他们的新角色是倡导者、朋友、帮手、支持者、熟悉的前同事，但在他们工作第一年的年末，他们已经成了魔鬼对手、提出要求者、执法者、法官和限制的制定者。"（p.148）要建设一所具有高信任度的学校，这种做法可能适得其反。建立信任需要耐心和计划，但新任校长往往缺乏耐心，他们总希望"昨天就已经完成任务"。

弗雷德校长显然是缺乏重要的领导技能的，如解决冲突的能力，他在修炼这些技能方面没有受到足够的专业教育和训练。也许他还缺乏勇气和毅力去面对学校领导者必须面对的一些让人不舒服的方面，尤其是在学校变革时。在面对抵抗时，他退缩了。尽管在学校授权教师参与真正的决策是一种实现更高质量决策的有效手段，但弗雷德校长没有为教师有效地实现共同领导提供必要的指导和培训。学校里的教师和学生要解决冲突，不仅需要具有同情心的倾听者，还需要有人能够安排组织管理的过程，从而形成有效的解决方案。

举止得体

上面这两种情况并不少见,校长一定不要走上其中任何一条道路。布伦达·汤普森是布鲁克赛德小学的校长,这所学校服务的学生群体与在同一个城市学区的林肯小学和弗里蒙特小学相似。布伦达校长以其值得信赖的领导赢得了教职员工的信任。通过平衡对学校学生和教师的强烈关怀与高绩效期望,布伦达校长培育了全校性的学校信任文化。学校的改善责任是共同的,布伦达校长通过努力工作为师生树立了榜样,并激励学校教师付出额外的努力。这些努力的回报是,该校学生的学习成绩高于学区平均水平。布伦达校长对教师和学生的关心体现在她的平易近人上。在教学日,布伦达校长很少待在办公室,她更喜欢把时间用于巡视走廊、教室和餐厅,她还把午餐休息时间用在巡视操场上。在教师和学生面临困难时,她总会伸出援手。她是一个值得信赖的顾问,善于倾听,能够提供深思熟虑、大有裨益的建议,具有作为一名教育工作者的专长。在教师面对问题或不知道该做什么时,她没有责怪教师,也没有让他们觉得难堪。她的关怀还延伸到学校之外,教师、学生和家长会在校外向她寻求生活上的帮助。布伦达校长的关爱基调也体现在对教师的关心和对学生的关怀上。学校改善的动力源于这种关爱的氛围:关爱推动师生共同努力,这是在具有挑战性的环境中维持积极的学校氛围不可或缺的力量。

布伦达校长明白,学校的工作主要是通过各种关系开展,所以她为建立这些关系投入了大量时间和资源。学校有许多年度传统活动,这些活动不仅促进了教师间的团结合作,还让学生及其家庭与学校建立了良好关系。学校每学年开始都会举办一次冰激凌社交活动,学生及其家人可以在非正式的有趣环境中与教师和辅助人员见面,然后大家一起投入认真严肃的工作。学校另一个重要的营造共同体的传统活动是一年一度的秋季过夜晚会,也被称为"露营之夜",学生及其家长在混合年级中参加令人愉快的实地体验活动。这个活动由家长教师会(PTA)提供膳食,学生及家长在学校里过夜。布伦达校长还利用当地的高低绳索攀越课程,每年两次,让三至五年级学生与他们的教师一起体验具有挑战性的团队建设活动,并邀请家长一起快乐地游戏。布伦达校长也会适时加入进来,她常穿着牛仔裤和登山靴——对学生来说,这种装扮与她一贯的高跟鞋和职业装打扮形成了一种有趣的对比。布伦达校长还为全体教员安排了共同工作、分享观点和资源的时间,在大多数的教学日里提供共同备课的时间。学校也不是没有冲突,但强烈的共同体意识对建设性地解决不可避免的分歧起到了支持作用。

从这三位校长的故事中,我们可以了解到值得信赖的学校领导的重要作用。他们都是真实的校长,这本书中教师的呼声都来自真实的访谈。各章中的短小故事片段均来自同教师和家长的面对面交流,以及多年来我在这个主题上进行教学与写作时与学生的交流。

校长及其他学校领导者要想取得成功,就必须赢得学校共同体利益相关者的信任,校长需要了解信任是如何建立的,以及信任是如何失去的。精通信任之道,将有助于学校领导者建设更成功的学校。

信任与学校

当我们以怀旧的目光转向较早时代的学校时，会发现过去的学校似乎一度拥有社区的绝对信任。学校领导者在社区中受到高度尊重，基本上是不受质疑的社区成员。教师被看作具有宝贵专业知识的人，他们懂得孩子是如何学习的，以及什么才是对孩子最好的。当一个孩子在学校受到惩罚时，家长会接受并支持学校做出的判断。如果说这样的时光过去真的存在过，那么这是现在很多在学校工作的人难以体验到的。

重要的是，学校领导者不要把对学校的不信任视作个人的事，这种对学校的不信任是由经济、政治和社会力量造成的，是更大的社会模式的一部分。我们现在生活在一个所有社会机构都会受到前所未有的审视的时代，我们会受到媒体的持续关注。媒体会对丑闻进行猛烈攻击，披露商业领袖、政治家、教会领袖、非营利组织的管理者以及学校领导者是如何出于自身利益而不是为了他们声称要为之服务的选民的利益而行动的。这些揭露削弱了我们对这些机构及其领导人曾经的信任，并逐步削弱他们的基本合法性。

哲学家拜尔（Baier，1994）指出，我们开始关注信任，正如我们关注空气一样——只有当空气变得稀少或受到污染时，我们才会予以关注。如今，我们社会的信任似乎确实已受到损害，而且处于稀缺状态。不断变化的经济现实和社会期望使生活变得更加不可预测，信息传播的新方式在不断增加负面信息的可获得性的同时，增强了人们对负面信息的渴望，我们开始更多地"关注"信任。在媒体不断曝光坏消息的过程中,在促销一切商品时,从投资公司到美发沙龙,信任已经成为广告商最喜欢的主题。我们中的许多人似乎在期盼信任更容易获得的日子。

不断变化的期望

新的经济现实和日益严重的社会问题给学校带来了越来越大的压力。从经济上看,经济的日益全球化加剧了竞争,致使社会对学校成果的期望不断改变。这种经济转变使发达国家中低技能工作的比例在降低。我们的经济依赖于具有更高技能的劳动大军,以及更高比例的高中文凭获得者。毕业生不仅要精通基本技能,还要善于推理和解决复杂问题。他们必须能够在团队中工作得很好,因为在工作场所他们很可能会遇到非常复杂的问题,那是一个人无法独自解决的问题。学校还要提供更强大的劳动力队伍,以使其国家在全球市场上保持经济竞争力。与此同时,经济差距在不断扩大,低收入人群面临的问题日益增多。虽然在某种程度上大众媒体对学校的批评被过度夸大,而且学校所做的经常比报道的要好得多,但面对需要不断去适应的变化的世界,学校的压力巨大(Berliner & Biddle,1995)。

对公平的渴望

在我们的社会中,公平的意义越来越突出。公民真诚严肃地期望所有人能够获得平等的机会和权利,以实现经济安全和发展。随着信息的增多,人们也日益意识到收入越来越不平等,来自不同社会阶层的人在机会和结果方面存在差距。

随着这种公平意识的增强,那些权力不够强大的人也希望不那么容易受到伤害，那些具有巨大权力的专业人士对弱势群体具有决定命运的影响，各行各业的专业人士拥有的知识越来越强劲有力，既影响着个人，也影响着公共福利（Barber，1983）。随着信息获取途径的不断扩大，许多人不再满足于只做一个被动客户的角色。医生发现，他们的许多病人都在独立研究自己的病情，提出详细的问题，并给出自己的治疗建议。律师的很多客户已经了解法律上的先例和操作策略，认为这些对自己的案子可能会有所帮助。家长也在开展研究，并感到被赋予了更多的权利，可以为教育制度中儿童的利益辩护，并可以对学校工作人员的专业知识和专门技能提出质疑。

为实现社会更大公平，学校被托付了大部分责任。那些教育我们孩子的人被赋予了更高的期望，学校专业人员的行为不仅会影响孩子的现有福利，而且会影响他们未来的教育和经济潜力。以前，学校的主要功能在很大程度上是对来自社会各阶层的学生进行筛选和排名，一些特别能够引起注意的例外有助于维护我们社会精英制度的信念。在这种精英制度中，任何有能力和职业道德的人都能够克服其出身的不足，并能够在经济或政治上获得成功，但在现实中，就社会地位和取得成功而言，学校通常还是维持着社会现状。学校的这种倾向已经受到抨击，而且在很大程度上学校的教育目标要转变为促进所有学生学习机会和结果的更大平等，即使是残障学生和来自较低社会经济阶层的学生（Goodlad，1984）。

然而，学校——特别是那些为贫困人口服务的学校——还挣扎在为实现这些新愿望的斗争中。在"布朗诉教育委员会案"判决要求废除公立学校种族隔离半个多世纪后，学校消灭种族和阶级差别、提供平等学习机会的梦想似乎还远远没有成为现实。当教育工作者要担负起降低社会中经济差距带来的影响的责任时,学校越来越多地感受到公众不信任带来的攻击。政策制定者对学校改革的步伐缺乏耐心,制定了学生成绩表现标准,并随着时间的推移提高了这些标准的严格程度。他们强制推行通报的要求,披露学生在学习结果上存在的差异,以表明这些学生过去在学校没有受到充足的教育;他们还鼓励各州制定严格的新教师和校长评价制度,要让教育工作者对学生的学习负责。这些多样的政策倡议的共同点是不能充分信任教育工作者正在尽一切努力支持学生的学习。

随着人们对学校的期望越来越高,以及在许多情况下这些期望没得到满足,他们对学校的信任大打折扣。从某些方面来说,这些破灭的希望和不信任,正是促进公立学校非常成功的原因,因为随着那些受到更好教育的公众的知识增长和推理能力的提高,他们能够与专业人士、专家和领导者建立关系,推动学校变革。教育制度的成功就是创造了条件,使普通人能够批判性地思考并挑战现状。其结果是,更好的教育催生了对领导者和专业人员更大的信任需求。

变革的压力

在社会和经济风云变幻的时代,政治力量正在迫使学校做出必要的改变,以达成新的、更高尚的目标。现在迫切需要辨别和解决的是那些困扰低绩效学校的问题。然而,正如格洛丽亚校长的教训那样,急于改变并不足以扭转一所濒于失败的学校。由于教育工作者没有始终如一地对学校负起责任,因此丧失了公众的信任,于是人们就把成绩标准强加于学校。负面信息的披露已使学校从自满平静的状态转变为向新的问责措施妥协。然而,像弗雷德这样的校长,在还不了解如何形成富有成效的学校文化的手段和技巧时,就会对这些措施予以抵制和抱怨。像格洛丽亚这样的校长则会对改革的缓慢步伐失去耐心,并试图在那些不愿配合的教师中强力推进改革,这就会导致不满和怨恨,而不是结果的改善。要领导一所学校走向成果丰硕的变革,就需要拥有布伦达校长这样的智慧,耐心地运用支持和挑战这两种领导方式。

信任的重要性

当信任在社会上供不应求时,学校要珍惜自己曾经拥有的信任及其合法性。值得信赖的学校领导者必须学会创造条件,让学校内部以及学校与社区之间充满信任。像布伦达校长这样赢得了学校共同体成员信任的学校领导者,能够更好地在变化的世界完成教育多样化学生群体这项复杂的任务。互相信任的校长和教师能够更好地为应对学校教育中的挑战而共同努力。这些领导者创造了一条信任纽带,这条纽带有助于激发教师向着更高层次努力并取得更高的成就;这些领导者还创造了通过结构和规范来引导行为的信任条件,这种条件促进了教师之间的信任,并帮助教师解决那些不可避免的冲突。更为重要的是,这些领导者还通过他们的态度、构建的组织架构和规章制度,培育了学生和教师间高度信任的文化。

民众越来越不信任他们的机构和领导人,这种与信任渐行渐远的趋势给学校带来了特殊的挑战,因为信任是达成核心使命的基础。学校需要家长的信任，也需要那些提供支持和基金的社区的信任。为了学习，学生必须信任教师，因为无数证据表明，学生在学校里学到的很多东西正是他们信任的教师教给他们的或推荐他们阅读获得的。不信任教师的学生或彼此不信任的学生，很可能会把精力转移到自我保护上，而不是投入到学习中。没有信任，教师和学生都不太可能冒险去进行真正的学习。此外，那些感到不受教师和管理者信任的学生，当他们逐渐与学校疏远，形成疏离、叛逆的青年文化时，可能会产生学习障碍，事实上，他们可能会生活在一个不信任、低期望的学校环境中。值得信赖的学校领导者会率先垂范，与学生和家长建立信任关系，成为教师努力培养这些信任关系的榜样。

在学校里，信任不再是理所当然的，它必须被认真地培养和维持。学校领导者在确定信任的基调方面担负最大的责任。现在是学校领导者掌握培养信任的学问的时候，因为值得信赖的领导是成功学校的核心。

本章要点

- 拥有社区信任的学校领导者更有可能成功地营造富有成效的学习环境。

- 现在，所有机构都受到前所未有的审视，信任是学校面临的挑战。

- 为了实现公众对社会更大公平的愿望，学校被托付了大部分责任。因此，孩子的教育者被寄予了更高的期望。

- 缺乏信任，学校可能会在提供建设性的教育环境和达成社会为学校设定的具有挑战性目标的努力中深陷困局，因为学校会把投入在教育多元化学生群体这个复杂问题上的精力转移到自我保护上。

• 值得信赖的领导是富有成效的学校的核心。

反思与讨论题

1. 回想你在信任度很高的一所学校工作或学习的时光,那是什么样的? 信任对学习过程产生了什么影响? 哪些条件有助于支持这种信任?

2. 在你目前的学校,信任出现或消失的迹象是什么? 教师在多大程度上相互信任? 他们在多大程度上信任学生? 你注意到信任的出现或消失会产生什么影响吗?

3. 你如何知道自己是否正在为学校的持续改进承担适当的责任? 承担责任太多或太少会产生什么问题? 你要为教师提供哪些技能和支持,以助力他们在变革过程中承担有意义的角色?

4. 为了培养与家长和整个社区的信任关系,你采取了哪些措施? 当媒体对学校有很多负面报道时,你会采取哪些特别措施来培养学校和社区之间的信任关系?

5. 你在多大程度上信任自己学校的教师和学生? 如何增强这种信任?

第二章

界定信任

> 信任是把一个人在乎的东西托付给他人，相信他人有能力并且愿意去保护自己所托付的东西。
>
> ——拜尔（Baier，1994，p.128）

信任之所以重要，是因为我们不能单枪匹马地创造或维持我们最为关心的许多事情。信任体现在以下情境中，一是我们必须依赖他人的能力，二是他们愿意照顾我们所珍视的东西。因为我们必须让别人帮助照顾我们所珍视的东西，所以，如果他们愿意，他们就被置于可以随意损坏我们所珍视的东西的位置（Baier，1994）。在当今社会，我们把很多自己最珍视的东西投资给学校。我们把孩子送到学校，相信他们在学校是安全的，不会受到伤害，还会受到指导和教育，以符合我们对他们的最高期望。此外，我们集体资源中有很大一部分是以税收、校舍和本地就业机会的形式投资于学校。另外，学校还要负责保持和促进我们的共同价值观和理想，它们要负责培养和保护我们珍视的尊重、宽容和民主的理念以及社会公平的愿望。很明显，这就是为什么信任已经成为学校的一个紧迫问题。

信任被比作黏合剂和润滑剂，这似乎自相矛盾。作为"黏合剂"，信任可以把组织的参与者彼此联结在一起。没有信任，组织就会四分五裂。要富有成效，要完成组织的目标，学校就需要整合的、合作的关系，信任对形成这些关系是至关重要的（Baier，1994；Goldring & Rallis，1993；Louis，Kruse，& Associates，1995）。信任可以把领导者与追随者联结在一起，没有这种联结，管理人员只能依靠权威确保教师遵守合同规范和工作要求，不能带领一个教师队伍走向伟大。作为"润滑剂"，信任能够减少组织内部摩擦，当成员相互信任，沟通会更为顺畅，工作效率随之提高。没有信任，就会产生阻碍学校工作的摩擦和冲突，人们就会把精力用于制定防范措施，以防止其他伙伴可能的或令人担心的背信弃义。学校需要信任，以培育沟通意愿，提高效率。

信任也是一种选择。信任是一种基于证据的判断，但又超越了可以通过理性予以证明的证据。信任方会从在乎双方的关系走向忠诚于对方。所罗门和弗洛里斯（Solomon & Flores，2001）指出，信任是"通过言说、对话、承诺和行动培育的。信任从来都不是可以'信手拈来'的，它一直需要通过人的努力才可以得到，它是能够被创建的，并且经常必须是被有意识地创建的"。（p.87）他们还断言，正如用其他方式不公平地对待一个人是不道德的一样，没有正当理由地拒绝信任也是不道德的。所以，仅仅根据民族、种族、性别或其他形式的团体成员身份去猜疑一个人，而不看其行动或行为，也是不道德的。

学校中的信任会通过领导行为得到培育或降低。培育了信任的学校，可以获得更大的适应性和革新性带来的效益，以及成本降低的好处（Mishra，1996；Moolenaar & Sleegers，2010）。不幸的是，有利于信任产生的条件本身也会允许信任的滥用

（Elangovan & Shapiro，1998）。尽管信任的文化会带来红利，但组织的动力往往会使事情复杂化，因为层级制度形成的权力差异增加了人际交往的复杂性。层级组织结构中服从与汇报的机制，以及上级对下级不受认可行为的惩罚权，都可能对建立跨层级的深度信任关系构成挑战。学校领导者可以通过真诚的关爱、坚定不移的努力，配合深思熟虑的行动和主动性，来克服这些潜在的障碍。

什么是信任

当我们说信任某人时，我们大多依靠直觉来判断这意味着什么。信任是难以界定的，因为，在决定将信任托付给某个人时，我们所作的判断是复杂的。信任是一个多层面的概念系统，意味着许多元素在同时运作，它们共同驱动着信任作为一个整体系统的发展。这些驱动因素或方面可能会随信任关系的情境变化而变化。信任也是动态的，表现在它可以随着一种关系的进程而发生变化，随着预期得以实现的程度以及两人之间相互依赖的性质的变化而变化。例如，当两位曾经是朋友的教师被安排在一个团队中，并被期望参与共同的课程计划时，他们相互依赖的性质就会发生变化，并可能引起对彼此信任水平的重新评估。当我从哲学、心理学乃至商学与经济学等众多领域的研究文献中检索、查证信任的各种定义时，那些不断重复出现的主题启发我形成了以下定义："信任是一个人基于对另一个人的仁慈、诚实、公开、可靠和胜任力的信心，是把自己置于容易受到伤害境地的意愿。"(Mishra，1996；Tschannen-Moran & Hoy，1998，2000)

相互依赖的脆弱性

在相互依赖的情境下，信任最为重要，因为一方的利益在不依靠另一方的情况下就不能实现。与相互依赖相伴的是信任的脆弱性，只有双方相互依靠才能获得他们在意和需要的东西，否则信任并不是必不可少的；同样，在一个人能够完全控制另一个人的行动的情况下，信任也不是一个重要问题。但当双方相互依赖，他们是否有意或愿意做出合适的行动具有不确定性时，就需要冒信任之险了（Rousseau，Sitkin，Burt，& Camerer，1998；Solomon & Flores，2001）。对他人施以信任的人，都会认识到可能会遭受他人的背信弃义和伤害。反过来，当期望的行为出现时，这种出于信任而做出的冲动行动也会促进信任的进一步发展。可以说，信任反映了一个人依靠另一个人的意愿，以及把自己置于容易受另一个人伤害境地的程度（Baier，1994；Bigley & Pearce，1998）。

早期信任研究中出现的谜题之一是，在一个容易受伤害的信任情境中，是个人的行为重要，还是个人的态度重要。例如，当家长把年幼孩子交给学校，但对这样做又存在极大的疑虑和担心时，能说家长信任学校吗？家长的行动是在自愿增加得到负面结果的风险，但他们是带着某种程度的焦虑去做的。做出把自己置于受到另一人伤害的风险中的决定，可能出于很多动机，包括需要、期待、对规则等的遵从、冲动、天真、自虐或信任（Deutsch，1960）。虽然心怀焦虑地把孩子交给学校的家长与心态轻松地把孩子交给学校的家长在行为上是一样的，但他们对学校的信任水平是非常不同的。越来越多的人认为，信任水平的高低在于一个人面对危险时拥有的信心程度，而不在于可能会增加危险的选择或行动

（Rousseau et al., 1998）。所以,信任的脆弱性是指"信任对于他人可能但非预期的恶意是脆弱的,但这种脆弱是可以接受的"（Baier, 1994, p.99）。

学校要让家长信任其能力,不仅要照顾、保护好他们的孩子,而且要塑造他们的思想和行为。人们期望学生在离开学校时,与他们进入学校时的状态相比,发生了变化,而且相信会变得更好。学校也要求社区承担很大风险,社区需要以税收和提供学校建筑物的形式,以及在社区内提供重要的就业机会,和学校分享一大部分集体资源。学校及其工作人员需要极大的信任,因为如果学校表现不佳,学校就会处于失败的危险境地。糟糕的学校对学生个体和整个社区都有严重的负面影响。

信任的五个方面

教师和校长在教育学生的共同任务中是相互依赖的。因此,校长—教师关系提供了一个窥视学校信任动力的窗口。在布伦达校长的故事里,我们提供了一个值得信赖的学校领导者的榜样。她以及格洛丽亚校长和弗雷德校长的故事,揭示了人们可以据此做出信任判断的各个方面。信任的每一个方面——仁慈、诚实、公开、可靠和胜任力——在这几位领导者所在学校内部的关系中都得到了体现。

仁慈

信任的最基本成分和公认的方面也许是一种对他人的关怀或仁慈。仁慈是一个人把自己的幸福或在意的东西托付给信任的人去保护而不会被伤害的那种信心（Baier, 1994; Zand, 1997）。在给予信任时，一个人因另一个人的善意而感到安全，相信另一个人会以其最大利益为出发点，避免故意或有意地伤害自己。在持续发展的关系中，持续信任所要求的未来行动或行为通常不是具体限定的，它只是存在一种相互拥有善意的假设（Putnam，2000）。对具体的人和关系的关怀感是如此强烈，以至于一个人可以放心地相信另一个人，如果某件事或抓住某个机会需要以信任的合作伙伴为代价，相信他（她）不会利用这一机会来为自己谋利（Cummings & Bromily，1996）。与仁慈关系密切的是，尊重或承认他人的内在价值或重要性以及他（她）必须对集体做出的贡献。善意的总体取向也被称为自尊（Bryk & Schneider，2002）。在依赖他人并因此容易受到他人伤害的情况下，他人的关怀意图或利他主义的信仰尤为重要。信任教育工作者会关心其子女的家长都相信，教育工作者会以孩子的最大利益为出发点，他们的孩子将始终如一地受到公平且富有同情心的对待。教师也要感到放心，他们会受到公平对待，会得到应有的尊重。

当不相信他人具有仁慈之心时，就可能对总的生产效力产生一种成本，因为人们就会把精力用于确定心理预期或制定替代性计划，或者用于评估万一出现背信弃义的情况时可以获得的援助。不信任其教师或同学的学生是不能专注地学习的，因为他们会把自己的精力用于思考如何保护自己，而不是用于更好地学习。如果关于管理者没有可靠地保护教师或学生利益的故事持续流传，人们就会开始担心自己也可能受到伤害，不信任的漩涡就可能开始形成。

学校领导者可以通过展示仁慈来促进信任：表现出对员工需求和利益的体谅和敏感，以保护员工权利的方式行事，避免利用他人谋取私利。布伦达校长在布鲁克赛德小学以各种方式展示了仁慈。戴维(David)是一位处于职业中期的教师,在布鲁克赛德小学任教九年,他描述了布伦达校长的善意或仁慈的重要性和对教师的影响:

> 我认为,她的潜在动机是帮助你把正在做的事情做到最好。她对你的潜在期望只有善意,没有别的……她总是在想方设法使你强大起来,让你知道你的力量是什么,而且为你找到在她看来也许是你需要继续坚持的方面,既为你提供坚持那些工作的方式,也让你看到其他人是怎么做的。她不仅提出很多期望,而且给予很多支持。

教师们由于得到很多支持,他们更愿意为达到布伦达校长提出的高要求而走得更远。

布伦达校长给予教职员工支持的方式之一,是不断地对他们的辛勤工作表示感激和赞赏,她长期的坚持让所在学校的全体教师越来越满意,并愿意做出承诺。克里斯蒂(Christy)是布鲁克赛德小学的另一位教师,她描述了哪怕是非常小的感激之情对她意味着什么:

> 布伦达校长的期望非常、非常高。我们在放学后花了很多时间工作,甚至周末也要工作,我们比其他学校教师工作得更多。她总是及时给予赞赏。通常在额外工作的次日,公告栏里就会出现这样的话语:"谢谢你们,谢谢昨天晚上参加了活动的人。"我们处在一个非常缺少他人感谢的岗位。家长不再常说"谢谢你",孩子也不太常说"谢谢你教我",但至少她做到了。这正是我需要的,我只需要一丁点儿的谢意。

由于这些教师从布伦达校长那里得到了充分的支持，他们很愿意接受她的指正，并且努力工作以达到她的高期望。凯茜（Kathy）是一位在布鲁克赛德小学工作了 5 年的教师，她表达了这样的感受："尽管有时她会生我们的气，并对我们大吼大叫——我们不会放在心上——但当我们遇到问题并向她求助时，她总是能给我们提供帮助。"

声望既有助于强化"高信任"，又有助于削弱"低信任"。社交网络倾向于将信任关系推向极端，既可以巩固稳固的信任关系，又可能强化破损信任的影响（Burt & Knez，1996）。在信任度高的地方，尽管社会系统中的新进成员会因为各种事件而更加谨慎戒备，但他们也会因为受到鼓舞而表现出信任。在布鲁克赛德小学，尽管布伦达校长可能会偶尔变得脾气暴躁或急躁，但新进员工在同僚的教导下，不会让布伦达校长偶发的脾气和对她的部分负面评论干扰他们信任意识的发展。他们被告知，她如此关心学校，如此为学校努力工作，难免有时会疲倦和易怒，这是可以理解的。新进员工则确信，如果他们需要任何帮助或支持，布伦达校长都会伸出援手。

在高度信任的情况下，人们会毫不犹豫地寻求帮助，因为他们并不担心别人会让他们觉得自己是个不称职的人。他们不会担心自己被视为依赖他人的人，也不会担心让别人不舒服而产生愧疚感（Jones & George，1998）。带着倾听的意愿，布伦达校长还把她的关爱扩展到学校之外，不仅就教师个人面临的问题向他们提出建议，而且在他们生病和觉得悲伤时，以及在他们庆祝和感到喜悦时，她都会与他们在一起。那些希望获得教师信任的校长需要对教师的福祉表现出善意和真正的关心。

当校长看到教师们对新的助理校长做出的年终评价时，她的眼睛都要瞪出来了。"哇！"他说。"她对教师做了什么？"但是，你们知道吗？你可以随时到她办公室和她谈话。你可以给她提出一个你正在处理的问题，她会立刻进入解决问题的工作模式。她从来不曾而且永远也不会用恶语中伤你，说一些类似"你真无能"或"你不能胜任你的工作"之类的话。教师真的欣赏这一点。

——约翰，二年级教师

虽然信任一个人具有情感因素，但其核心并不是一个纯粹的情感过程。信任一个人和喜欢一个人有着重要区别。你有可能喜欢一个你不信任的人，就像你信任一个你并不是特别喜欢的人一样。在弗雷德校长的学校里，我访谈的教师都很喜欢弗雷德校长，但并不信任他。因为关爱只是信任的一个元素，而我们倾向于喜欢那些我们感到仁慈或善意的人，更有可能喜欢那些自己信任的人（McAllister，1995）。可是，情感因素不是信任发展的必要条件。

诚实

诚实是信任的一个根本方面（Butler & Cantrell，1984；Cummings & Bromily，1996；Rotter，1967）。诚实关乎一个人的性格、正直和真诚。当你信任某人时，你相信其所作的陈述是真实的，并且符合"实际情况"。你深信你可以信赖该个体说出的话或做出的承诺，无论是口头的还是书面的，而且相信该个体在未来的行动中会信守承诺。人们从说实话和信守诺言中，可以获得正直的名声（Dasgupta，1988）。

言行一致是正直的表现。正直是指一个人用言语表达的价值观与通过行动体现的价值观之间的合理匹配（Simons，1999），意味着这个人的言谈和举止是高度契合的。当一个人说一套、做一套时，信任就会受到损害。在不确定一个人的话是否可信，并且难以准确预测其未来的行动时，信任是不可能得到发展的。尽管在出现违背承诺的情况下，通过道歉和给出一个貌似可信的解释，信任也可能经受住考验，但频繁地违背诺言可能会对信任构成严重威胁。

当学校领导者为学校制定新的蓝图或变革计划时，若不能持续跟进，并根据现实情况调整改革路线，或不能坚持自己改革计划的原则，结果会比他们压根儿没有开始改革还要糟。追求"短暂时髦"的改革综合征会造成玩世不恭，并会损害信任，不会带来积极、可持续的变革。当格洛丽亚校长第一次来到林肯小学时，她给全体教职员工做的演讲似乎预示着学校将迎来新的篇章，但当她陷入冲突的泥沼时，那些或含蓄或明确的承诺就都无法兑现了。

为了取悦每一个人，或为了避免冲突，管理者有时不能对个体完全做到诚实与坦率。弗雷德校长经常宣称他不会容忍某些行为，如某些教职员工的持续拖延，或滥用病假。但当他的行动与他强硬的言辞不一致时，他并没有采取任何措施来解决这些问题，教师对弗雷德校长的正直失去了信心。如果对威胁或不良后果不能做出跟进处理，可能会与违背承诺一样，对信任造成损害。虽然通过讨好或宽慰被威胁者可以使其从被威胁中得到解放，但领导者的言行不一致会对信任造成损害。

做出不诚实的行为可能比其他方面的失误更具破坏性，因为它被视人品的一种反映。一旦校长被抓到说谎(甚至只说了一次谎),一旦教职员工对校长的话失去信心,信任就可能难以重新建立,因为修复信任所需的沟通工具——语言——现在已变得可疑。西蒙斯(Simons,1999)警告说:

> 语言是管理者指导下属最有力的工具之一。……当牺牲了信誉,管理者就损坏了这种工具,就需要被迫做出更多行动来证明其所言的"真正意思"。(p.95)

我们的校长很少进入教室去听课或给予反馈意见。但当我们进行合格认证巡视时,他就会在整个团队面前说,他每年至少进入每个教室听课一次,甚至更频繁。他说,大多数听课都是非正式的随访。我们都知道这不是真的。我们简直不敢相信,他竟然会当众这样撒谎! 之后,我对他的信任大不如前了。

——金(Kim),高中理科教师

真诚的行为包括三个基本方面:负责任;避免操纵;是"真的"而不是简单地扮演一个角色(Henderson & Hoy,1982;Tschannen-Moran & Hoy,1998)。负责任的特点是对自己的行为负责,避免扭曲事实以把责任转嫁给别人,不推卸责任,不找替罪羊,不指责别人。

真诚是指承担责任的意愿,不仅为了发生的好事承担责任,也为错误和消极的结果承担责任。当校长不断地试图掩盖自己的缺点和错误,把责任转嫁给他人,而不是保护其所期待的声誉,反而更可能导致教师和上级的不信任。

真诚的领导者不会压榨或利用他人,会把他人当作需要尊重的人,而不是被人操纵的棋子。此外,真诚的领导者能够突破角色刻板印象的障碍,以符合他们真实自我的方式行事。其行为的首要促进因素是他们的基本人格,而不是他们如何扮演一些规定角色的想法。尽管格洛丽亚校长扭转林肯小学的意图是好的,但她不够真诚。当事情进展不顺利时,她似乎太急于把责任推卸给教师。例如,当她学校教师的拨款投标失败,她经常指责他们,这让教师们感觉受到了伤害与背叛,因为她也是投标委员会起草投标书的成员,却没有在投标书起草过程中承担自己的责任。教职员工还发现她善于操纵别人,试图让人们围着自己转,并试图解雇不及时妥协和屈从其意愿的教师。随着紧张关系的升级,她自我保护般地退守到安全的办公室里,这使她很少有机会以非正式的、融洽的方式与教师互动,而这些方式正展现了其基本的人格和性格。

公开

公开是一种分享信息、影响力和控制力的过程,在这一过程中,人们易受到他人的伤害(Zand,1997)。当教师与校长的沟通是精准的和坦诚的时,教师就会认为校长是值得信赖的(Bryk & Schneider,2002;Handford & Leithwood,2013)。对决策做出适当的解释,并及时对观察和行动做出反馈,有助于建立更高水平的信任关系(Sapienza & Korsgaard,1996)。公开意味着披露事实、选择、意图、判断和感情。当校长与教师自由交流思想和观点时,不仅提高了教师对校长的信任程度,而且提高了教师的开放程度。

在这种情况下,教师更愿意分享自己的想法、感受和观点,这些宝贵资源可以用于改善学校。教师分享的信息,无论是涉及严谨的组织事务,还是偏向个人生活的问题,都是他们自愿的慷慨给予(Butler & Cantrell, 1984;Mishra, 1996)。

隐瞒重要信息是领导者用来维护权力或操纵员工的一种策略(Kramer, 1996;Mishra, 1996)。那些对分享信息具有戒备之心的人会引起人们的怀疑,因为其他人想知道他们隐藏了什么及其原因。正如公开有助于建立信任,怀疑则会滋生不信任。那些不愿意通过公开来扩展信任的人,最终可能会生活在一个自己设计的孤立牢笼里(Kramer, Brewer, & Hanna, 1996)。一个对自己的行踪保密,拥有相关信息但控制着信息流通和知情权分配的校长,是不可能获得教师的信任的。例如,本书核心内容还在布鲁克塞德小学、林肯小学和弗里蒙特小学被研究的那一年,一位新来的学区主任召集所有校长到学区中心办公室召开为期一周的全天会议。在布鲁克赛德小学,教职员工因为在学校里没有看到布伦达校长,认为会议对学校工作造成了干扰,就把愤怒指向学区主任;而格洛丽亚校长并不觉得应该向教师们解释自己的行踪,因此,教师们怀疑这些会议是捏造出来的,她只是在逃避责任。

沟通的公开性只存在于良好判断的情境中。维持严格的保密标准是领导值得信赖的关键因素。学校领导者可能不得不选择放弃为他们的决定或行动辩护,否则就需要分享机密的信息。我的一些行政实习生在通向学校领导者岗位的征途中,遇到的更痛苦经历之一是,当面对那些毫不知情者的批评时,他们不得不保持沉默。同样重要的是,在任何时候都要"用善意说话"(Reina & Reina, 2005),即不要散布流言蜚语,远离无意的闲聊,避免吹毛求疵,不要传播其他形式的消极情绪。你能够对分享信息和相互影响的那些人采取善意的判断，就意味着你已经考虑到他们的成熟度和承诺，也意味着如果最初缺乏这些方面的成熟度和承诺，你会与他们一道通过长期的努力去培养这些能力。

加强公开性的沟通，可以使学校具有战略优势。在信任氛围浓厚的学校，当问题产生时，教师和工作人员可能会透露更准确、更相关、更完整的信息。哪里的沟通交流能够自由展开，哪里的问题就可以在变得复杂之前得到披露、诊断和纠正。教师们发挥着早期预警系统的作用，能够使校长及时发现初露端倪的问题。在布鲁克赛德小学，教师们认为布伦达校长是平易近人的、公开的。由于她的平易近人，她能敏锐地察觉学校里的一些潜在小问题，并在问题升级之前解决它们。她在午餐休息时巡视操场并重视自己看到的问题，而不是把事情弄得特别耗费时间和精力，去追踪目击者，并把事后发生的事情拼凑在一起。要鼓励教职员工坦诚相待，校长就必须培养信任，这意味着要积极鼓励教师公开地表达他们的不满，包括对校长决策的批评。

我们整个学区的信任度很高。这是我们学区主任带头做起的，他有一个开门办事的政策。这个基调可以在整个学区的中心办公室和学区内所有校长那里得到体现。在这里，你有一种感觉，就是不必害怕冒险，而且如果不成功，你也不会被责骂。他只会问你从经历中学到了什么，这样你就不会再犯同样的错了。

——芭芭拉（Barbara），课程主任

影响力的公开性,能够让其他人发起对目标、计划、概念、标准和资源的变革。让下属参与决策有两个主要原因。第一个也是最常见的原因,就是要赢得承诺。这种动机往往会导致一种共享决策的虚假形式,领导者声称要让教师参与到决策中,教师则会怀疑决策已经做出。这只是领导者玩的一个博弈,试图通过"买进"让他人更好地遵循相关指令。问题在于,教师们看穿了他们的诡计,憎恨他们浪费了自己的时间(更不用说对他们智力的隐性侮辱了)。共享决策的另一种更为真诚的形式源于这样一种信念,即下属的参与会带来更高质量的决策,因为这些人敏于行动,并且拥有领导者可能缺乏的信息和洞察力。当领导者在决策中分享实际的影响力,表现出对教师的信任和尊敬,将更有可能获得信任的回报(Hoy & Tarter,2008;Moye,Henkin,& Egley,2005;Short & Greer,1997)。

控制力的公开性,源于对他人的可靠性和胜任力的信任,以及把重要任务委托给他人的意愿。把权力交给教师,共同商议决策,不仅培养了学校内的信任意识,也随着教师被赋予专业实践核心地位的自由裁量权,促进了更高职业素养的形成(Louis,Kruse,& Associates,1995;Marks & Louis,1997)。值得信赖的领导者往往会分享权力,承担所采取的联合行动的后果,但这会使自己易于受到伤害。通过公开,就可以启动良性的信任循环,从而提升组织中的信任水平。这代表领导者是有信心的,他们既不会利用信息,也不会利用个人;接受者也由此推断,他们可以感受到同样的信心。通过开展信任行动,采取对自己可能并不利的动议,期盼由此能够引导他人做同样的事(Kramer,Brewer,& Hanna,1996)。

在布鲁克赛德小学,虽然布伦达校长并未把所有决策权都交给教

职员工,但她让教职员工参与决策过程,以这种方式维持了教职员工实现学校使命和目标的责任感。凯茜以如下方式描述了这个过程:

> 她对我们的观点进行了大量的民意调查。有时她自己做了一些我们并不都赞同的决定,但大部分情况下她会来问我们:"你们怎么看?"如果我们去当面和她说我们有一个想法,就必须有一个使它奏效的解决方案。她非常开放,会考虑我们的想法。我们的参与对发生的事情非常重要,因为我们必须执行它。我们必须传播它,实施它。

布伦达校长对教师投入的公开性,在一项关于学校教室安排的决定中得到了直观体现。教职员工希望改变教室的布局,以使相同年级水平的团队能够更加紧密地合作,共享资源。布伦达校长则想保持不同年级水平的学生混合编班,以让所有课程计划中都有年龄稍大的学生成为年少学生的"伙伴"。当教职员提出一个折中方案,通过混合每个大厅里不同年级水平的学生来满足这两组学生的需求时,布伦达校长同意了。

可靠

偶尔展现仁慈或不时提供支持,都是不够的。一个人能够持续地依赖另一个人的感觉,是信任的一个重要因素。教师可能会得出这样的结论:校长是个好人,心地善良,甚至非常有能力,如果他们能获得其关注,在需要时也会得到校长的帮助。但如果校长过度承诺,难以有效管理工作时间,或者易分心,就意味着教师在需要时无法指望校长为他们提供必要的帮助,就难以建立信任关系。

信任与可预见性有关,或与知道从别人那里能得到什么有关,但仅仅依赖可预测性并不足以构建全面的信任关系。我们可以预见一个人总是迟到,或者可以预见某人总是恶意的、自私的或不诚实的。当我们的幸福以一种可预见的方式被削弱或破坏时,期望可能会得到满足,但我们并不真正信任对方,即使我们的语言似乎表明了我们的信任("你可以相信约翰能够吹奏这种乐器!")。对某人可靠性的信任,意味着一种信心,我们可以对这个人"放心",他将会根据常规的、一致的预期来行事。可靠结合了可预见性、关怀和能力。在相互依赖的情形中,当需要他人对共同结果产生影响时,一个可靠的人总能让人依赖,始终如一地提供所需的支持和帮助(Butler & Cantrell,1984;Mishra,1996),即不需要花费精力去担心其是否会提供帮助,也不需要花心思去想如何应对其不能提供帮助的情况。

真怀念我们的老校长。当你要问他什么时,他就会说:"让我想一想,等会儿回复你。"而且他的决定都是经过深思熟虑和谨慎判断的。新校长则是当场立刻做出决定,但当她得到更多信息或者有人抱怨时,她就会改变主意。我们从来都不知道什么才是她的最终决定,或者什么时候她会改变主意。大家都只能猜测。

——妮科尔(Nicole),五年级教师

在布伦达校长的学校里,可靠常常体现为解决问题的意愿,不论要花费多大的精力。这就意味着布伦达校长有时要长时间地工

作,以把各种事情处理完。可靠和高度责任感明显是相互感染的。凯茜这样描述自己的校长：

> 布伦达校长是一位非常勤奋的工作狂。她每天早晨6点30分就到学校,直到把所有事情都处理完才会回家。如果有会议,到晚上8点或9点她还会在学校里。看见她这样拼命,学校里的其他教职员工也付出了110%的努力。这里的每个人都非常勤奋。

由于布伦达校长工作得太辛苦——正如我们看到的——偶尔她也会因劳累而变得脾气暴躁。然而,教师们似乎都愿意原谅她,因为大家都意识到她对自己要求很高。大家都感谢她对他们和学校的奉献。

校长要获得教职员工的信任,就需要在行为上表现出足够的一致性,以激励员工的信心,这种信心就是员工在需要的时候可以依靠校长。学校领导者所阐发的信念、学校目标与实际行为之间的一致性,有助于促进他人对其的信任(Bryk & Schneider,2002)。当教师觉得他们可以预知校长的行为时,会有更大的信心(Handford & Leithwood,2013)。我采访的教师说,以可以预测和偶尔特别的方式与领导接触,不仅增强了他们对这些领导者的信任,而且激发了他们自身的工作动力。

胜任力

友善和善意并不总是足以赢得他人的信任。当一个人需要依赖另一个人的技能和能力,但这个人的胜任力不足时,即使该个体是一个具有善意的人，也可能不被信任（Baier，1994；Mishra，1996）。胜任力是根据适当的标准执行一项任务的能力。在学校里，校长和教师相互依赖的正是那种共同完成学校的教育、教学任务的能力。同样，学生也需要依赖教师的胜任力。学生可能会觉得自己的教师很仁慈，并非常希望教师帮助自己学习，但如果教师缺乏学科知识，或者不能充分地传递知识，那么学生可能也不会信任这位教师。然而，如果一个学徒（如实习教师）明显缺乏技能，这是可以理解的，因为这个人仍在学习中，并且注定会犯一些错误。因此，缺乏能力并不会对信任造成破坏（Solomon & Flores，2001）。在这种情况下，不应把失败与背信弃义相混淆，因为这个人没有声称自己拥有必要的技能。制度系统可能就预先设置了防护措施，以保护他人免受因学徒的错误而造成的任何伤害。

我们希望我们所依赖的人，尤其是那些专业人员，对自己已有的技能水平以及能够维持的技能水平要诚实。这种为维持技能水平而付出的努力不仅反映了他们的可靠性，也反映了他们的品格和自觉责任（Solomon & Flores，2001）。问题是人们并不总是对自己诚实（或有足够的洞察力），知道自己的技能丧失以及判断力的受损。与戒酒问题做斗争的学区主任，处于老年痴呆初期阶段的校长，或者"退了休仍在岗"的、对学生不再有效的教师，都会引发重大的信任危机。对于建立在胜任力基础上的信任，声誉会在其中发挥一定的作用。例如学校新来的校长，尽管她有善良的意图，并展现了善意，但如果她以前有胜任力不够或效能不足的声誉，可能也难以获得教师和家长的信任。

教师常常会提到校长胜任力事件。在一项对三所高信任学校和三所低信任学校的研究中，胜任力是最常被提及的对学校领导信任或不信任的影响因素（Handford & Leithwood, 2013）。与胜任力关联的技能包括确定高学业标准、改善学校成果、解决问题、化解冲突、勤奋工作、树立榜样。在高信任学校，校长受到尊重甚至崇拜。这种学校的校长不仅确定了高学业标准，而且要让教师负责，其采取的方式在教师看来既公平又合理。在布鲁克赛德小学，教职员工有信心，相信布伦达校长能够掌控全局。凯茜指出了布伦达校长的胜任力及其对学校的意义。

> 布伦达校长对学校所有事情都了如指掌。她阅读了每一份成绩报告单、每一份会议报告。她每天都与助手一起，亲自做课间休息值日，因为她希望问题发生时自己能够在场，并阻止问题的发生。她不想让问题升级，她想在问题发生的那一刻就阻止。她在很大程度上是学校不可分割的一部分。她就是学校。

受到校长的奉献和投入的鼓舞，教师感到信心倍增。受到关爱，就有了责任感。凯茜接着说：

> 她很少请病假，她总是在这里。她每天上午9点至9点30分，均会到各班级看看，每天都是这样。她总是穿高跟鞋。你可以听到大厅里高跟鞋的咔嗒声，你知道你最好把自己弄得有条不紊。她让大家都知道她是在场的！

这种对工作的投入给教师一种信心，尽管在城市环境中学校会不可避免地面临困难，但人们相信学校正在被有效管理。人们相信学校的问题是可控的。校长不需要过问学校里发生的每一件事，人们甚至不愿意让校长操心。但他们需要有足够的意识去了解问题是何时以及如何出现的，以便他们可以对问题做出回应。

校长展示他们胜任力的一种方式是，他们愿意充当教师的缓冲，并去处理棘手的情况，包括应对难教的学生或恼羞成怒的家长和审慎地应对教职员工之间的问题（Handford & Leithwood，2013）。校长的主要职责之一是保护学校的核心工作即"教与学的过程"不受干扰，校长需要为"教与学的过程"设置抵御来自外部干扰的第一道防线，诸如稳住急于立即与教师谈话的愤怒的家长，或者帮助建立一种认真学习、对学生的不端行为零容忍的学校文化。弗雷德校长失去教师们的信任，原因是在处理不守规矩的学生时没有给予教师支持。教师们认为，他低调处理问题的方式向学生传递了这样的信息：他们可以为所欲为，并且这样做，也可能不会受到严厉的处罚。校长对恼怒的家长或失去控制的孩子做出的沉稳反应和表现出的坚毅态度，可以让一个心烦意乱的教师安心。布伦达校长与家长建立的良好融洽关系有助于其学校教师的工作。克里斯蒂指出：

> 人们非常尊敬布伦达校长。她认识这些家庭。我们持续进行了家访，她甚至不需要去查看其住址就知道他们住在哪里。家长会来到她身边。孩子从布鲁克赛德小学毕业后，家长还会回到她身边。她对家校合作非常投入。

所以说，信任可以让一个人安心，在这种情况下，他（她）所关心的事情至少在一定程度上依赖于另一个人的行动。这种安心是基于他人的意图和正直而建立的信心，这种信心是受到他（她）的公开性、可靠性和胜任力的支撑的。教师对校长的信任，是建立在他们认为自己能够从担任这一领导职务的人身上得到想要的东西之上的。最重要的是，他们期望的似乎是一种来自校长的关爱、仁慈或善意。此外，具有正直声誉和鼓励公开交流的校长可能会赢得教师的信任。由于他们觉得很容易受到一个不称职或不尽心尽力的校长所带来的问题的伤害，所以极易把胜任力作为信任的基础。那些倾向于帮助教师解决工作中出现的问题的校长也更有可能被信任。在各种背景下进行的学校研究中，越来越多的研究证实，上述因素都是学校信任关系的重要方面（Forsyth，Adams，& Hoy，2011；Tschannen-Moran & Hoy，2000；Van Maele，Forsyth，& Van Houtte，2014）。表 2.1 总结了信任的五个方面，它们是领导者值得信赖的关键因素。

表 2.1　信任的五个方面

仁慈	关爱，扩大善意，展示积极的意图，支持教师，欣赏教师和员工的努力，公平，保守机密
诚实	展示正直，说真话，信守诺言，珍视协议，真诚，接受责任，避免操控，真实，做真正的自己
公开	维持公开沟通，分享重要信息，委托授权，分享决策，分享权力
可靠	表现一致，可以依赖，承担义务，勇于奉献，努力勤勉
胜任力	为教师缓冲来自外部的干扰，处置困难的情境，制定标准，追求成果，勤奋工作，树立榜样，解决问题，调解冲突，灵活应变

分化的信任

虽然信任的所有方面都很重要，但它们的相对权重取决于相互依存关系的性质,以及在这种关系中随后产生的脆弱性。一个人的脆弱可以有不同的表现方式,面对不同的人,如对一位亲密的朋友、一位老板、一位投资兄弟,或一位外科医生来说,其表现方式可能各不相同。建立信任可能不需要在所有方面都有高度的信心,只需要在关键的相互依赖的方面有信心。信任转化为不信任,是存在关键临界点的。信任的不同方面可能有不同的临界阈值,这取决于对特定领域的依赖程度,以及人们对期望的失望程度(Shaw,1997)。例如,如果你意识到一个朋友在某些方面不值得信任,且这些方面与你没有直接的关系,诸如他在所得税上进行欺骗,或者在其工作职责方面有点不可靠,但他在与你的交流中是诚实的,你可能无论如何还是会信任他的。

随着相互关系走向成熟,基于印象的和未分化的信任就会演变成一种更加精细的和分化的信任形式。相互依赖的伙伴在持续维系的关系中获得越多彼此的经验,他们就会有越多与信任相关的证据来积累经验。然而,这一过程所形成的信任图景可能不是简单明了的,信任变得更加分化,并且可能是不均衡的。人际关系是复杂多元的,因此,一个人可能在某些事情上信任他人,而在其他事情上又不信任这个人,所以,信任与不信任可能会在同一种关系中同时存在(Lewicki & Bunker,1996;Lewicki, McAllister, & Bies,1998)。例如,考虑这样一种情况,有两位教师多年来一直在同一所学校任教,彼此之间有着多年的信任。然而,当其中一位教师成为学校的助理校长时,他们之间的信任关系就发生了变化。另一位教师很容易受到一种新的伤害,这种新伤害来自其以前的同伴,因为这位同伴在组织中拥有了更大的权威和权力。由于相互依存的性质发生了变化,所以现在他们必须根据这种关系的新维度重新评估信任,特别是在这所学校的文化强调教师和管理者之间存在地位差异的情况下。这个例子提出了一个具有挑战性的问题——如何在不同层级间建立信任。我们接下来会讨论这个话题。

信任与等级制度

在某种程度上,信任依赖于人们根据正式的角色和非正式的规范对另一个人的期望。组织中的现实情况是,个人被赋予不同程度的权力和权威。因为学校中的相互关系具有等级制度的性质,校长对教师和员工就行使了相当大的权力。在这种不对称的关系中,具有更大权力的人有责任建立和维持信任关系。

处于等级制度中不同水平的人,会以不同的方式审视和衡量与信任相关的信息资源。他们彼此心照不宣,对于自己感激他人什么以及他人亏欠自己什么,各方都拥有不同的期待。这些不同的期待影响着信任的形成。在学校里,校长更多地把自己对教师的信任判断建立在胜任力、可靠、担当上,教师对校长的看法则更倾向于建立在关爱、正直、公开上(Blake & MacNeil,1998;Spuck & MacNeil,1999)。地位低的教师自然会关心压榨利用和不公平待遇,地位高的校长则会担心教师是否会逃避责任和暗中破坏学校的工作(Bryk & Schneider,2002)。校长不能时刻监控每一个班级,不得不相信教师正在促进学生成绩的提高,教师则期望程序公正、有可预期的环境、有充足的资源和校长的专业支持。

由于下属更易受到伤害,下属对上司的信任评估似乎过于警觉,甚至连小细节也显得相当重要。当对下属与上司就其关系配对进行采访时,下属比上司回忆了更多与信任关联的事件,他们倾向于更加看重对信任造成的损害,往往不太关注值得信赖是否得到确证(Kramer,1996)。即使是一些小细节,诸如在走廊里打招呼,都可能被高度警惕的下属视为重要的交流方式,而忙碌的上司甚至都没有注意到这些。例如,因为林肯小学的教职员工感到很容易受到格洛丽亚校长一时兴致的伤害,并不信任她,所以他们就密切关注她的情绪和行动,以寻找保护自己的线索。学校的秘书有一个小的橡胶怪物,当格洛丽亚校长心情特别坏的时候,秘书就会把它挂在她的电脑显示器上,以提醒教师;在格洛丽亚校长心情舒畅的日子,她就把它从显示器上摘下来。

学校明显具有两种相互对立的组织取向属性。科层组织依赖于协调和控制的权力等级制度,专业组织则依赖于对专业人员专长的信任,这些专业人员在满足客户的需求方面被赋予独立的判断力。尽管学校有必要采用科层组织的结构,以此完成培养庞大而多样化学生群体的复杂教育任务,但也存在学校领导者过分强调科层因素的危险,暗藏着他们对组织下层的不信任,其代价是牺牲了教师专业主义的形成(Tschannen-Moran,2009)。专业取向的组织会把传统组织结构颠倒过来,把教师的工作放在组织结构的最上面,让他们处于执行组织任务的前线,位于倒金字塔的顶端,管理者则从下面支撑起这项工作。

在富有成效的学校,如布鲁克赛德小学,校长和教师能够在保持各自独特角色的同时,在双方认可的权限边界内进行合作(Hirschhorn,1997)。教师感到有信心,并有权自主行使专业判断。与格洛丽亚校长相对照,布伦达校长行使权力的方式是灵活的、民主的、协作的,格洛丽亚校长的则是僵化的、专制的、强制的。赋予教师专业判断力的程度,与他们对校长的信任水平有关(Tschannen-Moran,

2009）。值得信赖的校长会帮助教师和工作人员解决问题，而不是通过规定性的政策或烦琐的报告要求过分地干涉他们的工作。在富有成效的学校，校长会运用其权力和权威，设计出能够促进教学的结构，以保障教师能够专注，减少不必要的干扰和分心（Hoy ＆ Sweetland，2001）。

付诸行动

校长的行为对学校的信任基调起着关键的奠基作用。作为校长，如果你希望从信任文化的回报中获益，你就有责任通过自己的信任和信任行为建立信任关系（Whitener，Brodt，Korsgaard，＆ Werner，1998）。布伦达校长是值得信赖的校长中的优秀典范，她的故事绝不独特，其他许多值得信赖的校长同样具有她所展现的特征。像布伦达校长一样，他们对学校的教师、员工、学生和家长明显给予了大量关爱，他们对社区所有成员提出的高业绩期望也源于这和关爱意识。布伦达校长既表现出始终如一，又体现出她的胜任力。大家都知道她的正直，而她正是通过沟通和控制的双重公开性激发了大家的信任，使布鲁克赛德小学的教职员工、学生和家长都了解那些对其重要的事情，并参与到重要决策中。她通过表达来加强信任，也得到了信任的回报。

要成为一个值得信赖的校长，最重要的是得让别人看到你是具有善意的人。教师相信你心中装着他们的最大利益，并且会尽可能帮助他们发展成为专业人员。这种关爱的形式在不同学校会有所不同,但明显你会坚信,你会坚定地为构成你们学校共同体的个体谋福利。你需要保护他人的权利和利益,并且必须避免利用他人来维护自己的利益。你可以通过多种方式来促进信任,包括对教师的需要和兴趣表现出体谅与敏感性,通过认真倾听来传递对每个人的尊重,如果有人需要,也可以通过教练来辅导和解决问题。大家能够经常看见你,并了解你的平易近人,更容易看到你给予的支持和关注。

要成为值得信赖的校长,你必须诚实、公正地对待教师、学生和家长。你需要以诚实守信的原则来展示你的正直。你还需要展示你的真诚,对你的行为负责,并避免歪曲事实,不把责任推给别人。当你做错了,或者当你做出的决定给学校共同体成员造成了不乐观的后果时,你要有道歉的意愿,这也有助于提高信任(Greenberg,1993;Konovsky & Pugh,1994)。

你可以通过公开的信息流来培养信任,这不仅能够让你了解处于萌芽中的小问题,而且能够真正地让教师参与并做出重要决定。重要的是,你要保持一致,甚至你的想法都是可以预测的,而不是武断的或反复无常的。你需要努力工作和具有奉献精神,与教师打成一片,并了解学校里正在发生的事情。通过秉持诚信与可靠的原则,你就可以创建一所通过信任文化获得回报的学校。

本章要点

- 信任是一种把东西黏合在一起的黏合剂,也是一种减少摩擦和促进平稳运行的润滑剂。信任还是一种有潜在风险的选择。

- 在相互依赖的情况下,当你不得不在某种程度上依靠别人来得到你渴望的结果时,你要对他人的仁慈、诚实、公开、可靠、胜任力有信心。
- 随着相互关系走向成熟,信任就从印象式的、高度未分化的现象演变为更加精细、分化的具体方面。
- 因为校长在学校相互关系中拥有更大的权力,他们对建立和维护一种信任文化负有更大的责任。
- 校长的行为对学校文化有很大影响。平易近人的校长更能够提供现成的支持,并表现出一致性,显示自己的关注。
- 要得到信任,校长需要乐意把信任扩展给教师、员工、学生和家长。

反思与讨论题

1. 理解信任的五个方面对增强学校的信任文化有何帮助?

2. 你从哪些方面判断自己是一个值得信赖的领导者?你想改进哪些方面?什么样的纪律措施、习惯和技巧有助于你在学校日常工作中关注信任的诸方面?

3. 回忆一件你觉得既需要保护私密性又迫切希望公开的事件。你是如何处理的?结果如何?

4. 讲述一个你被信任的时刻,这种信任让你有能力使他人共同解决一个具有挑战性的问题,否则就很难解决。

第三章

培育信任

> 信任是人类的美德,可以通过言语、对话、承诺和行动来培养。
>
> ——所罗门和弗洛里斯(Solomon & Flores,2001,p.87)

既然信任对学校职能的有效发挥如此重要,那它是如何建立的呢? 这对学校领导者来说是一个根本问题。答案很复杂。信任是一种多维的、动态的现象;信任展开的方式在不同时候和不同地方都不一样;它在一种相互关系的不同阶段呈现出不同特征。随着信任的发展,它在不同水平上"凝结",这取决于各方的相互作用,并随着时间的推移而发展出一种信任关系。信任脆弱性的性质会随着相互依赖程度的变化而改变,也会随着期望的达成情况而改变。最初,信任依赖于假设、体制结构和威慑,诸如对辜负信任的制裁。然而,随着期望得到满足的次数的增多和关爱关系的增强,信任可能会加深。对于希望培养和保持学校信任的领导者,理解信任发展的微妙变化是有效领导的必要前提。

初始的信任

组织的存在是为了完成那些过于庞大、复杂和重要的任务——这是相对让个体独立去完成的任务而言的。当一名新成员加入组织时，他可以通过组织使命体现的共同目标立即建立一种相互依赖的关系。新员工能否取得成功并持续任职，取决于他能否与现存的组织机构形成有效的工作关系，能否服务于组织的目标。当克里斯蒂被雇用到布鲁克赛德小学任教时，她就加入了一个已经稳固建立的学校共同体，这个学校共同体拥有自己的历史、文化和规范。学校里明显存在的友情和良好的幽默感促进了她对学校信任的发展。同样，当格洛丽亚校长担任起林肯小学领导职位时，她就加入了一个正在进行的、具有特定历史和某种期望与目标的行动，人们希望在她的领导下实现这些期望和目标。学校共同体的现有成员对她的行动进行了细心试探，以期寻找能够确认她值得信赖的依据。

随着新工作关系中信任的发展，在形成初始印象的初始阶段之后，便是一个更为尖锐的探索时期，包括承诺时期。在承诺时期，双方之间的信任通过承诺得以建立，即双方都有机会向对方表示愿意接受个人应该承担的信任风险，而不会利用对方的脆弱性获得个人利益。类似求偶行为，双方都小心谨慎，不会侵犯对方的信任（Shapiro，Sheppard，& Cheraskin，1992）。这一承诺时期起始于双方最初的接触，一直延伸到参与者能够相互足够好地了解，以至于能够预测对方的价值观和行为。当参与者开始感受到彼此更为舒适时，可能会出现对信任和影响力的隐性试探，以及试图达成一种相互期望的意愿。

格洛丽亚校长成为林肯小学的校长时，她在承诺期内的行动向教职员工传递了这样的信号：他们应该小心翼翼地处理与她的关系。她认为需要尽快推动变革，这种压力使她没有把时间用于发展信任上，而这正是她领导人们经历变革时需要的。很明显，她虽然是被雇来扭转一所濒于失败的学校的局面的，但她急于变革的言行让那些在林肯小学奉献了多年的人感到没有受到尊重。在第一年结束前，这种关系就已经恶化，彼此充满了怀疑和不信任。从此，他们间的信任难以修复，有效工作关系的重建面临重重困难。

新学区主任刚开始工作不久，我就接到了她的电话，当时我正在大学上课，正在攻读博士学位。我想她晚上给我打电话一定是有很重要的事，所以我走出教室去接她的电话。我是一所学校的校长，这所学校是本学区中根据"第一条款"（Title Ⅰ）设立的三所学校之一。她告诉我，她正在复核我学校的考试成绩。她说我学校的成绩太差，如果我不能够迅速提高学校成绩，她就不再需要我的服务了。但我并未见过这个女人！从此，她开始重视我的工作及其与社区的紧密联系，但是在我们的关系以如此震撼的方式开始之后，我永远不会信任她了。

——朱莉娅（Julia），小学校长

虽然人们会直觉地感受到信任会随着时间的推移逐渐增长，但研究人员惊奇地发现，初始的信任水平往往比预期的高，甚至是在各方不太了解彼此的情况下。当人们与陌生人交往时，他们似乎倾向于展现临时的或试探性的信任，直到暗示其缺乏信任的证据浮出水面，他们才会做出必要的防御性行动。在初始的不信任条件中，这种临时性的信任倾向是有意义的，因为信任是更为容易

的选择。不信任是需要花费精力去预见可能的伤害的，并要以具有谋略的方式避免这种伤害（Berg，Dickhaut，& McCabe，1995；Jones & George，1998）。人们倾向于忽视其他人不分享自己的价值观，并因此在相互关系中没有达成期望的可能性。随着个体的互动，经验要么强化了那些信任的假设，要么消除了初始的值得信赖的印象。一旦有证据导致他们做出存在价值观差异的认识，就可能产生不信任（Sitkin & Roth，1993）。

制度支持

学校和其他组织内的高度初始信任不仅源自对其可信度的合理预期，而且源自支持信任的各种制度，如支持信任的政策、规则和规章等。人们相信，准备就绪的必要组织制度可以让人预见到成功的内部交换关系和期望的结果，这种信念可以支持初始信任的发展（McKnight，Cummings，& Chervany，1998；Shapiro，1987；Zucker，1986）。正式的组织政策以及非正式的社会结构，诸如文化的规范和价值观，支持着信任的发展（Creed & Miles，1996）。这些因素还可以维持从冒险到实现期待的循环，有利于促进信任的深化（Gulati，1995；Sitkin，1995）。

招聘过程中的机制是初始信任的关键制度支持。在雇用新员工时，学校不能太天真，家长和其他纳税人已经将其信任置于制度之中，因为如果没有发现招聘过程中存在的不值得信赖的情况，就是对信任的破坏。招聘过程旨在有意地收集与招聘决策及建立信任相关的信息。从第一次接触一位潜在雇员开始，学校系统就不仅要收集这个人的背景信息，并与熟悉他的人核对有关信息，而且要特别注意交流互动的情况，以确保一切正常。同样，潜在的员工也在判断自己对这个地方的感觉，并试图寻找学校阐述的价值观和实际行为之间可能存在的不一致。那种感觉"一切正常"的一般印象或直观感觉支持着初始的信任（McKnight，Cummings，& Chervany，1998）。如果双方都成功地建立了一定的初始信任关系，那么这个人就可以加入这个组织。组织成员与新员工进行互动，他们在扩展初始信任的过程中会感到轻松自在，因为他们假定已经采取了适当的程序，已经从根本上把不值得信赖的人排除在外。

学校中信任的另一个制度支持是对教师和行政人员的认证。其前提是，一位专业人员要得到认证证书，必须具有一定的能力和知识水平，能够胜任自己的工作。用于阐明工作任务和期望的合同在一定程度上保证了其可靠性。信任的其他方面，如仁慈、诚实、公开，并不是由体制机制直接支持的，而是可能会受到学校或学区规范的支持，因为违反这些规范的人会有引发制裁并受到社会处置的危险（Baier，1994）。

声誉

在相互关系的早期阶段，当两个人相互了解时，他们可能会依赖另一个人的声誉来判断初始信任的水平。对在公众视野中履职的教育领导者来说，这一点尤为重要。值得信赖的声誉对个人和组织都是宝贵的财富，也可能成为一种自我实现的预言。建立在相关各方良好声誉基础上的更高水平的初始信任，反过来可能会导致更强烈的追求值得信赖行为的动机，以维持和增加信任带来的好处。克里斯蒂申请调到布鲁克赛德小学，原因之一是布伦达校长具有卓越和值得信赖的声誉。克里斯蒂知道自己需要比在本学区其他学校的教师更加努力地工作,但也相信自己会被作为专业人员来对待。当她加入教师队伍,她从其他教师那里听到的关于布伦达校长的故事促进了她的信任发展。

两个人之间的信任会受到社会情境的极大影响,这种相互关系是嵌入社会情境中的(Daly,2010)。共同的朋友和熟人网络可以增强相互关系中的信任,随着时间的推移,相互关系中的信任会发展壮大。然而,这样的情境也可能会放大信任被破坏的程度。别人的判断、观察和闲言碎语往往会把这种相互关系"锁定"在积极或消极的两个极端(Burt & Knez,1996)。在学校里通过小道消息传播下来的故事,既可以进一步促进信任的循环,也可以进一步扩大不信任的漩涡。尽管布伦达校长自己偶尔也会有失误,但在布鲁克赛德小学流传的故事,还是建立和延续了对布伦达校长的信任。关于格洛丽亚校长的故事则强化了某些教师感受到的那种亵渎感,这种感觉被传播给了那些没有受到直接影响的人。

因为信任只在相互依赖和易于受到伤害的情境中才具有重大意义,所以,相对于积极的信息,个人对负面信息往往更加敏感,更倾向于关注消极的流言蜚语(Burt & Knez,1996)。这种倾向会阻碍信任的发展。此外,技术手段,诸如社交媒体和电子邮件等,可以加快流言蜚语的传播速度,会放大破损信任产生的影响。此外,电子信息中采用缩略的沟通形式造成的误解也会干扰信任。最后,新闻媒体热衷报道负面信息欲望的倾向,加大了学校与公众之间建立信任的难度。

学校内的相互关系往往是持续性的,人们期望在一段时间内持续与同一人群的关系网络联系在一起。正因为如此,这种社会网络可以发挥正式和非正式的双重控制作用,可以鼓励人们以值得信赖的方式行事。人们具有这样一种动机：以值得信赖的方式行事，发展值得信赖的声誉，获得信任关系的回报（Coleman，1990；Putnam，1993）。当许多人认为一个人有良好声誉时，负面事件就更难以显著降低他们对该个体的信任水平（McKnight et al.，1998）。

我为一个我很信任的人工作。甚至在我们还没见面之前，我就知道他在社区里因做好事而享有盛誉。从我们第一次见面开始，他就把我当成同事。他很尊重我。在我们的第一次会议上，他对我提出的观点提出异议。我强调了我的观点。我们在这一点上反复交流了好几次，但他从不利用职权摆架子，或者只因他有更大的权力而坚持让我同意他的解释。随着时间的推移，这就成了一种稳固的工作关系的基础。

——詹尼（Janine），音乐教育工作者

信任发展的影响因素

学校领导需要认识到，随着信任的发展，一些因素开始发挥作用。信任的判断会受到一个人的信任倾向、价值观和态度（尤其是涉及多样性的态度）、情绪和激情的影响。以下三小节探讨了每种因素在信任发展中的作用。

信任倾向

有些人倾向于更轻易地扩展信任，他们天生就容易相信他人。

当两个人互不了解对方，而且对方的具体信息不容易得到时，信任倾向对做出信任判断就显得尤为重要。个体的信任倾向可能会受到其人格特质的影响，会使其趋于对风险具有较低的容忍，或者趋于从其相互关系的个人史出发，在这种相互关系中，他们要么兑现了诺言，要么打破了诺言。在认同具有一致性的情境中成长的孩子，可能会形成一种普遍信任的倾向；而经常失望的孩子，由于诺言被打破，或者由于缺乏善行和善意，就可能会带着对人们的动机和承诺的普遍怀疑长大。这些早期的期待可能会泛化为不良的心理调适，使其难以展示信任（Hurley，2012）。这种普遍的怀疑可能需要很长时间才能克服，因为不愿意展示信任，这个人可能会错失良机，从而错过获得他人值得信赖的积极信息。如果被保护的人能够得到帮助，不仅能够看到对方值得信任的动机，而且能够认识到信任的潜在好处以及维持普遍怀疑立场的代价，那么克服怀疑的进程可能就会有所加快（Hardin，2006；Hurley，2012）。

一个具有高信任倾向的人更容易看到另一个人的优点，而忽略其缺点，而这种缺点可能会威胁到信任的发展（Johnson-George & Swap，1982；Rotter，1980）。这样的人很可能相信人性，也拥有信任的立场。相信人性与相信他人的人通常是善良的和可靠的。一位具有信任立场的人会展示这种信念，会把人当作可靠的和值得信赖的人来对待，尽管没有证据可以证明人是可靠的和值得信赖的。基于这样一种信念，从长远来看，这种策略会带来更加积极的结果（McKnight，Cummings，& Chervany，1998；Solomon & Flores，2001）。那些持信任立场的人相信，即使他们偶尔会被欺骗或被利用，但在信任的天平上，所得将会大大超过所失。他们认为，在没有相反数据支撑的情况下，展示信任是建立相互关系最明智的做法。具有信任倾向的人，往往比其他人更值得信赖，即使他们可以通过不值得信赖的方式来增加自己的获益，但他们撒谎、欺骗或偷窃的可能性相对更小。总的来说，那些更倾向于信任他人的人，比那些倾向于持怀疑立场的人更快乐，更受欢迎，并被认为可以做更好的朋友。他们更加不太可能产生内心冲突、认知失调或依赖他人（Moolenaar，Karsten，Sleegers，& Zijistra，2010；Rotter，1967；Wrightsman，1966）。

　　信任的立场与天真无邪或盲目信任之间有重要区别。一方面，天真无邪是不关注与信任相关的信息，认为他人都是值得信赖的，而不注意有差异的信息或直觉的警告信号。而具有信任倾向的人，不一定是更加容易受骗的或天真的，他们能够利用特定情境下他人行为的信息，来辨别何时应该修正他们的初始信任评估。例如，那些具有信任立场的人可能最初更倾向于合作，但一旦被欺骗，他们就不会继续信任（Schlenker，Helm，& Tedeschi，1973）。另一方面，盲目信任并不是真正的信任，而是一种任性的自我欺骗。它放弃对不可信任行为的证据做出判断，或者放弃采取自我保护的措施。如果他愿意主动承认自己对信任失望了——哪怕在这个人失信的情况下给予了其弥补或改正机会——这就不是盲目的信任（Solomon & Flores，2001）。例如，当教师发现学生为了掩盖某些错误而只讲了一半的真相，如果学生能够承认那是一种令人失望的行为，教师再给学生一个机会，这就不算盲目的信任。盲目信任是主动否定证据，甚至拒绝承认背信弃义的可能性。

价值观和态度

　　人们做出信任的判断，一定程度上是基于共同价值观和态度的假设。价值观是一般的标准或原则,被认为是内在的理想目的,诸如忠诚、乐于助人或公平。态度是由个人对其他人、团体或组织的想法和感受组成的知识结构。它们是确定和构建相互作用的手段。态度在本质上是可以评价的,价值观是人们做出评价的基础(Jones & George,1998)。因为人们在选择同事时缺乏选择权,并且因为组织内的相互关系涉及相互依赖性和一定程度的不确定性,所以人们就形成了对彼此的态度。根据假定的共同价值观,这些态度可能包含另一方值得信赖的信息。当个人或团体被认为没有分享重要的文化价值时,学校中就会产生不信任感。当一个人挑战学校的基本假设和价值观时,他(她)就可能被视为受不同价值观驱使的"叛逆者",这种价值观与学校共同体的价值观完全不同,以至于"叛逆者"的整个世界观都成为怀疑的对象。例如,在我开始这项研究的前一年,一位在布鲁克赛德小学工作的教师被认为与其他教师没有相同的职业伦理,因此在对要完成的工作的重要性和紧迫性上,这位教师被认为不具有共同的价值观。那年年底,这位教师被建议调到另一所学校。

关键的共同价值观缺乏一致性的证据浮出表面时,会引起人们的关注,因为被质疑的人会被视为一种文化的局外人、一位"不像我们那样思考"的人,因此可能会做出不可想象的事(Sitkin & Roth,1993)。由此,对将来违规行为造成的威胁的担忧就加剧了。弗里蒙特小学有一位受聘教师,由于她使用刺耳和刻薄的语调训斥学生,而且这些话在走廊里被无意中听到,因此不被其他教师信任。她被认为没有遵守尊重学生的共同承诺,这种价值观的不一致导致了他人对她的怀疑。

然而,一些学校的价值观可能会受到适当的质疑。人们对一所学校制定的目标是否与它宣示的使命相一致，以及它是否与合法地追求学生的最大利益相一致的这些怀疑，可能是有充分依据的。尖锐的质疑对组织更加清楚地关注其核心价值观可能是非常合适且有用的。例如，鉴于林肯小学学生表现不佳的名声，格洛丽亚校长有理由质疑有关学生的潜在价值观和假设，将之看作导致林肯小学低成就的原因。格洛丽亚校长急于断言不再容忍学生表现差，缺失的是对相互关系的培养，以及一种能使对话具有建设性的情境建设。构建一种能够有效处理冲突、鼓励公开对话甚至允许持不同意见的富有成效的文化是需要时间的。基于学校的优势来对一所学校的核心使命和价值观进行对话，可能会比基于学校的不足并对此展开批评的对话更富有成效。

人们往往更乐意将信任扩展到他们认为与自己相似的人身上，认为他们会通过类似的文化结构了解到类似的义务和合作规范（Zucker，1986）。这种意识到的相似性可能建立在诸如家庭背景、社会地位和种族等特征基础上。在弗里蒙特小学，导致学校缺乏有效动力的一大原因，正是教职工之间紧张的种族关系。许多非裔美国教师一起来到这所学校，其中的女教师属于同一个妇女联谊会，并去同一座大教堂。这群教师互相认识很久了，有着深厚的友谊。他们在学校以外的生活中彼此交往很深，分享了很多内部的玩笑。这些教师会为彼此的生日举办盛大的庆祝活动，包括提供午餐、蛋糕和气球。白人教师通常不会被邀请参加这些庆祝活动。弗雷德校长对这些活动的参与被看作对分歧的默许，一些白人教师认为这是一种背叛。这群非裔美国教师被许多白人教师看作真正的小集体。在这个小集体中，如果有任何一个成员感到被"外群体"的人蔑视或与之有冲突，整个集体就会对这个

"外群体"的人表达愤怒。这群教师觉得很自在，彼此之间比与其他人更容易展示相互信任，因为他们假定其他群体成员也会通过学校、妇女联谊会和教堂的文化结构，履行类似的义务与合作规范。

在人员复杂的情况下，建立信任更为困难，因为人们对其他人的文化准则或价值观可能不够确信（Kipnis，1996）。对彼此文化的了解可能是有限的，是建立在偏颇或误导的想象基础上的。因此，人们往往不确定该期待什么。为了简化相互关系的复杂性，人们倾向于含糊地把他人分为两类群体：一类是与他们共享成员身份的人，另一类是群体之外的人。有一个古老的笑话，说这个世界上有两种人：一种是把人分为两类的人，另一种是不把人分为两类的人。事实上，我们都属于把人分成两类的群体。一类是我们的"内群体"，另一类则不是。我们含糊地采用这种具有启发式的方法来讨论这种复杂性，这种复杂性是组织的固有属性，组织需要依靠大量的人，并需要和这些人共同去做事情。

一旦对他人进行归类，人们就会根据群体成员的身份，对他人的价值观、偏好、行为和可信度做出具有偏见的假设。人们更倾向于以怀疑的态度看待"外群体"成员，相比于对"内群体"成员，他们倾向于对"外群体"成员做出更加轻率、更加消极的刻板判断。对"外群体"成员的能力、意图和行动做出具有偏见的归因会引起人们的不信任感。在解释"外群体"成员的行为时，个体倾向于对其潜在态度或价值观做出有差别的判断，而对"内群体"成员更倾向于考虑可能会影响其行为的情境因素（Allison & Messick，1985）。因此，弗里蒙特小学一位非裔美国教师如果说了一句不恰当的话，他很可能会被其他"内群体"成员原谅，会被认为他只是因为心情不好才说出那种不恰当的话,但如果白人教师有同样的言论,则可能被视为具有偏执型人格或不良道德品质。此外,人们更倾向于寻求与自己和其他群体态度相符的信息,并贬低那些不符合自己的信息(Klayman & Ha,1997)。

作为非裔美国人,我们很早就知道白种人是不可信赖的。因此,在我们的专业和个人关系中,我们总是在"等待另一只鞋子掉下来"。种族关系不良的历史让不同种族之间难以相互信任。

——梅洛迪(Melody),特殊教育教师

群体偏见具有破坏性,不仅会使人们以怀疑的方式看待群体外成员,而且会使他们对内群体成员给予过多信任。"内群体"成员会对其他成员形成一种"宽容偏见",当其他成员在其他情况下有可能被视为不诚信,需要面对审查时,其他"内群体"成员会对其进行无过错推定(Brewer,1995)。群体的过度自信会导致个人"过于轻易地顺从其他成员,并且他们可能要么抑制自己对疑似过错的表达,要么进行不适当的苛刻的自我审查,而不是像他们应该做的那样,去大力宣传自己的主张"(Kramer,Brewer,& Hanna,1996,p.381)。在认为自己受到威胁时,有凝聚力的文化可能会扼杀异见,并产生"群体思维"。人们已经发现,这种群体动力是做出一些灾难性糟糕决定的因素之一(Janis,1982)。

长大后,我知道要尊重每个人。有时我会成为种族偏见的受害者,但我选择不去想它。我与学校里的每个人都保持

良好的关系,他们信任我,我信任他们。他们很尊重我,因为作为一个黑人,我可以直达一些孩子的内心,这是一些白人教师都无法做到的。对我来说,信任始于尊重。

——霍华德(Howard),小学监护主任

基于相似性或群体成员身份做出的信任判断,对学校的功能发挥有非常真实的影响。例如,在一项研究中,下属主要来自少数群体,上司表示不太信任下属,并且不太愿意让其参与共同决策(Rosen & Jerdee,1977)。然而,关于教师对学生和家长的信任研究已经表明,相对种族对"内群体"和"外群体"的差异化认知,社会经济地位可能是一个更强大的分界线(Goddard,Salloum,& Berebitsky,2009;Tschannen-Moran,2001;Tschannen-Moran & Hoy,2000;Van Mahele & Van Houtte,2011)。学校面临日益多样化的语言、民族、种族和社会经济状况,这种多样性带来了丰富性,但也给信任发展带来了挑战。多样化群体中的成员要相互了解,并把自己看作同一群体的组成部分,这需要时间、组织和支持。他们需要了解彼此的文化和价值观,这样他们才能理解对方的行为和态度,才能相信自己的期望能得到满足。当对文化期望的试探显示出价值观的真正差异时,多样性对信任的发展提出了特别严峻的挑战。在学校或学校系统内刻意努力发展一种强大的共享文化,可以阻止人们坠入到"内群体"和"外群体"的分类中,这种"内群体"和"外群体"的分类会造成冲突而不是合作(Hurley,2012)。

情绪和激情

尽管信任是一种判断,而不是一种情感,但情绪和激情为信任

评估提供了强有力的情境。激情是强烈的情感状态,与特定的事件和境遇相关联,会打断正在进行的认知过程和行为,而情绪是较不强烈的普遍情感状态,与特定的事件或境遇没有明确联系(Solomon & Flores,2001)。愤怒是一种激情,可能会出现在对背信弃义的反应中,这种激情会侵入你的思想,并伴随生理上的变化,诸如脸庞涨红、下唇紧咬或拳头握紧。对形势会好转的希望逐渐减弱,在多次失望后,人们可能会出现玩世不恭的情绪。

　　情绪不仅是对已经发生的事情做出的一种情感反应,而且是对现在和未来的一种取向,并最终走向要做的事情。情绪是我们对世界发泄的方式,情绪不只是偶尔发生的事情,我们总是处于某种情绪之中。我们的情绪不只是"发生"在我们身上,它还是通过我们的思想和实践孕育的。情绪更类似于一种心理习惯,而不是某种走进我们的事物,也不是我们无法控制的事物(Jones & George,1998;Solomon & Flores,2001)。"坏情绪"有很多种变异,包括以下一些方面(Solomon & Flores,2001,pp.110 - 111,括号内的字为本书作者所加):

- 无奈。("没有什么能改善这种情况,我也无力去改变它。")
- 绝望。("没有什么能阻止这种迫在眉睫的灾难。我们只能让它发生。")
- 直截了当的不信任。("我不相信他们告诉我的话,所以我肯定不会用心的。")
- 彻底的玩世不恭。("从来就没有什么改变,什么都没有变好,所以甚至去尝试都是很傻的。")
- 困惑。("我不知道这里发生了什么,我不知道要问谁,我不能让任何人知道我不知道自己在做什么。")

- 恐慌。("我永远无法做这件事!")

在所有坏情绪中,最具破坏性的是"不满"。("我的同事从来没有给过我应有的尊重。")

正如个人对世界的取向是由其情绪决定的,群体对世界的取向是由组织文化塑造的。例如,低落的士气可被看作学校的一种"坏情绪"。当无奈的文化或情绪在学校里蔓延时,它作为一种自我保护的机制,增强了参与者避免进一步失望的可能性。为了避免失望,人们就会避免采取所有果断的行动,拒绝协商的可能性。因此,那种可能会带来改善关系的相互理解就会化为泡影。当人们对希望失去兴趣,且这种情绪达到一定程度时,无奈就达到了绝望的临界点,采取预防性的行动就不再有意义(Solomon & Flores,2001)。

有的时候,组织会采取一种"真诚的虚伪"文化(Solomon & Flores,2001,p.36),表面上看起来是一种好心情,但当深究时,这种好心情原来是对更加深层的弥漫性的绝望、无奈或不满文化的掩饰。最糟糕的是,这种谦恭和友善的外表演变为一种自我欺骗以及拒绝的集体表达方式,由此他们就会对那种可以从容解决的问题拥有免疫性(Solomon & Flores,2001)。"真诚的虚伪"就会明显出现在压制冲突的学校里,而不是创建解决问题的建设性机制的学校里(Uline,Tschannen-Moran,& Perez,2003)。在健康的学校氛围里,冲突被看作学校生活中一个自然的甚至是有益的部分,通过建立表达和调解冲突的平台促进学校的改善。

人不要被坏心情困住,学校也一样。有了理解和努力,那些消极的心理习惯就会转变成更具建设性的取向,去关注应该完成的任务。一旦认识到情绪是组织和世界中一种自我选择和文化支持的存在方式,改变情绪的途径就具有了公开性。所罗门与弗洛里斯(Solomon & Flores,2001)指出,组织的潜在假设是情绪的基础,通过对组织的潜在假设进行评估,这种对话在变革组织文化的过程中具有重要作用。

> 要培育更好的情绪,关键是要对这些评估做出复审,即通过对话达成理解,要对他人如何看待这种情况进行对话。同样重要的是,要就他人如何看待你以及你在这种情况中的角色进行对话。对话可以达成相互理解,而理解应该通向问题的解决、约定和行动,这些将会产生新的情况,并开拓新的可能性。(p.113)

因此,学校领导者要培育信任文化,就需要了解信任是如何发展的,以及那些促进或阻碍信任发展和提升的因素,这对他们是有助益的。

真正的与最优的信任

值得信赖的学校领导者会有助于在最优水平上发展真正的信任,以践行学校的集体使命。真正的信任是在人们对彼此发展出一种深厚和持久的信任时出现的。每个人都完全地依赖另一个人,放心地相互依赖,不担心容易受到伤害,对他人的意图和要求具有同感,还达成了一种相互理解,这有助于有效地开展合作工作(Jones & George,1998;Lewicki & Bunker,1996)。

随着个体的互动以及相互认识时间的延长,信任会逐渐加深,一步步走向真正的信任（Zucker，1986）。随着交往频率和持续时间的增加，以及合作伙伴共同面对的挑战的多样化，相互关系逐渐成熟。各方的经验越多，就越有可能去理解并预测对方的行为（Lewicki & Bunker，1996）。前期互动的可靠性能够产生积极的期待，善意也会得到善的回报（Creed & Miles，1996）。随着交流、冒险和成功实现预期的不断循环，会出现一种自我强化的信任模式，增强了信任双方相互依赖的意愿。期望得到满足的经历的不断积累有助于形成值得信赖的声誉，这些就可以促进和增强更广泛社会情境中的信任。

持久的真正信任也是足够强大的，只要双方都足够在乎，希望去保护和延续这种关系的感觉是完好无损的，它是能够经受住偶尔的失望、分歧或价值观存在差异的考验的，特别是如果双方都努力恢复良好信用，并在互动中能够公平交易，信任是可以反弹的（Rousseau，Sitkin，Burt，& Camerer，1998）。尽管每个人都会认识到对方是人，注定会犯错，但还是会做出继续信任他人的决定（Solomon & Flores，2001）。

有些学者给这种持久的信任贴上了"无条件信任"的标签（Solomon & Flores，2001，p.80），然而，信任几乎总是有界限的和具体的。信任仅限于其他人期望的情境和能力。例如，一个在工作中得到信任的同事，如果她没有正确操作帆船的技巧，人们并不一定相信她会珍视帆船。一位受到信任但没有受过医疗手术训练的同伴要去参与一个医疗手术，他也不一定会得到信任。在布鲁克赛德小学，教师对布伦达校长拥有深刻而真正的信任，认同她的办学愿景。当人们喜欢就个人问题向布伦达校长寻求咨询和帮助时，这种信任关系甚至超出了其专业生活的界限。但即使是这样，那种信任也是有限的或有边界的。

那么，什么是信任的最优水平呢？信任并不是越多越好。信任太少和信任太多都是危险的。信任太少是不合需要的，因为这样的学校会错过发挥信任潜力以通过更大的适应性、创新、更低成本、减少不确定性而赢得竞争优势的机会（Barney ＆ Hansen，1994；Mishra，1996；Moolenaar ＆ Sleegers，2010）。信任太少也是危险的，因为一个人的信任取向可能是一种自我实现的预言。组织的参与者可能由于对他们的低期望而消沉。许多科层制度中隐含着不信任的规定，人们对这种不信任的规定非常不满，认为如果他们已经被推定为不值得信赖，那么就没有理由不在事实上成为不值得信赖的人（Fox，1974）。

相反，信任太多则会让诱惑之门敞得更开，对制止员工滑向机会主义或者去"争做第一"几乎没有提供什么约束或激励措施（Wicks，Berman，＆ Jones，1999）。这一点可以从弗里蒙特小学一些教师拥有的贫乏公民权中看出，他们可以利用弗雷德校长的信任去做正确的事情，并可以根据学生和学校的最大利益去做决策。由于缺乏约束，这些教师受到诱惑的驱使，尽量减少自己的义务，减轻教学职责，并缩短工作时间。

辨别信任水平是否适当需要教育领导者的智慧和判断力。最优信任应建立在谨慎、仔细斟酌、有条件的基础之上。学校共同体的成员不仅需要知道何时以及在什么方面去信任他人，而且要知道何时去更紧密地监督他人（Lewicki，McAllister，＆ Bies，1998）。最优信任的一个好模式是亚里士多德提出的过度与不足之间的"黄金分割"，信任水平应该契合于环境，可能处于从最低信任到最高信任范围的任何位置，这取决于人与情境（Wicks，

Berman，& Jones，1999）。信任需要受到某种意愿的诱惑，以直面和惩罚那种剥夺性行为。信任的偏见是由于谨慎造成的，它可以为学校内部关系提供一种适当的平衡（Solomon & Flores，2001）。

付诸行动

当你承担一所新学校的领导任务时，必须记住：最初的几周和几个月是你与学校重要利益相关者发展信任的重要阶段。从你考虑承担该校的领导任务那一刻起，你就要开始建立信任。招聘过程本身就是一个收集信任相关信息的过程，聘用合同的签署正说明已有一定程度的信任。如果你的声誉先于你本人，并且随着你被任命去担任一所学校的领导的信息的传播，你与教师、员工、家长甚至学生之间的信任关系可能在实际签订合同之前就已经开始建立了。

在承诺期或示好期，每一方都有机会表达扩大信任的意愿，而不是去利用对方的脆弱性。即使信任没有快捷地扩展到你那里，这一点也是很重要的，即要记住，信任建立的责任更多地落在具有更大权力的人身上。因为教师、员工、家长和学生都很容易受到你的伤害，所以他们会密切关注你，以判断信任你是否安全。这些利益相关者收集有关你的可信度信息时，即使是不起眼的举止也会被解读为重要的信息。

如果你进入一所信任度很低的学校，或者那里的前任学校领导者被认为是不值得信任的，培养信任就可能会更加困难。教师和员工可能已经被多种因素弄得精疲力竭，包括过去的管理者未能支持他们的工作。重要的是要认识到这些人是以诚实的方式表现出戒心的。你要赢得他们的信任，关键是要有耐心，并坚持不懈，而不是暗自怀疑他们。

培养信任始于你把信任扩展到学校个体的意愿——不是盲目的或天真的信任，而是根据你所知道的，对信任做出尽可能多的合理解释。对信任或信任立场有一种偏见，认为如果你假定人们是值得信任的，那么结果就会更好。通过扩展信任——相比你以怀疑的态度对待他们——你可能会在别人身上激发起更值得信任的行为。但你必须基于你所发觉的群体成熟度和历史来辨别其信任的恰当和精确程度。你自己所展示的值得信赖的行为可以在教师、员工和学生之间培养值得信赖的行为规范。事实上，学校领导者在其就职第一年能做的最有力的事情之一，就是阐明和实施行为规范，这将会在学校共同体内培育更高水平的信任。实施这些规范，意味着那些违反这些准则的人要对其行为负责，这样做的方式不会让他们感到难堪、羞辱或降低身份，而是对他们在未来表现得更好提出了挑战。

因为，为了解你的意图和品格，你的行动会受到仔细审视，人们会对其意义进行挖掘，所以，深思熟虑地选择你想要传达信息的行动非常重要。任职第一年不是进行大规模、单方面结构性变革的好时机，除非你能创建一种机制，这种机制能够让其他人投入这种决策中。你可以做出一些具有象征意义的改变，同时明确把你的承诺传递给教师、学生及其家庭。检查一下学校入口处传递的信息。如果学校入口处没有传递积极的信息，就要重新装饰，以表明"帮助学生学习是我们工作的中心；家长是我们努力的伙伴；卓越是通过我们教师的关爱、奉献、勤奋来实现的"。如果教师休息室是个昏暗、阴沉的地方，就提议募集资金并招募家长志愿者来整修（当然，是在教师的指导下）。你可以定期用零食或鲜花来创建一个令人感到惬意的空间，认可优秀的工作，并传递积极的信息。

你可以通过各种独具匠心的方式来表达你对学校共同体每个成员的善意和关爱。随时准备对来自学校各个方面的优秀证据予以肯定，哪怕是微小的优点。但是，感谢和赞美要始终如一地真诚，否则，即使是小孩子也能感觉到一种无缘无故的奉承。对额外的努力或良好的公民行为表达感谢，哪怕是一句体贴的话或一张简短的便条，也可以影响深远，并能够点燃更多的激情。确保你说的话是真诚的，并且对后续反映给你的问题给予可靠的回应和跟进。随身携带记事本或智能手机，需要时就把它们记录下来。即使真相是"我不知道，我会设法去弄明白"，或"我不能与你分享这些信息"，也要诚实。

你要尽可能地让信息公开透明并得到有效控制。学校领导者传达公开性的方式之一，就是采用幽默的方式营造轻松愉快的校园氛围，这种方式可以让一群人团结在共同体里。在具有良好判断的范围内，敢于采取幽默和游戏的方式，这将展示你对学生和教师的信任，以及在他们面前暴露你的脆弱性的意愿。这里不应该包含诋毁尊严性的、讽刺挖苦性的或不恰当不得体的幽默，但它可以是建立信任纽带的一种方式，使学校能够成为人们向往的地方。最后，通过帮助学校共同体成员解决工作中遇到的问题来展示你的专长。

这是不容易的,因为对学校领导者的要求是复杂的,有时是激烈的。但你所获得的信任,将有助于通过你在学校的领导力来完成你希望完成的任何事情。有一套有助于发展和维护真正关爱的练习,采用了加尔韦(Gallwey, 2000)所称的"停止工具"(STOP tool)。"停止"代表"后退(S)、思考(T)、组织你的想法(O)、继续前进(P)"。加尔韦指出,有效的领导者应该养成每天做短暂"停止"的习惯,以及开展每周和每月长时段的"停止"活动。你可以使用每日的短暂"停止"做心理活动,想象你所在学校的某个人,回想最近与这个人的互动情况,并想象这个人在其生活和工作中处理了什么事情。这里的三个问题是很有用的:(1)我能做些什么来让这个人的工作更加轻松?(2)我们之间有没有什么事情是我可以兜底处理的?(3)我怎样对这个人表达善意和关爱?随着你对学校或学区个体认识的加深,你的仁爱之心就会变得更加自然和自动化。

无论采取什么形式,经常抽时间反思,对值得信赖的学校领导者来说,都是一种重要的规训。毫无疑问,教育领导者经常以一种旋风般的速度行使职责,这使得他们很少有时间进行反思和规划。但值得信赖的领导者会抽时间做这些。他们把反思作为其工作职责的必要部分,而不是随意的附加物。当他们走进校园,或在当天的某个时间,他们可能会选择把反思作为第一件事来做。值得信赖的领导者都会使用他们的批判性思维、视觉观察、反思性写作、直觉和幽默等能力,来指导和改进他们对时间、精力、资源和政治的管理。

本章要点

- 在信任发展的早期阶段,学校领导者的声誉起重要作用,但信任倾向、价值观、态度、情绪、激情等个人因素也影响着信任关系。
- 对教育工作者的高度信任既受到诸如认证、工作资格、雇用程序、合同和规则等正式机制的支持,也受到诸如倡导规范、共享价值观和支持合作的学校文化等非正式机制的支持。
- 随着双方获得更多的经验,彼此能够在给定的情境中预测对方可能的行为方式,成功地培育了一种重视彼此和关爱关系的情感,信任就扎根了。
- 信任在发展过程中,会在不同层面形成"黏合"状态,这取决于相互依赖、相互了解的程度和拥有的经验。
- 真正的信任是在人们对彼此发展出一种深厚和持久的信任时出现的,它能够经受住偶尔的失望或分歧的考验。
- 最优信任是一种平衡性的行为,因为信任太多和信任太少都可能带来危险。

反思与讨论题

1. 当你第一次来到学校时,你采取了什么行动? 同事以何种方式接待你? 你的意图与人们的感受之间存在不匹配情况吗? 随着时间的推移,你们之间的信任是如何发展的?
2. 如果你错过了最优信任的"黄金分割",你是否倾向于信任太多或信任太少? 后果是什么?

3. 对彼此的文化缺乏了解,会对学校的信任发展形成怎样的挑战?

4. 你所在学校的"情绪"是什么样的? 是富有成效的吗? 它妨碍了学校目标的实现吗? 如何通过有效的沟通提高人们对心理习惯和心理倾向的认识,从而推动学校的整体发展?

第四章

背信弃义

宽恕敌人要比宽恕朋友更容易。

——威廉·布莱克（William Blake）

要想把我们珍爱的东西交给他人照顾，信任是基础。我们希望的结果在某种程度上由他人决定。在这种情况下，信任意味着我们坚定地相信事情会进展顺利。但如果事与愿违呢？如果我们的期望没有实现呢？如果我们信任的人因疏忽或自私的动机辜负了我们的信任，该怎么办？不可避免地会出现如下情况：被照顾的人或物受到伤害或损伤，即便是偶然的；或者被信任的人辜负了别人对他（她）的信任，并为了自己的利益利用了他人。

信任在人际关系中呈现出动态变化的特性。信任可能因为一句评论、一次背叛，或者一次违背他人期望的关爱的决定而瞬间发生改变。当背弃行为发生时，信任就会被打破，剩下的只有不信任和猜疑（Burt & Knez，1996）。当受害者发现对方违背预期的行为时，对其背信弃义行为的最初反应往往是震惊与疑虑。受害者说，他们感到非常困惑，感到被抛弃了，有一种不真实的感觉。经过反思，这些情感往往会转化为愤怒和报复的欲望（Bies & Tripp，1996）。

虽然生活中处处可能会发生背信弃义的事件，但本文讨论的重点是学校和学区内背信弃义是如何发生的,以及值得信赖的学校领导者是如何管理、协调和修复背信弃义行为的。学校或学区的文化和规范会影响背信弃义事件发生的可能性。组织规范强调道德行为,公开、信任和受尊重的工作环境会阻止破坏信任的行为发生。然而,消极的内部政策、相互冲突的目标与不断变化的联盟,都会促使大量背信弃义事件的发生。此外,学校内部的文化和规范与员工的个人期望可能并不总是一致的,这会导致个人内心矛盾和人际关系冲突。例如,布赖恩(Brian)是弗里蒙特小学的一位年轻教师,他认为必须遵守合同中放学后按时离校的规定,但是他对学生一放学所有人就都溜之大吉的做法经历了内心的挣扎和外部的冲突。

什么是背信弃义

背信弃义是指主动违背相互达成的期望,有可能威胁到信任者的福祉(Elangovan & Shapiro,1998)。背信弃义是一种行动或行为,必须是实际发生的背叛行为,而不是背叛的思想或想法。背叛行为具有对给予信任的人造成伤害的可能性,即使其他因素减轻了他(她)实际遭受的伤害。即使这种背叛行为没有被信任者发现,它仍然是一种背信弃义。例如,当一个人泄露了别人出于信任与其分享的秘密时,即使信任方不知道他的秘密已被分享,背信弃义也已经发生。

在背信弃义事件中,背弃者选择违背信任者的期望,是因为他(她)缺乏遵从他人期望的意愿,或者存有违背期望的动机。背信弃义的动机来自对现状的不满,以至于人们认为背叛他人所获收益远比失去的多。对现状不满会降低对被信任方的善意和忠诚度,从而增加了背叛的可能性。善意的下降意味着被信任方不关心他人的福祉,并可能做出对他人造成伤害的行为。同样,缺乏忠诚意味着被信任方对双方核心关系的共同原则不在意,即使损害他人的最佳利益,也试图寻找理由采用另一套原则。人们不会主动承认自己道德败坏,所以他们会为自己的行为辩解,至少希望自己永远不会被迫向他人做出这种(具有潜在脆弱性的)合理性解释。随着公开露面机会的减少,背信弃义者会极力隐藏自己。他们时刻警惕自己的言行,以避免其背叛行为被发现,这种谨慎的态度可能会对现存关系造成损害,就像实际发生的背叛行为本身具有伤害性一样。图 4.1 详细描述了背信弃义的发生过程。

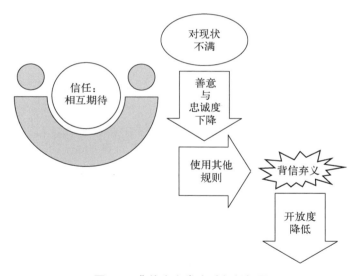

图 4.1　背信弃义发生过程剖析图

在学校,背信弃义主要有以下两类:对公民秩序的损害和对个体认同感的损害(Bies & Tripp,1996)。破坏信任导致公民秩序受损的行为涉及违反行为指导规则或规范,违背人们在相互关系中对彼此的期望。主要包括损害信誉,如说谎、违背诺言、窃取他人的想法或信用。这种背弃行为还可能包括逃避工作责任,或者"事后"修改规则。滥用权力也可能破坏公民秩序,如胁迫或威胁行为、不当解雇、偏袒或性骚扰(Harris,1994)。此外,信任也会因泄露他人秘密受到损害。如弗雷德校长逃避工作责任是对教职员工信任的背弃,而格洛丽亚校长滥用权力的行为也是一种背信弃义。

　　我非常热衷于阅读研究文献,追踪国家发展趋势。每当我向学区主任提出一个在我们学区可能实施的新想法时,她总是会拒绝,说这行不通。但两三个星期后她又宣布了这一想法,并声称这是她自己的想法,然后派我去执行! 我真的受够了这个游戏。

　　　　　　　　　　　　　　　　　——汉娜(Hannah),主任助理

　　第二类背弃信任的行为涉及对认同感的损害。个体的认同感可能因为以下原因而受到损害,如无论是作为个人还是作为集体中的一员受到公众批评;成为错误或不公正指控的目标;因他人的错误受到指责或侮辱。当一个人的尊严受到损害时,常常觉得有责任纠正错误,并可能投入巨大的精力来制定计划以纠正错误。弗雷德校长默许非裔美国教师在教职员工中的排外做法,让弗里蒙特小学的白人教师感到被出卖了。在林肯小学,格洛丽亚校长多次(明着或暗着)辱骂教师,质疑他们的专业精神、能力和行为,经常将个人的错误归咎于教师,这些都使教师感到很受伤和被背叛。

> 我们的校长总是责备别人。如果有问题,在开始解决问题之前,她一定会先把错误归咎于别人而不是她自己。
>
> ——米歇尔(Michelle),高中教师

不管出于什么原因,背信弃义破坏了信任,破坏了相互关系。背叛的影响是持久的。即使人们宽恕并找到了继续向前的办法,但依然不会忘记背叛行为(Rachman,2010)。在一项关注工作场所中发生的背叛事件的研究中,参与者叙述的事件中有 50% 发生在 20 多年前,25% 发生在 30 多年前(Jones & Burdette,1994)。背叛行为发生之前的信任程度对背弃行为会产生有趣的影响。信任度越高,员工越有可能忽略背信弃义的证据,为背弃行为寻找借口,如误解、无意或暂时失误。而信任度越低,背弃行为越有可能被视为蓄意和恶意的行为。然而,一旦背弃的证据足够有力,不能再被忽视,以前信任度高的信任方就会比信任度低的信任方表现出更强烈的情绪反应,从而产生更强的报复动机(Robinson,Dirks,& Ozcelik,2004)。因此,注重培养高信任关系的领导者要努力做得更好,以维持高信任关系。

虽然背信弃义破坏了个人信任,但它不一定是不道德的或反社会的。一个值得信赖的同事可能会陷入尴尬的境地,他(她)必须在背叛同事与违反个人原则或组织规范之间做出选择。例如,如果一位教师得知一位同事兼朋友一直在学校筹款过程中隐瞒收入,或与一位学生有不适当的恋爱关系,如果向学校领导汇报这些信息,就会被视为背叛了同事,但基于道德原则来解释这件事情,又说得通(Elangovan & Shapiro,1998)。

我以前很喜欢我的教学工作。我和校长曾是好朋友,同事中也有几个亲密的朋友,但后来这一切都变了。去年春天,就在我们州举行统一考试的前几天,我这一组的一位教师告诉我,他打开了密封的写作提示,给他的学生一些类似的提示供他们练习。他提出要和我分享,我拒绝了,但是我们组的另一位教师看了提示。起初我保持沉默,但后来我感到很苦恼,我的良心折磨着我。当我鼓足勇气把这件事情说出来时,引起了一阵骚动,州政府开展了调查,报纸进行了报道。这令我们学校陷入窘境,所以我被全体教师尤其是被校长排斥了,甚至没有人愿意和我说话,就好像做错事的人是我一样。

——艾米(Amy),前四年级教师

冲突是生活中不可避免的一部分,也是学校生活中不可避免的一部分。重要的是不要把所有因背叛产生的冲突混为一谈。学校变革充满了矛盾,可以预见的是,不仅在改革行动的方向上会出现分歧,而且在改革的速度和顺序上也会产生冲突(Fullan,2003)。此外,有些人因这些变化受益,有些人则因此失去了原有的权力和优势。在建设性地处理问题时,冲突不一定构成背信弃义,但如果处理不当,冲突往往会破坏信任(Uline,Tschannen-Moran,& Perez,2003)。

冲突和领导力一样,也具有两个维度:对关系的承诺和对任务的承诺(Thomas,1976)。那些不擅长解决冲突的人,往往采用"战斗式"(fight)反应或者"逃避式"(flight)反应来解决冲突。"战斗式"反应意味着对要完成的任务或目标做出强有力的承诺,而"逃避式"反应意味着对任务或目标不采取行动。无论是哪一种反应，都是一种低投入的维护相互关系的方式。格洛丽亚校长表现出了对冲突的"战斗式"反应，以牺牲自己与其他教师的关系为代价来"赢得"她的改革方案的胜利。相反，弗雷德校长采用了"逃避式"反应，为了避免冲突，他放弃了改善学校的任务，放弃了与教师之间的关系。这样做，他同时也放弃了对学生和教师的责任。富兰（Fullan，2003）认为："避免冲突是一种道德玩忽行为。"（p.32）

"战斗式"反应或"逃避式"反应的问题是，这两种极端倾向都会破坏信任关系。"战斗式"反应是为了实现自己的利益和满足自己的需求，会给对方带来伤害。这违反了信任关系中善意的要求。"逃避式"反应同样会损害长久的信任关系，在避免冲突的过程中，一个人表现出放弃改善关系或者完全放弃这种相互关系的意愿。

在学校的持久关系中，无论是"战斗式"反应还是"逃避式"反应，都不可能是有效解决冲突的主要方法，因为这两种反应对相互关系的影响都很低。还有其他选择。顺应（accommodation）也是一种解决冲突的方式，意味着相对于任务或目标来说，更坚定地致力于相互关系，并因此产生放弃目标的意愿。这是一种以"关照和朋友式"的态度来对待冲突的反应方式，这种反应方式经常体现在那些无法或不愿离开一段关系的女性或没有权力的人身上（Peterson & Peterson，1990）。虽然在任何情况下，顺从可能是一种合适的和可接受的回应，但是顺从可能会导致相互关系的不平衡，最终会导致背信弃义的发生。妥协是一种对目标责任与关系义务的平衡，意味着为维持良好关系而放弃所追求的目标。

合作意味着对关系和任务的坚守，双方可以协商找到解决办法，以满足双方的需求。这种方法要求创新性和以解决问题为重点,因为冲突在本质上是源于一种被感知的与实际不相符的欲望。但是,即使分歧很大,如果存在信任和善意,相信对方会尽自己所能避免对信任方造成伤害。这不仅需要坚定的承诺,而且需要技巧,然而许多成年人和青少年儿童还没有掌握这项技能。在下一节中,我们将看到弗雷德校长拙劣的冲突解决技巧,以及他避免冲突的做法对弗里蒙特小学产生的影响。

保持和睦的校长

弗雷德校长是一个和蔼可亲的人。他和蔼可亲的举止和轻松的微笑能很快就让陌生人和孩子安心。弗雷德校长几乎喜欢每个人,并且希望每个人都喜欢他。他喜欢每天早上站在校门口迎接教师和学生。他特别点名向问题学生和调皮的学生问好,鼓励他们做出明智的选择,度过美好的一天。

当弗雷德成为校长时,他很喜欢这个角色,感觉没有工作压力。他希望成为一名真正的经营管理者,确保校车准时出发和到校,校舍得到合理修缮。然而,在问责运动的压力下,似乎每个人都来找他以理顺学校的问题。既有来自上层的压力,也有来自下层的压力,弗雷德校长感到被挤压在中间。弗雷德校长一直很喜欢他的工作,所以他决定在学校的时间里尽最大努力做他能做的事情,而不去操心其他事。弗雷德校长坦率地承认,他不是一个教学领导者。他指出,当他接受培训时,这种领导能力并不是他所期望的。他完成了每年一次或两次的听课任务,填写了评估表格。但要与人谈论教学情况或提供实质性的教学反馈,这往往会让他感到不安,所以他通常会给每个人很高的评价,并要求他们把评估表格放在信箱里,不需要面对面签字就可以归还给他。

　　尽管弗雷德校长的言论充满了高期望,但由于他缺乏后续的跟进行动,当教师违反了甚至是最低标准时,他对学生的无限宽容使得教职员工对他的话不以为然。他的动机似乎是不惜一切代价避免冲突。弗雷德校长失去了教职员工对他的信任,不是因为他的恶意,而是因为他没有建设性地处理冲突。他缺乏勇气和技巧来处理学校所固有的不可避免的冲突,尤其是在城市环境中或是在参与变革的情况下。

　　弗雷德校长喜欢把自己视为一个进取的、协作的领导者。弗里蒙特小学的教职员工赞赏弗雷德校长对信息的公开态度,以及他愿意让他们参与学校运行的决策。这种包容让弗雷德校长避免了工作中令人不悦的事情,比如让抵触的教职员工对学校商定的项目负责。但教职员工认为,弗雷德校长是在利用共同决策作为免责和避免冲突的借口。弗雷德校长以合作的名义,把学校重要的决策委托给其他人。保罗(Paul)对弗雷德校长不能做出重要决策感到沮丧,他的话代表了弗里蒙特小学许多教师的心声:

　　　　他很难做出行政决策。他会说:"你们觉得呢?"或者"作为员工,你们想怎么做?"就共同决策而言,这还不错。但如果涉及非常重要的问题,我认为应该由他做出决策。我们希望看到他做出更多决策,而不是交给员工来决策,因为这属于行政决策。

　　关于弗里蒙特小学效能的一个主要问题是,部分教师根本没有尽到自己的职责。弗雷德校长那些空洞无力的威胁无法让教师

对自己的行为负责,这已经使教师疲惫不堪。保罗对弗雷德校长的空洞要求感到沮丧:

> 让员工烦恼的是,他们发现一个问题,比如就某一年级的考试成绩,弗雷德校长会说:"我不能容忍这种情况。我要处理这件事。"但从来没见他做过什么,就像大海没有波浪一样平静。或者有人滥用病假,有人没有病假条也从来不来学校,他就会说:"你知道,这只是时间问题,他们很快会离开这里的。"但这种情况仍在继续,什么也没有改变。我们这里有一些人从来没有参与过我们的项目,他每年都会说"你可以考虑转校了",但是多年过去了,什么事情都没有发生。他应当私下打电话分别对那些人说:"我会为你做所有的事,但你不相信我们的计划,所以你得离开。"但是他不愿意这样做。我想如果他那样做的话,员工一定会佩服得五体投地。他不仅仅是支持者,更是领导者。

对提出的威胁不能够兑现,就可能破坏信任,就像违背诺言一样。虽然受到威胁的人可能会认为宽容的人更容易被信任,但同样会认为这个人不值得信任。落到实处的威胁和裁决可以增强信任(Lindskold & Bennett,1973)。校长必须有勇气采取措施惩罚背信弃义的人,因为这些控制措施会在可接受的范围内限制员工的行为。布赖恩是弗里蒙特小学的一名新手教师,他也表达了与保罗一样的担忧:

有的教师每天都迟到。对那些明目张胆地迟到的教师，他需要坚定地说："我们希望你上午8点30分前到这里，并希望你在下午3点45分前不要离开学校。这是你应该做到的。"但他不会，他不会这么做。

当布赖恩试图采取行动，以弥补弗雷德校长的不作为时，他陷入了困境。他继续说：

> 有人来晚了。这件事情必须处理，但他没有处理，没有采取任何措施。我在一次会议中提到这件事情，但是居然被大家嘲笑了。他们说："现在好了，因为你，我们都得晚下班了。"

布赖恩感到被排斥和被蔑视，就是因为他试图让教师按照合同的最低要求去做事。

表现差的教师不仅会对自己的学生产生负面影响，而且会对其他教师产生负面影响。教师未尽自己的职责而不受惩罚，会对学校产生消极影响，就像富兰（Fullan, 2003）所指出的：

> 没有什么比忽视一些教师的糟糕表现更能打击努力工作的教师的工作积极性了。这样不仅会对班级学生产生负面影响，而且会通过破坏学校的整体气氛而产生溢出效应。（p.78）

布赖恩意识到自己已经有缺乏责任感的迹象，这与自己的抱负水平不一致，他对自己放弃原则的行为感到羞愧。

孩子们下午 3 点 15 分放学。我们应该一直待到 3 点 45 分。我有时在 3 点 30 分就离开,我心想:"我为什么要待在这里?学校里没有其他人了。"所以我发现我的道德义务减少了,因为没有其他人这样做。我可以留下来,因为这是学校的规定。我认为我可以坚持这种道德品质。但我又想:"我可以去做点别的事情,在这儿多待 15 分钟有什么意义呢?"

因为弗雷德校长自己常常在放学后不久就离开了,所以他很难激励员工在学校待到很晚,并且努力工作。

学校漠不关心的氛围不仅动摇了布赖恩履行合同的行动,而且影响了他的课堂教学。对学校的信任程度低,缺乏有效的支持,阻碍了这位新手教师学习能力的提高。布赖恩说:

作为一名新教师,缺乏责任,缺乏指导,着实让人心痛。没有人支持我。我需要一个有经验的教师对我说:"你试过这个吗?"我已经学会了信口开河,这太可悲了。有些事情同事已经做好了,但你并没有意识到这一点。你认为你把事情做得很棒,然后有人说:"哦,这个事情之前已经做过了。"你只能说声"谢谢"。我想给学生们真实的体验,我还在努力学习去做这件事。我发誓,如果我不用坚持纪律,我不知道我会成为什么样的教师,但我想我会成为一名优秀的教师。我常常希望我不是教师,不用提高我的声音说话,不用对孩子们吼叫。但是我吼了,我感觉不舒服。

由于学校缺乏支持和问责制,布赖恩对自己的发展感到失望。这位年轻的教师真诚地希望对学生产生积极的影响,为他们创造更多的学习机会。事实上,如果他在一个可以得到更多支持与指导的环境中开始他的职业生涯,或者说有更好的榜样引领,他可能会成长为一名优秀教师。他在开始自己的职业生涯时,有强烈的责任感,关心那些来自低收入家庭的孩子,他很可能没有充分发挥自己的潜力。

弗雷德校长缺乏领导力,员工感受不到他给予的支持和保护。以共同决策的名义,弗雷德校长把所有教职员工的投诉事件委托给了一个由教职员工组成的学校委员会。申诉是以书面形式提出的,整个过程严格保密。当凯莉(Kelli)在弗里蒙特小学教一年级时,她向学校委员会申诉了另外一位教师的问题,但事情办理得不容乐观。凯莉说,和她一起负责课间休息值班的教师从未出现过,凯莉不得不独自照管整个操场的活动情况,并且这位教师总是在休息时间结束时才来接她的学生,这意味着凯莉及其学生在等待其他班级时损失了自己的学习时间。当凯莉把这件事反映给学校委员会时,她的投诉泄露了,事情很快就传开了。凯莉不但没有得到帮助,反而遭到了这位教师的严厉斥责,并被这位教师的朋友排斥。这件事之后,凯莉说她决定不再向校长或学校委员会投诉任何问题了。她决定宁愿尽自己最大努力独自解决这个问题,也不愿意再经历之前经历过的一切。

另外,弗雷德校长将教师的努力与成果占为己有,这让他们感到被背叛了。当保罗申请并为学校争取到一大笔补助金时,他对弗雷德校长向学校董事会提交的报告表示不满,因为弗雷德校长在报告中声称这笔补助金是理所应当获得的。当学校考试成绩有所提升时,教师对弗雷德校长吹嘘"我们"是如何提高分数的言语感到不满,因为弗雷德校长在教学领导方面几乎没有提供任何帮助。如果弗雷德校长能帮助教师在实现目标上发挥更积极的作用,就不可能发生侵犯教师荣誉的情况。

由于弗雷德校长缺乏可信度和领导能力,学校的教师感到非常沮丧。当他不能履行承诺时,他的诚信也受到质疑。大多数教师承认弗雷德校长心怀好意,相信他的善意,但是当大家不能指望他来解决学校严峻的问题,让教师履行对学生的职责与义务,并做出重要的决策时,他们感觉十分受伤。他想维持和谐关系、避免冲突的愿望,导致了不和谐与不信任。在弗里蒙特小学,由于缺乏培养和保持良好工作关系的领导力,对所有教职员工来说,学校的工作环境变得更加紧张和艰难。

面临信任危机的校长,需要做的不仅仅是保持善良与友好。学校对教师不问责,或许有助于弗雷德校长树立平易近人的形象,但这并不能产生信任。教师对弗雷德校长不能执行哪怕是最低限度的普通规则感到沮丧,比如教师的到校时间和离校时间,更不用说解决滥用病假问题,或者对那些拒绝履行工作职责的教职员工进行问责。当弗雷德校长以共同决策的名义试图让教师自己进行管理,但又没有采取行动支持他们处理教师的不当行为时,教师就会感到被背弃了。

信任衰弱的文化

有时除了依靠不信任的人,我们别无选择,但是我们更愿意避免这种情况的发生。无论是我们曾经信任过的人背叛了我们,还是我们从未信任过的人背叛了我们,当没有这个人的参与我们的目标就无法实现时,我们会发现自己在这种相互依存的关系中极其不自在。在这种情况下,不信任不一定是一种非理性或不明智的反应,而是基于知识、经验和价值观上的差异做出的行为反应(Barber,1983)。没有信任,往往会引起焦虑和缺乏安全感,会让人感到不安,并要花精力监控他人的行为和可能产生的动机(Govier,1992)。

失信的代价是昂贵的。信任度下降,工作成本就会增加。人们必须采取保护措施,并不断地为了自身利益,为控制事情的发展方向提供各种支持(Limerick & Cunnington,1993)。当教师或学生感到不安全时,那些本应该投入到教学和学习上的精力,就会转移到自我保护上。在缺乏信任的情况下,人们越来越不愿意冒险,更注重保障自己的权益(Tyler & Kramer,1996)。人们可能会用各种手段保护自己免受不信任的人带来的伤害,并尽量使自己的弱点最小化。下属可以隐瞒信息、伪装自己,甚至采取欺骗手段来保障自己的利益。管理人员常常采取严格的管控机制,例如执行烦琐的规则、过度的监管,以保护自己。虽然这些步骤可能十分必要,也很重要,但最终的结果通常会适得其反(Govier,1992)。

最严峻的问题之一是,不信任的关系一旦建立起来,就具有自我延续的倾向。在与不被信任的人互动沟通时,即使是善意的行为也会受到质疑。对一个人产生的消极印象会导致怀疑者否认任何有助于克服不信任的证据(Govier,1992)。失信者的行为被理所应当地理解为不值得信任。为修复信任所做的沟通也会被怀疑,这种怀疑是自然而然产生的。失去他人的信任的管理者说的话不再是修复信任的工具。

> 我当上高中校长时,知道应该做好自己的工作来赢得教师的信任,因为教师和上届学校管理层之间存在很大的敌意。第一天早晨,我端正地站在教师收件箱旁向他们问好,了解他们的情况。一个早晨下来,我发现我的工作是那么艰难。在我说"早上好!"之后,我无意中听到一位教师在走开时对同事嘀咕:"我不知道她这样做是什么意思!"
>
> ——帕特(Pat),高中校长

缺乏信任不仅会形成令人不舒服和不愉快的工作环境,而且会对整体学习效率产生负面影响。这一点在弗里蒙特小学很明显,学生的学习成绩非常差。背信弃义损害了员工的士气,影响了其工作能力。员工的工作效率和动力都会受到影响。有一项研究表明,当管理层背弃承诺时,员工表现差和具有离开雇主的意愿是与不信任的关系密切相关的(Robinson,1996)。当员工与管理者之间初始信任水平较高时,员工更少出现背弃行为;然而,当初始信任水平较低时,失信更有可能导致员工的业绩不佳,并期望离开单位。学校失信的后果包括沟通和共同决策的质量和效果下降,以及教师的公民权和责任感下降。

有限的沟通

学校需要公开的沟通才能有效管理,背信弃义对沟通模式很可能具有非常有害的影响。当一个人与不被信任的人沟通时,特别是这个人在组织层级中拥有更多权力的情况下,沟通的目的就更偏向于保护个人的利益并减少焦虑,而不是为了准确地交流思想。当你和一个不被信任的人交流时，你可能不得不回避，或者对态度或信息进行歪曲。在一种不信任的组织文化中，下属都会承认自己存在隐瞒信息以及歪曲向上级沟通的事实的倾向（Roberts & O'Reilly，1974）。

低信任学校的教师认为，学校的沟通网络不畅，不信任阻碍了校长和教师之间的沟通。在互相猜忌的氛围中，教师对与谁交谈以及谈什么都非常谨慎。正如我们在凯莉与弗里蒙特小学学校委员会遭遇的糟糕案例中看到的，尽管教师承认学校存在严重问题，但因害怕受到报复而不愿意揭露并努力解决这些问题。为了避免冲突，沟通经常被阻碍或扭曲。在低信任学校，教师可能会避免与校长接触，因而校长很难获得积极有用的信息。当校长和教师之间彼此高度信任，教师对校长提供的信息的准确性就更有信心，更希望与校长进行沟通，并获得更高的满意度（Roberts & O'Reilly，1974）。这种富有成效的沟通模式在布伦达校长和其学校教师之间体现得最明显。对校长来说，与同一"战壕"里的教师建立良好的沟通模式，是一笔巨大的财富，可以提高学校效能。

我们的校长从来不会直接让教师陷入尴尬境地。他总是对教师们说他接到了"来自家长关心的电话"。有一次，全校师生都聚在看台上参加集会，但是主持人未到。孩子们变得焦躁不安，于是一位教师跑到办公室打电话，看看发生了什么事，另一位教师抓起她的吉他，和两个朋友开始跳舞，奉上了一场笨拙的即兴表演。校长一定从办公室的窗口看到了他们的表演，因为后来他打电话给那些教师说，他接到了"一些家

长打来的电话"，说他们的表演很不专业。但这明显是一个谎言，因为从街道上根本看不到演出的地方。

——帕姆(Pam)，二年级教师

受限制的决策

正如对信任的公开性的讨论中提到的，教师参与学校决策有两种动机。第一种是为了提高教师的满意度、忠诚度并接受决策。领导者已经认识到，教师在学校具有足够的自主权，如果他们不接受某项决策，只要他们不努力，就会破坏一项计划的实施，降低计划的有效性。这种模式被称为"蓄意协作"。在这里，共同决策是流于形式的，并不是实质性的，教师的投入很少受到重视；通常情况下，决策在教师参与之前就已经做出了。第二种模式是校长和教师共同做出决策。这种模式强调教师的能力，并承认他们有宝贵的知识和洞察力，足以做出决策。高质量的决策是一种更真实的共同决策，可以让教师对决策的结果发挥真正的影响(Pounder，1998；Short & Greer，1997)。

学校中实行的共同决策常常被批评是属于第一种模式，教师对学校决策的影响无足轻重 (Malen，Ogawa，& Kranz，1990)。这种模式的根源在于缺乏信任，不相信教师对决策的潜在贡献以及他们会全身心地执行决策。第二种模式需要给予教师更多的信任，相信他们有能力为实现学校的最大利益而行动，而不是出于狭隘的自我利益 (Hoy & Tarter，2008)。当校长谈论共同决策时，只是简单做个样子，就像在第一种模式中，语言与行动不匹配，先提高教师的期望，然后制造怀疑，这种做法是会破坏信任的。

当校长通过共同控制向教师传递信任时，他们会获得更大程度的信任。学校的共同决策水平与教师对校长的信任程度密切相关（San Antonio & Gamage，2007；Tschannen-Moran，2001，2009）。当教师十分信任校长时，这种信任实际上可能会减少教师参与决策的需求。当教师认为他们的利益会得到很好的保障时，他们可能更愿意把决策权交给校长，并遵守学校的决策（Tyler & Degoey，1996）。

总的来说，被要求参与对他们有影响的问题的决策，教师们是非常乐意的，就像弗里蒙特小学的教师一样。然而，当他们意识到自己的参与没有起到真正的作用，当他们的决策没有按照他们希望的方式执行时，或者校长只是利用教师的参与来应付学校内问责制度的要求时，他们就会失望，感到心酸。

消失的公民意识和承诺

当员工自觉地努力工作，超出了规定的工作职责，但并不期望得到明确的承诺或补偿时，组织中的公民意识就与此种情况十分相关（Deluga，1994；Organ，1988）。奥根（Organ，1988）强调了组织中的公民意识在提高组织效率方面的重要性，指出组织机构不可能把员工的所有职责要求都写出来。这对学校来说尤其重要，职责描述最多只能勾勒出教师的基本责任。当诸如礼节、良知、光明正大和公民美德等公民行为缺失时，组织就可能会面临压力。这种压力在弗里蒙特小学教师表达的挫折感中体现得非常明显。然而，如果学校试图要求他们开展公民活动，他们可能就会拒绝，并产生怨恨。

变革型领导者能激励员工为组织做出最大贡献。变革型领导者认为，领导者要有清晰的愿景，能够促进团队建立发展目标，并对团队目标抱有很高的期望，同时也为后来者提供合适的参照榜样。变革型领导者注重提供个性化的支持，并激发下属智能。研究发现，变革型领导者的行为在下属中能够产生更强的公民意识，但前提是员工要信任领导者。当员工不信任领导者时，这些领导行为并不能带来更强的公民意识（Podsakoff，MacKenzie，Moorman & Fetter，1990；Tschannen-Moran，2003）。这些对学校具有重要的启示。学校领导者要想有效地获得员工的承诺和公民意识，必须赢得员工的信任。

在弗里蒙特小学，组织中的公民意识非常弱。教师不仅只根据合同的最低要求工作，而且尽可能地减少投入。根据教师的报告，许多同事迟到、早退，滥用合同中规定的病假。在上午 90 分钟的集中教学时间里，甚至在课堂上最需要教学助手的时候，他们在办公室里与秘书聊天，有的人还拒绝承担课间休息值班的工作任务。凯莉说她失望地发现，她为参加标准化考试的学生准备的休息时间吃的零食，竟然被一个教学助手吃掉了！在林肯小学，爱丽莎（Allisha）举报说，有一位经验丰富的教师每天下午都在看电视，而他班上的学生都坐在座位上自学。这位教师表面上非常顺从，格洛丽亚校长不在的时候，常常指定他为主要负责人。然而，格洛丽亚校长对他的不负责行为视而不见，却十分讨厌敬业的教师向她提出质疑。

弗里蒙特小学和林肯小学的教师在这种缺乏支持的氛围中挣扎着，努力奋斗并履行着自己的承诺。不合理的领导和权力使用导致了人们对整个教育事业的失望与幻灭。二年级教师爱丽莎对

自己是否会继续从事教学工作感到十分怀疑,她说:

> 这就是我现在还在学习的原因,因为我还没有看到以教师身份退休的可行性。我想作为教师,我们本应该得到更多的尊重。我曾经期待着可以得到校长更多的尊重,但实际上我们没有得到。她更尊重在这所学校工作的助手。她让他们做事,但他们不做。但要是让我们中的任何一个人来做,这都是一个完全不同的故事,你知道的。

在弗里蒙特小学和林肯小学接受采访的教师要么提出了调职申请,要么觉得他们必须为留下来找一个合理的理由。他们谈到喜欢孩子的问题,并想让低收入家庭的学生生活得更好。罗布(Rob)是林肯小学的一位教师,他讲述了他在校外花很多时间去参加学生的体育赛事和音乐会的事情。他说,他夜不能寐地想着自己的学生,以及如何解决他们遇到的困难。在冬天的几个月里,罗布为学生买了很多套帽子和手套。当事情传开后,即使不是他班上的学生,也会来找他要这些东西。尽管教师十分关心他们的学生和他们正在做的工作,但是没有全体教师的共同努力,大家就会感到灰心丧气。

> 我们学校的一位教师犯了一个错误,在对一个孩子大喊大叫时使用了一个咒骂的词语。这个孩子的家长揪着这件事不放,我们的校长被压垮了。她强迫这位教师在本学年剩下的时间(年底前的六周)里请假。我不确定她明年会不会回来。她是一位很好的教师,只是对这个孩子发了脾气,说了不

该说的话。大家的士气真的很低落。全体教师都感到没有受到保护，就像如果有家长抱怨，我们的校长是不会站在我们这边支持我们的。

——凯特琳（Caitlyn），中学西班牙语教师

没人信任我们的校长。就学校办公室所处位置来说，大家必须经过校长办公室才能到达教师信箱。但是信箱附近有一个后门。教职员工经常是从前门出去，再从后门绕进来取他们的信件。不得不承认，有时候我也是这样做的！

——伯尼（Bernie），高中助理校长

在信任度高的学校，组织的公民意识往往很高（Jones & George，1998；Tschannen-Moran，2003）。在布鲁克赛德小学，教师们不仅互相体贴，而且他们的工作量远远超出了基本的要求。凯茜是一位四年级教师，描述了教师们对布伦达校长提出的期望的反应。布伦达校长期望每一位教师在开学后的头两周内与班上的每一位家长至少进行一次积极的沟通。

我们可以拒绝。根据合同，我们可以拒绝。这是一份辛苦的工作，它需要时间和努力，其中大部分是你在家里做的，或者你在学校里待几个小时做的。她希望我们能这样做。她不能强迫我们这样做，因为这不是合同规定的工作内容。然而，我们对她非常尊敬，我们希望在出现问题时她能够支持我们，所以我们就这

样做了。我的意思是，我们对某些事表示不满或抱怨，但在大多数时候，如果她说"做这件事情"，我们一定会尽最大的努力去完成。

在布鲁赛德小学接受采访的所有教师都述说了他们如何自愿地完成那些超出基本工作要求的任务，从参加一年一度的春季周六计划务虚会，到举办秋季夜间活动，或者完成学校的其他加班工作。布伦达校长在遇到困难时赢得了教师的信任，这是极其宝贵的资源。因此，不管是应对难以对付的某个学生、规划和呈现某一特定教学课程单元，还是应对一位极难相处的家长，他们都统一回复说，他们相信会得到她的帮助。作为交换，他们愿意尽最大努力工作。

付诸行动

做一个值得信赖的学校领导者需要勇气，也需要善解人意。在面对困难和复杂情况时，领导者应当直接且果断地处理。对教师和学生持关爱的态度并不意味着教师可以不被追究责任。相反，你对学生的关爱和承诺说明你对教师的表现抱有很高的期望。为满足这些高期望，必须给予教师必要的支持和指导，以帮助教师达到要求。

必须把追求目标和关心教职员工结合起来。平衡任务导向和培养关系需要有足够的智慧和敏锐性，因为在不同环境和情境下，这两者可能会交替占据主导地位。但总的来说，学校领导者需要给予充分的支持并迎接挑战。当你主持一个卓有成效的论坛,论坛上有不同的声音、不同的理解时,维持这种微妙的平衡,才能展现对不同意见的包容与理解,进而找到建设性的解决方案。回避冲突可能会让教职员工感到被伤害,导致他们不愿付出努力和行动。

作为学校领导者,被人信任意味着以不被指责的方式做人做事。你必须避免破坏公民秩序,如毁损荣誉或滥用权力;必须保护学校每一位成员的尊严,以避免伤害他人的身份认同感。

本章要点

- 对背叛的最初反应往往是震惊和怀疑,然后会转变为愤怒和报复的欲望。

- 当对现状的不满导致对被信任的人的善意和忠诚度降低时,背信弃义即会发生。

- 学校中背信弃义的行为主要源于损害了公民秩序或个人、群体的身份认同感。

- 对领导者来说,避免冲突是一种道德玩忽行为,很可能引起不信任。

- 当被迫与不被信任的人一起工作时,人们可能会感到不自在。这种不适可能会使他们通过隐瞒甚至歪曲信息来保护自己。

- 在不信任的气氛中,教师不太可能为学校及其目标尽最大努力。在这种环境中,共同决策往往是一种假象。

反思与讨论题

1. 你什么时候在工作中感到被背叛了？你的反应是什么？这种背叛行为是由于公民秩序感受损，还是由个体或群体的身份认同感受损造成的？你是如何解释背叛者的动机的？信任恢复了吗？如果回答是肯定的，你是如何做到的？

2. 在哪些情况下，背信弃义减弱了人们的行动，干扰了业绩，增强了他们离开学校的想法？

3. 通过信任、公开和尊重的道德规范，学校文化在多大程度上阻止了背信弃义的发生？或者说，学校文化是否曾因目标上的冲突、消极的内部政治和多变的联盟这些特征而发生背信弃义的事件？

4. 你所在的学校是如何处理冲突的？是避免冲突的发生，还是压制冲突的发生？冲突是变得令人不悦和失控了，还是被以建设性的方式处理了？这种冲突管理方式会产生什么后果？如何通过更好的冲突管理技能培训来提高对话的质量？

5. 回忆以建设性的方式化解冲突并取得积极结果的一次经历，或者若不存在竞争性利益关系，则会有不同选择的一次经历。

第五章

报　复

俗话说,君子报仇,十年不晚。

在我们感到脆弱时,我们会对信任的人心存期待。如果这些期待得不到满足,当我们的信任被背叛时,我们可能会被迫做出回应。这种情况下做出的反应是修复双方之间的信任还是导致矛盾的升级,取决于当事人的选择。相应地,当事人是努力修复关系,还是采取各种形式进行报复,决定了信任是被修复还是被破坏。

报复的动力

当背信弃义的情况发生时,受害者对事件起因的理解会影响其做出的反应,尤其是看他是否有报复的欲望。而当人们被要求讲述工作中被背叛的经历时,受害者对背叛者应承担责任的大小的认定会影响其报复的欲望。若受害者断定其行动不受背叛者的控制时,是不会寻求报复的;然而,当受害者认为背叛者对背叛行为负有责任时,就会产生报复的动机(Bies & Tripp,1996)。当受害者意识到这种行为是出于背叛者的自私或恶意时,就会将责任归咎于背叛者并寻求报复。受害者还会将责任归咎于整个系统或组织，因为是它们雇用了背叛者，或者是因为它们没有约束背叛者的行为而造成的。

对背信弃义的反应

受害者可以采取多种报复措施。有些人喜欢沉迷于报复幻想，编造出背叛者可能受到伤害或被公开羞辱的详细场景，尽管他们不打算根据幻想采取行动，但总是安慰自己说"正义终将得到伸张"。有些受害者会公开表示他们的愤怒和愤慨，向他人讲述被背叛的经历，以激起他人的同情，并损害背叛者的名誉。受害者的报复行为可能让背叛者感到被出卖。如此，双方就会陷入一场针锋相对的辱骂、冷落和背叛之中，导致不信任的升级，双方由此进入长期循环争斗之中。

我们的校长指责一些教师登录他的电脑查看他给出的评估记录。几天后，他把车停在一个残障人专用停车位上，其中一位教师打电话报警，警察给他开了罚单。

——塔尼娅（Tanya），中学教师

一些受害者干脆退出，避免与背叛者发生任何接触。有些人可能更愿意与背叛者针锋相对，尽管对抗的动机不同。有些人可能会安排一场对峙，揭露背叛者的罪行，并让此人蒙羞。也有一些人愿意私下沟通，试图通过让背叛者了解他们受到的伤害以及他们的愤怒和失望来修复他们之间的关系，希望通过沟通来解决问题。例如，如果受害者感到自己的名誉受损，可能会想方设法恢复

自己的名誉。如果背叛者做出道歉、补偿，或承诺未来做出改变，受害者可能选择原谅他（她）。受害者有权力决定是否与背叛者修复彼此的信任关系。然而，有些伤害是不可逆转的，在这种情况下，受害者可能永远不会再相信给他造成伤害的人（Bies & Tripp，1996）。关于报复产生的详细路径，参见图 5.1。

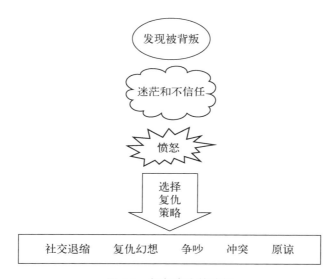

图 5.1 报复产生的路径

报复的复杂性

报复不仅仅是对背叛行为的一种情感反应，更是一种正在进行的思考和计划。受害者知道被背叛后的最初反应通常是感到困惑，无法接受现实。这种混乱通常会转化为愤怒。但是，一项关于报复的研究表明，与刻板思维相反，受害者选择的报复策略往往是"冷静并精心策划的，在思考和表达的时候相当理性"（Bies & Tripp，1996，p.259）。然而，影响报复过程的一种复杂变量是受害者和背叛者之间存在的不同"算计"方法（Bies & Tripp，1996， p.259），其对损害代价的评估是不同的。这些不同的算计方法以及它们引起的反应在冲突升级过程中发挥着不同的作用。经过反思，受害者很可能会"发现"背叛者更恶毒的行为，因此就增强了责怪、偏执认知和阴谋论的看法，从而导致他们会去寻求社会支持并强化自己的认知。

背叛不仅可能激发报复的动机，而且可能导致怨恨。所罗门和弗洛里斯（Solomon & Flores，2001）对报复和怨恨进行了区分：

> 报复是迅速的，事实上，有时几乎是瞬间发生的（当它是即刻发生的时，最好将之看作一种反击）。怨恨往往是缓慢累积的，更多地体现为报复的幻想，而不是实际行动。但这也是为什么怨恨如此危险，因为报复有时的确可以恢复平衡，并为重新谈判和恢复相互理解提供一个公平的竞争环境；然而由于怨恨具有秘密性和防御性，它阻碍了这种和解与平衡的可能性。（pp.142-143）

怨恨不是针对一种情境，而是直接针对人，包括上司、同事、领导者。怨恨会助长不信任，因为它也具有报复倾向。一个心怀怨恨的人"会在内心不断地强化自己的重要性及受伤感，直至被这些想法毒害至无法采取创造性或建设性的行动"（Solomon & Flores，2001，p.112）。充满怨恨情绪的学校文化会导致学校整体表现下降、个体主动性丧失和同事间信任度下降，肆意破坏及其他形式的背弃组织或管理机构利益的集体行为通常都是由怨恨情绪引发的。

> 我的座右铭是:"不要生气,要报复。"校长在一次教师会
> 议上当着同事的面痛斥我。我要让他为此后悔。下一次他想
> 从我这里得到任何东西的时候,答案就只有一个"不!"字。
>
> ——杰夫(Jeff),高中历史教师

报复不一定完全是负面的,它也可以在组织生活中发挥潜在的积极作用(Bies & Tripp, 1996)。报复不仅可以限制权力滥用和不公正行为,而且可以促进合作,成为建设性变革的强大动力。在遭受新校长一年的侮辱和指责之后,一所城市小学的所有教师都拒绝签署合同,直到他们得到这位校长明年不会再到这所学校工作的承诺为止。再比如,一所郊区社区学校的教师对学区主任进行了报复,他在一次艰难的合同谈判会议上说了一些贬低教师的话,教师们发起了一场请愿运动,要求这位学区主任收回自己的言论。在家长教师协会的支持下,教师们起草的有百余人签名的请愿书在当地报纸上整版刊登。学区主任公开发表了道歉声明。报复可以平衡组织中的权力差异,它使受害者可以选择如何回应背弃信任的行为,并决定是否以及何时再次信任背叛者。下一节将详细介绍林肯小学的教职员工是如何被格洛丽亚校长背叛的,以及他们是如何寻求报复策略的。

激进的改革者

格洛丽亚校长认为自己是一个改革者,最关心孩子们的利益。当她接任校长职务时,她决心立即改变林肯小学的工作方式,并处

理不愿意进行变革的教师。然而,在与教师们建立相互信任之前,格洛丽亚校长只顾前进,忽视了与教师们建立良好关系,并陷入了与他们争权夺利的争斗中。在她任职第一年的一次教学会议上,格洛丽亚校长抨击教师们没有努力让学生考出好成绩。当教师们指出他们在这个贫困社区教育学生面临的许多挑战时,格洛丽亚校长以一种就事论事的口吻做了回应。

> 好吧,好吧。我希望你们每个人都返回教室,把你们班上本学年结束时不能达到学业标准的学生名单列出来。明早把这些名单放在我桌子上。

她继续提高嗓门,补充说:

> 明天,我们要把所有学生带到礼堂,让他们上台合影。然后我们举行一次教学新闻发布会,因为家长和社区有权知道哪些孩子没有达到标准。

这种充满对抗和带有谴责性的处事方式清楚地表明,格洛丽亚校长不是教师的依靠,不可能给他们提供应对挑战的资源。

在进行系统性学校变革之前,她没有花时间建立良好的人际关系。她让所有教师都参与进来,他们是各自班级中最接近实践的人,是熟悉社区和学校文化的人,是最终不得不实施变革的人,她则开拓进取,以自上而下的方式推进改革,实施"要么听我的,要么就消失!"的变革路径。格洛丽亚校长对林肯小学的变革承担了太多责任,却没有意识到校长的大部分工作都是通过其他人来完成的。完成学校中心工作的是教师,管理人员的职责是为教学创造环境。当教师们抵制格洛丽亚校长的倡议时,她却坚持自己的权威,使双方陷入了权力斗争。

她在林肯小学任职的第三年,权力斗争变得更加激烈,士气骤降,甚至那些最初愿意相信她并且追随她的教师也开始失去信心。教师们把学校称为"战争地带"。学校里弥漫着一种恐惧气氛,教师们说话都很谨慎,因为担心遭到报复。学生的成绩也没有达到她接管学校领导岗位时期望得到的提升。

格洛丽亚校长在仁慈、诚实、公开、可靠和胜任力等信任的所有方面都表现不佳。她未能与教师们建立信任关系,主要是由于她对他们缺乏善意和仁慈。教师们的抱怨主要集中在格洛丽亚校长没有给他们提供足够的支持上。教师们也认为她的策略是充满控制欲和不真诚的。例如,格洛丽亚校长失去了教职员工对她的信任,原因是她采用了一些手段,要开除一位处于困境的年轻教师。格洛丽亚校长最初向这位教师提出质疑,说她每周一和周五都请病假。这位教师反驳说,她这些天带她的小女儿去看医生了,而且她的病假天数在合同允许范围之内。当这位教师联系工会代表罗布,要求他代为参加关于这个问题的所有会议时,格洛丽亚校长的反应是质疑这位教师的胜任力。格洛丽亚校长开始对她进行激进的监控和评价。其他教师因为这位年轻教师受到的不公平待遇而感到愤怒,但是又担心如果他们挑战格洛丽亚校长,可能会遭到同样的对待。林肯小学二年级的教师爱丽莎讲述了这起事件。

在第一次教学观察和评估之后,我们感觉到校长就想要开除她,而她无论做什么都无法阻止这种结果。她甚至要求回到"同伴协助和反思"计划中,但是被拒绝了。所以,她根本无能为力。当格洛丽亚校长说她无法控制课堂时,她问:"好吧,我能做些什么?给我点建议,我能做什么?"但是校长没有给出任何建议。我们一直都知道格洛丽亚校长想把她赶走。格洛丽亚校长一直以来对我很好,而且当时她对其他教师也很好。所以,你永远不知道她什么时候会背叛你。

虽然其他教师承认这位新手教师在课堂管理上存在问题,但他们指责格洛丽亚校长在开除教师前没有给予任何的指导和协助。

格洛丽亚校长还试图开除另外几位教师,这些教师是一些非正式的小头目,受到其他教职员工的喜爱和尊重;而且她要引进熟悉的、更加顺从自己的教师。在这种情况下,教师们对格洛丽亚校长的信任进一步受到损害。由于其他教师同情受害者,不信任的氛围在教师中蔓延开来。罗布·史蒂文斯(Rob Stevens)是非正式头目之一,他是一位广受欢迎和尊敬的五年级教师,在林肯小学教书已经有十年。罗布曾以工会代表的身份代表学校教师提出了许多诉求,与格洛丽亚校长发生了冲突。在学年开始之际,为了响应减少劳动力的要求,格洛丽亚校长在一次教师会议上宣布将罗布调派到二年级任教。爱丽莎说,教职员工将这种伎俩视为公然的操纵,这是在逼他离开学校:

今年年初,我们进行了裁员。二年级有一个空缺,四五年级衔接班(four-five split)有一个空缺。于是我们开了一次教师会议,她进来告诉我们裁员的事。接下来,我们听到她说:"约翰逊夫人,你去教四、五年级的衔接班,史蒂文斯先生(他已经教了十年五年级!),你去教二年级。谢谢。我们的会议结束了。再见。"她转身走开了。大家都转过身来,看着罗布问道:"她什么时候告诉你的?"他说:"我也是第一次听说这个。她没有和我讨论过这件事。她刚刚宣布了,仅此而已。"我们立即明白他要调职了。每个人都觉得这是她想要的,但罗布并不想。他说他不会按照这个执行的,但还是感觉她的所作所为背叛了他。

这种背叛是格洛丽亚校长对目前情况的负面评价导致的,那就是她不想与罗布维持一种积极的关系。事实上,她似乎希望他非常生气,然后完全地离开学校。格洛丽亚校长构建了一套她认为合理的班级教师调任程序,但罗布和其他教职员工并不认可这套程序,因此,人们对格洛丽亚校长的正直的信任度也开始下降了。

另一起事件涉及一位名叫玛丽的教师,她最初曾与格洛丽亚校长密切合作,以实现校长转变学校局面的愿景。玛丽一直在努力为这所学校寻求一些拨款和特别项目。由于缺乏合作和欣赏,玛丽终于厌倦了,她开始拒绝承担额外的任务。格洛丽亚校长的反应是试图把玛丽从她的位置赶走,玛丽认为这是一种伤害和背叛。当格洛丽亚校长通过质疑她的胜任力的方式来驱赶她时,玛丽感觉受到了双重背叛。

我的邮箱里常有信件。有些信是寄给校长的,却常被转到我的邮箱里,有的是关于写一份拨款申请的,有的是关于担任某个委员会主席的。现在我就把它扔回去。我最后写了一封回信说:"我不想担任这个委员会的主席,但我很乐意加入这个委员会。"然后,这封信在一次教师会议上被逐句读了出来。一字不差!一字不差!我曾对某些工作人员说,她要么会将之贴在公告栏上,要么会想办法让全体工作人员知道我拒绝了。在那之后,她说我不适合这个岗位,她想要别人来担任。

玛丽觉得格洛丽亚校长深深地背叛了她,她意识到格洛丽亚校长这样做,是因为三年来她试图让教师尝试新事物,做超过基本工作标准要求的事情,但是都不成功,这在一定程度上给她带来了挫败感。她承认,格洛丽亚校长是带着改进课程的想法来到学校的,但因没有取得进展而沮丧。玛丽说:

> 我能理解她的挫败感,我能处理好这件事。我已经看到人们表现出了兴趣,然后改变了主意,但没有做出任何后续的努力行动。但我不能对所有员工和不愿意学习的人负责。

尽管玛丽意识到,格洛丽亚校长疲惫而沮丧,由于缺乏领导力及其给教师和学生带来的影响而十分失落,但她也知道,无论如何,这是校长自找的。

当教师们认为格洛丽亚校长是在巧妙地运用权力时,林肯小学的公民秩序遭到了破坏。教师们希望校长做出公正和准确的评判。无论是在课堂教学和任务分配方面,还是在雇用新人方面,他们都希望校长能遵守公平公正的程序。正直是通过行动和语言的一致性得到证明的。当两个人被告知同一件事情,却得到不一样的答案时,那告知者的正直就会被质疑。教师们对格洛丽亚校长给予的负面评价感到不满,尽管以前她对这些教师表示过赞赏,但格洛丽亚校长希望用自己选择的教职员工替代他们。当有迹象表明她已经有明确想要雇用的人时,采用公开招聘来填补空缺就是一种假象,自然受到了怀疑。

当教师互相倾诉时,失信的影响会倍增。他们会详细描述某种违规行为的细节或教师得不到支持的事件,这令所有听众以及担心自己可能受到同样对待的人都打破了原有的信任。流言蜚语扩大了事件的负面影响,超出了所涉教师的范围,并降低了全体教师之间的信任。

罗布所说的事件损害了公民秩序和认同感。这一情况涉及一群教师,罗布也是其中一员。他曾在一个委员会中任职,负责为学校的技术计划争取一项全州性的项目。虽然没有一位教师有过写拨款申请报告的经验或接受过此类培训,但他们都在努力做必要的研究,他们放弃了课余休息时间,并利用春假休息时间写了这份建议书。格洛丽亚校长是该委员会的成员,但她很少出席会议或提供任何帮助。尽管他们做出了种种努力,但该提案没有得到资助。当罗布早早来到教师会议室时,他无意中听到格洛丽亚校长与一位学区官员在谈论该计划遭到拒绝的事情。格洛丽亚校长批评委员会无能的严厉言论使罗布感到受伤和不被肯定。他感到被背叛了,因为格洛丽亚校长没有发挥她作为委员会成员的职责。如果这一提议得到资助,格洛丽亚校长一定会欣然接受这个功劳,但现在失败了,她就只会指责委员会成员,而不承认这是她缺乏领导力造成的。罗布表示今后不会再担任任何委员会的志愿者了。

公开性是信任的基础之一,而格洛丽亚校长正好缺失这一点。关于组织中跨层级信任的研究表明,如果要让下属信任上级,公开性是关键因素,因为隐瞒重要信息是上级维持权力或管理员工的手段之一(Kramer,1996;Mishra,1996)。在林肯小学,格洛丽亚校长缺乏与其他教职员工的接触与沟通,这是导致不信任的根源。罗布是这样描述事情经过的:

> 我仿佛看到"工蜂"和蜂王。"蜂王"待在她的"蜂巢"里,或说在她的办公室里。其他"工蜂",即我们都站在第一线,尽最大能力完成这项工作。我们就像在两个不同的世界,唯一有交集的时候,或许就是涉及纪律问题时。这就像一个孤岛,我们在这里拼命工作,努力奋斗,却得不到任何支持。

格洛丽亚校长被认为是无法亲近与沟通的。当互动的确发生时,她沟通的语气通常是负面的,内容是毫无意义的。罗布继续说:

> 员工和领导之间的鸿沟越来越大。就像窗帘后面的"绿野仙踪"(The Wizard of Oz),你看不见,也不能和巫师说话。你知道他们在那里,但你不能和他们沟通。

林肯小学的教师在内部交流中也非常谨慎。当被问及林肯小学的失信事件时,爱丽莎说:"我不太清楚。"玛丽把接受采访时待的房间里的公共广播系统切换成了隐私设置。当办公室里的消息通过这个系统传播出去的时候,她明显地受到了惊吓,花了几分钟才恢复平静继续工作。当她意识到隐私设置可以在办公室接收到信息,但不会传到办公室外时,她得到些许安慰。她在心里反复重复刚才说的话,想看看她有没有说错什么话,或者泄露什么信息,以免受到惩罚。在采访结束后,玛丽在走廊和楼梯间里偷偷地环顾四周,确定没有人,才带我从后门走出去,确保不会被人看见。所有接受采访的林肯小学的教师都希望对他们的采访完全保密。

虽然格洛丽亚校长的本意是好的,并真正希望促进学校学生的发展,但她缺乏促进组织变革的个人能力。格洛丽亚校长具有推动组织变革的职权,她通过自己的奖励和惩罚处置权行使了这一权力。她利用大家都不愿意带的班级和工作职责安排来惩罚她认为不愿意努力的教师,对顺从听话的教师则给予宽松管理,然而当他们的表现缺乏专业精神时,她就会另眼相看。但这些策略并不足以创造支持创新和积极变革的激励机制和文化。格洛丽亚校长缺乏的是个人能力,包括帮助教师改进教学的专门知识;她也不是教师仰慕、愿意交往和模仿的那种人。她似乎缺乏自我效能感,也不相信自己有能力实现她在林肯小学梦寐以求的积极转变,因此,她采取了严厉的和贬低人的策略。

林肯小学陷入了信任危机,教师对校长实施的任何行动的动机都产生了怀疑。他们认为她违反了公民秩序,对同事有所亏欠,侮辱和攻击了作为专业人员的他们。这些事既影响了教师的工作表现,也影响了他们成为学校一分子的意愿。虽然这些教师对学生有责任感,并希望发挥自己的专业精神,努力工作,但有许多同事并未尽力工作。在林肯小学接受采访的三位教师中,罗布和玛丽都提出了转到其他学校的要求,而爱丽莎在工作的第二年就对她的教师职业生涯表示怀疑。失去信任对组织的影响巨大。

控制性的文化

失信在组织中引起的最困难的事情之一是,它会导致一种控制性的文化。学校既是科层组织,也是专业组织。当学校充斥着一种控制性的文化时,就会以牺牲组织的专业性为代价,过分强调组织的科层性质。决策的制定权就会集中到行政管理办公室,教师基本的专业自主权也会被剥夺。在这样的学校,校长会运用其权力控制和约束教师。通过加强精神思想的控制,这样的行政管理阻碍了创新,不会帮助教师解决工作中遇到的难题。强制性的规则和程序是用来惩罚下属的,而不是奖励富有成效的实践的。强制性的规则不能促进组织学习,而是要求盲目服从,强迫下属被迫跟从。

组织领导者的官僚主义倾向会破坏信任关系,因为组织中存在员工之间隐形不信任的基础。有一种不言而喻的假设,即在每一个层级的较高层,其角色的拥有者都比下面的人更聪明、更有能力、更倾向于实现组织的目标。还有一种假设,即组织中最基层的工作人员都想要逃避责任,不想充分履行自己的义务。在官僚主义倾向盛行的学校,规章制度是用来监督和控制教师的,以强制他们遵守应当遵守的制度(Adler & Borys,1996)。

官方正式的控制可能会阻碍目标的实现(Miller,2004)。学校领导者的强制性程序和过度控制不仅不能促进组织学习,反而可能引发怨恨和抵制,阻碍创新和激励动力(Cloke & Goldsmith,2002;Hoy & Sweetland,2001)。有研究发现,在需要工人具有一定程度的判断力才能有效完成任务的情境下,标准化的控制和僵化死板的程序会导致效率和效力的崩溃(Fox,1974;Miller,2004)。一项对实施了官僚制度规则的专业组织的研究发现,使用标准化程序会造成冲突和情绪受伤,这会威胁到员工的敬业意识,因为员工会认为,他们执行的任务与他们必须适应的管理制度不相符(Sitkin & Stickel,1996)。作为专业人员,他们希望能够根据自己接受的教育做出决定,而不是被那些对工作内容缺乏深入了解的管理者控制。严格的规章制度只有在日常事务处理中才有效,并且只有在被理解得足够清楚和准确的情况下才能生效。这种模式并不适合促进年轻人的学识与发展,让他们应对千变万化的社会。

学校工作是复杂的,会随着学生需求的变化而变化。教师要以专业人士的身份工作,必须有足够的决断力,以应对学生和课程的不断变化。校长和中心办公室工作人员试图通过建立标准化、"一刀切"的程序来改善绩效成果,这样的做法往往会适得其反,因为他们剥夺了教师对学生多样化需求做出反应的自主权。在官僚作风盛行的学校和学校系统中,学校领导者会依靠强制性的规则来维护自己的权威,并努力使教师符合他们对学校的期望(Hoy & Sweetland,2001)。教师讨厌这些策略,认为这是对他们专业地位的侵犯。他们越来越不愿意为共同划定的日程协作努力。虽然教师表面上可能遵守这些规则,但许多教师会充分利用自己的创造力,想方设法暗中破坏和挫败领导者的努力(Solomon & Flores,2001)。由此产生的权力争斗,对于集中关注为学生需求做出反应、具有专业性的学校共同体的发展,只会起到适得其反的作用

(Miller，2004)。控制性的文化走向极端，会导致琐碎的微观管理(micromanagement)、僵化死板的心态以及各种功能失调规则的泛滥。

微观管理

不被领导者信任是所有微观管理实践中最常见的现象。微观管理是完美主义和追求自我中心主义的胜利，却是信任关系的失败。密切监督下属，告诉胜任这份工作的人如何完成其工作，为达到完美的标准要求下属重做已经完成的工作，这些都是对下属的不尊重，也是对他们的不信任。下属感觉到了这种不信任，很可能会变得愤怒和退缩，既不想思考，也不想努力（Miller，2004；Solomon & Flores，2001）。这种监管对学校的发展是不利的，因为只有当教师充满动力、知识渊博、有充分的自主权以满足学生不同需求时，才能实现宏伟的集体目标。教师往往不喜欢学校设计的因循守旧、"一刀切"的课程，因为他们把这些课程看作对自己专业地位的不尊重，阻碍了他们提高学生学习成绩和实现发展目标。

过分强调工作的基本要求会使教师永远处于依赖状态。顺从文化会阻碍教师学习和成长的需要，会导致他们盲目行事（Cloke & Goldsmith，2002）。事实上，让最有能力、最聪明、最有创造力的教师不按套路去工作，正是对教师职业的真正尊重。学校领导者要想培养教师更加成熟地行事，就必须支持教师的学习和自主性需求。

我们的学区主任是个控制狂。这是一个小型学区，所以他认为他能够插手所有的事情。他会突然出现在学校，你会

碰见他蹲在教室外面,听里面发生了什么。天气好的时候,你会发现他潜伏在敞开的教室窗户下偷听。

——托德(Todd),助理校长

僵化死板的心态

对一个组织来说,通过加强对员工的控制和实施严格的标准操作程序来应对外界威胁是很常见的(Daly,2009;Staw,Sandelands,& Dutton,1981)。这些策略反过来会阻碍组织的有效运行,并削弱其对威胁的适应性反应,因为沟通受限,资源囤积,工人越来越害怕并厌恶风险。在问责行动中,学校正面临着对其合法性的明显威胁。然而,变得更加僵化死板可能会适得其反。面对不断变化的环境,学校应更加灵活、创新和适应不断变化的外部环境。对经历危机的组织来说,信任是至关重要的,因为它有助于避免这种僵化死板和"固步自封"的心态(Daly,2009;Mishra,1996)。只有交流更加容易,资源实现了共享,才能以对组织生存最有益的方式进行资源分配。

可以说,在我23年的教育工作者生涯中,我一直为校长工作。他们对教师说:"发挥你们的魔力!"让我们自己去做该做的事情。我们的学生一直做得很好。今年我们有了一位新校长,她一点儿也不信任教师,对我们所做的每一件事情都有很强的指令性,但不一定对学生有用。最后,我每周花上几个小时,按她的要求写详细的课程计划,但除非她在我的教室里,否则我还是会用我认可的方式教学。这纯粹是浪费时间。

我非常喜欢教学,并且擅长教学。我为我的学生一直以来取得的令人满意的成绩感到自豪。但我在想,如果我被迫采用对学生有害的教学方式教学,我宁愿退休。

——玛丽,小学特殊教育教师

规则的泛滥

规则是组织生活中不可缺少的一部分。像所有组织一样,学校必须找到在各级组织中增强员工信任的方法,并制定防止自私自利、不诚信或滥用权力等行为的保障措施。学校会通过制定规则、程序和正式的组织机制来管理行为。然而,单纯为提高业绩而建立的管理制度,最终只会阻碍组织效能的实现。信任丢失后,组织会面临诸多问题。因为组织中信任的恶化,一个可能的反应是通过建立规则来替代信任(Shapiro,1987;Sitkin & Stickel,1996;Zucker,1986)。然而,规则的泛滥可能会影响组织的有效性。

在林肯小学,格洛丽亚校长制定了规则以树立她的权威,并要求员工按照她的要求工作。罗布讲述了一件事,描述了规则在他们学校变得越来越重要的过程,而信任却在一学年内发生了明显变化——不断衰弱。

我是学校委员会的成员。教师和校长经常聚在一起讨论学校的问题。今年年初,我们围坐在一起讨论并提出了各种选择,可是到了年底,虽然有其他的选择或办法,格洛丽亚校长却拿出教师的合同手册说:"行了,这里写的就是这件事，我们就按照手册上的要求处理吧。"合同手册上有着非常严格的解释，一切都要按照这份合同手册来执行。

罗布对参与共同决策的过程感到不满，他认为这是格洛丽亚校长利用规则操纵员工的一个游戏而已。他还对格洛丽亚校长在学校里随意行使权力以维护其权威表示不满。

反复无常的规则是对教师职业的一种侮辱。格洛丽亚校长试图改善她认为的懒惰或缺乏动力的教师的表现，这种策略注定是要失败的。爱丽莎抱怨说：

> 作为学校最高层领导，校长制定了许多制度。年初，有人直接告诉我们，除非得到许可，否则我们不能再在图书馆吃午餐。我们是专业人员。没有理由，没有解释。一年到头都是这样。员工们真的很不高兴。许多规则看上去很琐碎。如果能向我们解释说明，我们可能愿意接受。但这绝不是一种选择。

教师对格洛丽亚校长实施的措施感到不满，不再愿意与她合作。尽管他们说，大多数人都遵守了规则，但是许多人找到了独特的方法来破坏和挫败格洛丽亚校长的努力。由此产生的权力争斗对促进学校文化或提高学生培养的成效全无益处。

僵化死板和强制的规则会对员工与学校的关系产生负面影响，并对员工的满意度和士气产生不利影响。教师和学生可能会以疏离、怨恨和不作为来应对规则的泛滥。具有讽刺意味的是，这

会使不诚信和欺骗行为变得更加普遍（Govier，1992；Kramer &
Cook，2004）。背叛的事件越多，建立的规则就越多。这正是我在
林肯小学看到的。格洛丽亚校长试图通过建立标准化的"一刀切"
程序来改善林肯小学的成绩，结果适得其反，因为这剥夺了教师对
学生需求做出反应的自主权。

　　校长要求课程计划必须统一实施，就是要执行这些小手
册。但我有我的想法，不能局限于这些小手册。如果你说这
周你们在学历史书中的第127—135页，那下周如果你们没有
从第136页开始，她就会给你打电话，问你发生了什么事。如
果你计划周二上午10点10分教语音，那如果她10点10分来
你教室，你最好是在教语音，否则她就会斥责你。她威胁说要
写信寄到学区中心办公室。但就在她准备这么做的时候，来
了一封信，信上说我被提名为全州年度最佳教师，于是她放弃
了写信。

　　　　　　　　　　　　　　　　——南希（Nancy），五年级教师

促进性的规则

　　学校制定的书面规则、政策和程序体系不一定是强制性的。
规则和正式程序也可以是促进性的。政策和程序是灵活的指导方
针，能够帮助解决问题，而不是加以限制。促进性的规则反映的是
"最佳做法"，可以帮助下属处理危机和意外情况，并协助员工在工
作中找到解决问题的办法（Adler & Borys，1996）。当政策和程序

具有促进性而非强制性时，就是在鼓励组织参与者反思如何应对新情况，而不是盲目地遵守规则和条例。灵活性和专业判断可以缓解甚至替代僵化死板的规则和程序。促进性的程序有助于邀请大家进行互动性的对话，参与和协作是必不可少的。促进性的策略会将问题视为机会，珍视分歧，并从错误中吸取教训（Hoy & Sweetland，2001）。改进才是其目标。

信任是形成建设性组织规则的基础。为了提高信任度，政策必须表现出对参与者可信赖行为的期望，并且必须对背弃信任的行为做出回应（Coleman，1990）。当领导者对规则采取一种更专业的行为导向时，教师也必须有较高的专业水平（Tschannen-Moran，2009）。此外，具有这种行为倾向的校长也更容易得到教职员工的信任。

在布鲁克赛德小学，人们的责任意识很强，但也有灵活多变的处理各种意外和人生起伏的方式。当坚信教师会努力工作并超出基本工作要求时，学校就会给予教师一定的补偿。例如，教师可以提前下班去了解自己孩子学校的课程，或者带生病的孩子去看医生。教师做出的回应，也一定是绝对值得信任的。他们说自己要赶紧返回学校，因为知道自己的缺席会给同事带来负担。他们不仅会遵守最低限度的规定，并且会超出合同和学校的政策要求。不信任的学校文化很可能会阻碍学校提高效益，信任则会给学校带来更大的收益，能够灵活地满足学生、教师、员工和社区的发展需要。

被任命为学校校长的几周后，我得知教师们与前任校长之间的信任程度很低。三位教师问我能否见面。他们说这很重要。当我们见面时，他们非常紧张。经过五分钟的畅谈和

开怀大笑后,我向他们保证,不管谈论什么,我都会心平气和地听下去。其中一人鼓起勇气问道:"我们可以为今年夏天结婚的同事举行一次新娘的婚前聚会吗?"

——帕特里克(Patrick),小学校长

付诸行动

如果你在以控制性的文化为特征的学校或学区工作,你必须深思熟虑,采取措施构建一种信任文化。你必须对学校和学区的规章制度和政策做出承诺,并愿意处理那些违反规则和政策的人。然而,当教师有实际需要时,你也可以灵活处理发生的事情。战略上要宽容,但不是纵容,公平的程序和行动更有可能获得信任(Hoy & Miskel, 2008)。

如果学校被过多的规则束缚,学校领导就必须重新构建规则,作为规范行为的标识。在我领导的芝加哥一所低收入学校里,你永远也搞不清楚所有禁止的行为有哪些。我们发现总是有一些学生会发挥他们的创造力来利用系统中的漏洞。例如,学校有一条规定:"我们不能用手和脚来解决彼此之间的冲突,而要用语言。"一天课间休息时,一名学生泪流满面地向值班教师报告:"我和塞内卡(Seneca)同学发生了冲突,他往我身上撒尿!"我们应该明确指出集体生活中应该如何做,要提出更加广泛的基本要求。因此,我们学校只有三条校规:"这是一个安全的地方;这是一个充满关爱的地方;这是一个学习的

地方。"每学年初,我们都要讨论各种不同的行为,以及这些行为是在限定范围之内还是之外。这样做可以帮助并训练学生根据实际情况做出判断的能力。这三条校规就是行为处事的基本原则,例如,如何排队吃午饭,课程结束时把材料放在哪里,如何在课堂讨论中主动发言。但这些原则与规则不同。教师也必须遵守这三条校规。在一所可以容忍师生不良行为的学校里,要让每一个人都遵守规定是需要时间、耐心和毅力的。

一个小小的、象征性的图示,就可以传递学校是一种专业组织的信息,那就是翻转传统的三角形组织结构模型,将教师放在倒三角形的顶端,下面是不同的管理层。教师的工作是整个系统存在的理由。在这个组织结构中,校长和管理层的主要任务是给予教师和学生足够的支持。当在全区范围内采用这样的组织结构时,学校中心办公室领导的工作就变成了协助校长去支持教师的工作,而校长的工作就是为所有人提供资源、鼓励和激励,所有人的工作又依赖于校长的领导力。如果态度和行为没有真正的转变,这种象征性的图示可能会被怀疑,并产生更多的愤世嫉俗。但是,如果这种改变促进了对组织文化的重新定位,从高度官僚主义转向尊重和支持教师作为核心专业人员的工作,那么,就有可能为新的对话、政策和实践开辟新的发展道路。

本章要点

- 当受害者意识到背叛者出于恶意或自私自利蓄意背叛时,就会产生报复的动机。

- 报复可能有助于平衡组织内部权力，并有助于推动建设性变革。
- 怨恨在本质上往往是秘密性的和防御性的，会使信任更加难以修复。
- 微观管理是一种不信任行为，很可能导致怨恨。
- 背信弃义会导致规则的泛滥，这会影响学校的效能。
- 作为专业人员，教师需要被信任，也需要自主权，以满足学生的不同需求。

反思与讨论题

1. 你所在学校的规则实施得好还是不好？它们反映的是一种信任的文化还是不信任的文化？
2. 你所在学校存在明显的控制性文化吗？如果要以一种更加信任的文化来替换这种控制性的文化，你能做些什么？
3. 你何时见过因为怨恨而导致蓄意破坏和怠工的情况？
4. 在你的学校，要发展一种更加专业的领导取向，需要采取什么措施？
5. 回想一个因背信弃义导致的报复行动给学校带来建设性变革的事例。

第六章

教师的相互信任

信任所有人和不信任任何人一样，都是一种失败。

——英语谚语

学校文化在支持和维持信任方面起着重要作用。校长的行为当然决定了学校信任的总体基调，但教师对同事的信任会对学生的学习有更加直接的影响（Tschannen-Moran，2004）。教师对同事的信任与学校核心使命的完成有着重要的联系。在教师之间信任程度较高的地方，教师更有可能认为同事有着更高的专业程度（Tschannen-Moran，2009）。教师信任那些有胜任力、具有自主判断力并对学生表现出强烈责任感的同事。教师对同事的信任也与他们对学生及其家长的更高度信任有关。换句话说，当一所学校的教师内部普遍存在信任文化时，学生和家长也可能更受益，成为这种信任的受益者（Tschannen-Moran，2004）。在一种互惠的三角关系中，教师信任学生和家长，也更有可能认为他们的同事更加专业。为了凸显学校文化的专业性特征，教师之间的信任是必不可少的。

专业学习共同体以具有专业人员之间的对话质量、语气和内容为特征。强大的专业共同体具有深度的协作和有意义的对话，它们是通过联合审议和共同决策的方式建立的。富兰(Fullan，2003)认为，"训练有素和见多识广的专业探究精神"(p.11)在实现建设性的学校变革方面具有重要意义。这种探究精神是受到专业主义的标准和好奇心的示范支持的。校长可以通过他们树立的榜样来影响这种对话。专业学习共同体是建立在信任基础上的，教师和校长在内心都相信，通过研究最佳实践和追踪数据来提高决策水平，是他们为了学生的最大利益所要做出的行动(Elmore，Peterson，& McCarthey，1996；Goldring & Rallis，1993；Louis，Kruse，& Marks，1996；Wahlstrom & Louis，2008)。

信任的氛围有望将学校转变为充满活力的学习共同体。为了鼓励教师勇于承担风险，满足他们专业发展的需求，校长和同事都需要给予他们信任(Moolenaar，Karsten，Sleegers，& Zijlstra，2010)。专业学习共同体的文化规范可以通过鼓励教师之间的合作而不是竞争来促进信任。合作的文化不仅会让教职员工之间产生信任和信任行为，而且会让学生之间产生信任和信任行为(Louis，Kruse，& Associates，1995；Tschannen-Moran，2001；Wahlstrom & Louis，2008)。要在特定学校建立一种信任文化，是需要投入时间、精力和领导力的，但这种投入会带来令人满意的回报。

建立专业学习共同体：以布鲁克赛德小学为例

布伦达校长在布鲁克赛德小学刚任校长时的工作并不容易。几乎是十年前，当她刚担任领导职务时，这所学校就卷入了冲突。纪律措施不够协调一致，而且基本上是无效的。教学质量远远低于她希望看到的水平。要把学校塑造成一个专业学习共同体，开始是需要花费时间和耐心的。她这样描述她的第一年：

> 我的第一年很难。我很快就知道我不能期望与全体员工进行公开的讨论。他们的会议是以冲突为特征的。我在最初几年里会定期召开团队会议，没有召开那种只是为了单向沟通的全体员工会议。我听了很多意见。我每周发布一份备忘录，以此把学校组织起来，让每个人都能够跟上进度，并表达了对大家的赞赏。员工告诉我，他们喜欢这种定期沟通的方式。

布伦达校长面对的部分挑战是对学校文化的变革，特别是教师把各自的课堂看作自己专有的那些感受。他们对课堂空间是带着防御心的，看重课堂的隐私和自主权。布伦达校长从一开始就挑战了这些规范，她以发现优势和敏感性相结合的方式做到了这一点。她描述了教师的最初反应：

> 开学第一天，我参观了每间教室。在第一周剩下的时间，我继续每天参观所有教室，以期通过短暂的走访获得对学校的感觉，让大家都看到我的存在。在接下来一周的早些时候，一位教师来找我。她是来为自己和"其他人"说话的。她向我解释道，校长在没有预约的情况下参观课堂，不是本校的做法。我解释说，如果没有到教室里去了解情况，我无法为学校共同体做出正确的决策，并建议她向其他人转达这些话。我向她展示了我为改善学生

生活所能做的事情清单,例如修理钟表、搬移旧书等。这改变了她的态度。

随着时间的推移,布伦达校长巧妙地将支持和挑战相结合,提高了教学质量。布伦达校长对教学风格差异的肯定和接受,帮助营造了一种教师彼此分享的氛围。布鲁克赛德小学的教师克里斯蒂描述了布伦达校长在塑造学校文化中的领导方式。

> 我们的校长了解每个人的特点。当时,她注重发挥每个人的优势,平等地对待我们所有人。任何时候都没有人受到冷落。这是改变工作人员之间整体氛围的因素,因为你从未有过这种胜任感。如果您需要某些帮助,您可以放心地向同事寻求帮助,他们会和您分享对您有用或没用的东西,从来不会让人尴尬。布伦达校长会指出问题,但她并没有以一种让任何人感到自卑的方式来做这件事,因为她总是说出这个人的优势。这个人的优势可能并不是你的优势,所以你没有必要烦恼。但在下一次谈话中,你可能正是那位她所谈论的具有优势的人。每个人都感到受到了重视。

在没有竞争压力的情况下,或者说,在不需要刻意保护自己的领地的情况下,这些教师会更容易从彼此的专长和想法中受益。

布伦达校长最初面临的学校文化,不仅是一种被冲突分裂的学校文化,而且是一种教师们秉持的个人主义的、"人人为自己"取向的学校文化。布鲁克赛德小学文化的负面性是显而易见的,表现方式之一是各自囤积物资。布伦达校长指出：

> 去年，所有老教师返校时都订购了美术作品材料。他们把这些材料藏在橱柜里。新工作人员的房间里却是空空的，没有美术作品材料。我周末走进材料储藏室，东借西挪，例如，从彼得那里借来给保罗用。在我的印象中，工作用纸和艺术材料的稀缺只是一种表征，实际上所有东西都是稀缺的，例如，对教师的欣赏，对学生的赞美。我就把货架放在储藏室里，买来新材料，并宣布教师可以来取他们所需东西。储藏室在几天之内就空了。所以，我又重新订购了几次，用足够多的材料来重新装满储藏室，很快发现，大家只会在需要的时候才来取材料，不再是为了囤积来取材料。

通过这种方式，布伦达校长传递了她对教师福利的关注，并帮助教师克服了对资源稀缺的恐惧。

布伦达校长希望找到一种方法，来提高学校共同体的意识，并使教师能够摆脱更加个人主义的倾向。她突然想到把学校戏剧作为一种实现目标的途径，但实施起来并不容易。

> 我觉得如果我们开展全校性的表演活动，对学校共同体建设会有好处。我问音乐教师对做一次这样的活动有什么看法。她说，她不想在人生的这个阶段把这么多时间投入到工作中。助理校长告诉我说，她不喜欢处理纪律问题（她在纪律方面也没有突出成就），但她非常有

创意。她欣然同意去教室采风,开展体验式的语言写作,创作了一出学校戏剧。这出戏剧最终呈现出非常优雅的风采。这是一项重要的制作,完成了我希望的与家长、学生和员工建立共同体意识要达到的目标。在学年结束时,我不禁感到很开心。那位音乐教师突然告诉我说,她应该是那个推出戏剧的人。我提示她我们先前的谈话,她很惊讶地发现,她竟然以那种方式回应了上次的谈话。第二年,她推出了一出全校性的戏剧。

布鲁克赛德小学转变为一个专业学习共同体并不是一蹴而就的。这一目标的实现历经了数年的努力。一旦教师了解到布伦达校长可以信赖,以及校长对他们的好意,他们就开始愿意承担风险,并尝试使用新的教学技巧。团队会议成为真正合作的契机,而不是相互抱怨的时机。为了卓越教学,教师更愿意投入额外的努力,并愿意给他们的职业生涯带去更多的创造力和想象力。在强烈的共同体意识支持下,他们增加了对学生和学校的承诺。

教师信任的五个方面

教师是否相互信任,对学校氛围和效能具有重大影响。协作的氛围、真诚的关系以及教师在决策中的高度参与,在促进教师对同事的信任中都发挥着重要作用(Tarter, Bliss, & Hoy, 1989；Tarter, Sabo, & Hoy, 1995；Tschannen-Moran & Hoy, 1998)。教师的士气与教师对同事的信任密切相关。对同事的高度信任可以创造一种积极的氛围,而在到处都弥散着不信任的地方,士气可能会很低(Smith，Hoy，& Sweetland，2001)。

布鲁克赛德小学的专业规范鼓励教师们频繁地以积极的方式面对面地进行互动，在学生工作上互帮互助。当学校共同体成员亲切地互动时，他们就有了这样一种感觉和表现，即一切都是"正常的"，并且是有条不紊的，这种感觉有助于创造一种更有可能发展信任的环境(Lewis & Weigert，1985)。信任的五个方面在教师对同事的信任判断上都很重要。仁慈或关怀的意识奠定了教师之间的信任基础。诚实、公开和可靠也发挥着作用。然而，当教师不尊重同事的胜任力时，就会出现一种有趣的信任模式。

仁慈

在布鲁克赛德小学的这项研究中，关于教师对学校同事的信任，他们最常提到的一个方面就是仁慈或关爱的意识。教师们在其职业生活和个人生活领域往往会以不同的方式表达对彼此的支持，从帮助新教师开启职业生涯，到为生病的员工提供热餐。一位叫凯茜的教师描述了她抵达布鲁克赛德小学时其他教师的欢迎给她的感受：

> 在我工作的第一年，一位四年级教师不断地给我帮助，说："这是一个想法。"她为我做了前三天的课程计划。她说："这里有一个给你的大纲。如果你喜欢它，请使用它；如果你不喜欢它，就不要用。"只是因为她知道我会抓狂。就像那些鲜花[指着她桌子上的花瓶]，她就是那个为学校送来鲜花的人，可以使每个人都有一天的好心情。只是因为……只是因为她希望人们感觉良好。这是她让每个人都微笑的方式。

克里斯蒂是布鲁克赛德小学的另一位教师,她指出了老教师如何欢迎和关注新教师,即使新来者已有教学经验:

> 他们可以帮助新人适应工作……当对新人有额外的期望时,他们可能会说:"你知道吗? 你是新人。我要占用你的课一个小时,你可以用这一小时来写学生档案。"只是因为他们知道第一年你有很多额外训练,而这一切都要占用你的个人时间——而且是很多时间。校长不会说:"去做这个吧。"他们只是自己做。我们有一个很好的工作环境,它消解了繁重工作的繁重性。

合作精神为信任发展奠定了基础,更高度的信任有助于创造更好的合作。布鲁克赛德小学的传统是对新教师采取合作和帮助性行为,这有助于为信任的发展创造条件。一旦建立了信任,那些新手教师就更有可能以合作的方式行事,信任的循环就具有可持续性。

除了赞赏学校提供的帮助外,布鲁克赛德小学的教师还特别感到自豪的是,他们在工作之外也以不同的方式相互帮助。凯茜接着说:

> 我们在圣诞节期间募集资金捐给别人,因为他们在经济上遇到困难。有些人经历过离婚,同事们了解到这一点,他们就帮助解决这个问题。我们有一名员工被诊断患有癌症,每周一都有人会去和其家人共进晚餐。当一名员工用完了自己的所有病假时间,我们捐出了自己

的病假时间，以便她能够继续不来上班。我们都非常有爱心。每当某个人生活中发生了不幸，只要我们知道，就会做出回应。像怀孕和婚姻等激动人心的事情，我们还会买礼物去庆祝。

布鲁克赛德小学的另一位教师戴维对关爱的氛围是如何促成一种共同体意识的形成做出了解释："你想拥有这种归属感。你希望别人也拥有。当你不在时，他们会想念你——这会让你感觉良好。"关爱的总体精神不仅是为了创建更愉快的工作环境，而且是为了整个学校共同体的信任发展创造情境。

诚实

在布鲁克赛德小学，教师们理所当然地认为同事是诚实和正直的。你可以通过按照自己的意愿行事、说实话、遵守承诺来表现你的正直。此外，真诚，或者说"真实"，接受责任，以及避免将错误归咎于他人，这些都已被证明与教师之间的信任存在显著相关性（Hoy & Kupersmith，1985；Tschannen-Moran & Hoy，1998）。例如，林肯小学的一位教师为了逃避格洛丽亚校长的责骂，试图用手指着自己的队友把责任推卸出去，结果失去了同事们的信任。当时，在准备野外考察时，正是她自己把事情搞砸了，这个失误导致了后面的交流问题。

背叛的影响不仅是强烈的，而且是持久的。弗里蒙特小学的教师保罗描述了一个公民行为失范的情况。有一位教师故意歪曲事实，让保罗在弗雷德校长那里蒙羞。作为课堂作业的一部分，保罗邀请了一些大学同学与弗里蒙特小学的几位教师讨论学校专业发展活动的优缺点。弗雷德校长计划参与讨论，但在最后时刻却无法参加。参加会议的教师之一当晚在家里用电话向弗雷德校长报告了这次活动的情况。会议结束后的第二天，保罗被弗雷德校长叫到办公室。保罗描述了他对所发生事情的懊恼：

> 弗雷德校长说："我听说你们昨天都把我给骂了一通。"我吃了一惊，说："弗雷德校长，你这话是什么意思？我已经对会议做了录音，如果你想听听录音的话。"可事实上，那个给校长打电话的人才是批评校长的主要人物！这真的很难处理。这是我第一次被一位管理人员打电话叫到他办公室去，并闭门谈话。而我在想："我都不知道我做错了什么！"

基于保罗与弗雷德校长良好的个人关系，而且幸亏有当时活动的录音带做证，他们后来消除了误解，并修复了关系。很明显，背叛者认为她可以通过让弗雷德校长不信任保罗而获得优势。尽管与弗雷德校长的裂痕得到了修复，但保罗拒绝与那位打电话告密的同事谈话，并避免与她进行任何社交接触。事情发生一年多后，他仍保持着沉默，不和她说话。

公开

在布鲁克赛德小学，教师乐于分享各自的专业秘笈、有效的教学策略、材料和设备，以帮助学生学习。公开的精神允许他们更多地分享想法和资源（Kratzer，1997；Short & Greer，1997）。公开促进了信任，但它也源于高度的信任，因此它是信任循环的一部分。凯茜描述了在布鲁克赛德小学分享想法的公开性：

> 我们会寻求彼此关于课程的建议，或者问彼此是否需要资源。我们不怕问其他教师。我们甚至利用特别休假时间去听其他教师的课，这样我们就可以看到他们使用的技术并学会使用。学校里存在一种公开性。教师不会看着你问："你为什么要走进我的教室？"我们可以自由地走进对方的教室，如果有什么我想要的东西，比如投影仪或其他什么，我可以尽管拿。他们也可以这样做。这里只有一种信任感，而且不会被滥用，并且信任是会得到回报的。

布鲁克赛德小学的教师不会因别人给他们提供一些想法或建议而感到受到威胁。克里斯蒂对此进行了详细说明：

> 我们可能会说："我注意到你展示了一些物品，真的很好，能否详细说明其用途？你这些物品还有多余的吗？具体是怎么做的？"或者你可以走过去说："我今天试过了。孩子们真的很喜欢它。你可能也想在课堂上试一试。"如果有些事情有效，你的孩子们真的是从中受益了，为什么不让尽可能多的孩子也从中获益呢？我想每个人都会这么想。

在信任的环境中，人们更有可能公开信息，因为他们深信其他人不会为了自己的利益而利用这些信息。知识可以成为权力的来源，尤其是当它难以获得时（Jones & George, 1998）。

在布鲁克赛德小学,不仅教学观点和策略是公开的,个人信息分享方面也展现出高度开放性。教师们愿意分享他们内心深处的想法,包括对家庭、朋友和校外生活的深切关注和喜悦。这种信息共享可能带来信息滥用的风险。虽然布鲁克赛德小学的教师承认彼此之间的信息可能会迅速传播,但人们仍然有一种信心,即人们会小心处理收到的信息。这种深入人心的信任氛围使教师和工作人员能够询问和分享在其他情况下可能引起不适或争议的话题。戴维解释说:"当你信任其他教师,并且知道他们也信任你时,你会感到很自在。当他们询问某些事情时,你不会觉得他们正在干涉你的事务,反而会很乐意与他们分享。"

在林肯小学和弗里蒙特小学,教师们更不愿意公开个人和专业方面的信息。保罗解释说,在弗里蒙特小学,他有过痛苦经历,已经学会了谨慎分享校外生活信息:

> 这里的流言蜚语很猖獗,传播的速度非常快。我做过的最好的事情是,如果我知道了关于我或其他人一丁点儿消息,我都不会外传。我绝不告诉任何人。如果我自己面临问题,我也不会对外说,因为如果告诉一个人,其他人就都会知道。这就像在打电话,你告诉一个人,你的话会到处传播,直至完全失真。

保罗在公开性方面的缺失,与他对同伴怀有的仁慈或善意存在疑惑有关。如果没有其他人以关怀的方式回应他的信任,他就不愿意通过分享那些对他而言至关重要的信息来暴露自己的脆弱。

在林肯小学和弗里蒙特小学，教师经常提到的公民行为失范的案例是对信任的破坏。玛丽是林肯小学的一位教师，她描述了一个背弃信任的例子，在这件事情中，另一位教师破坏了她的信任。玛丽一直受到来自格洛丽亚校长的施压，被迫在一个特定委员会任职，这使她处于尴尬境地，因为她不想让校长知道自己正在应聘其他学校的职位。她相信该委员会的候补人莱斯莉（Leslie），请她帮个忙，如果她的面试时间与委员会会议发生冲突，她可能需要不时打电话给她。一天下午，玛丽走进教室，无意中听到莱斯莉告诉另一位教师玛丽准备到其他学校去面试。另一位教师是格洛丽亚校长的密友，所以玛丽知道，格洛丽亚校长很快就会注意到她的计划。玛丽描述了当时的情景："我走进去，听到她在说这些。她知道那个人会向格洛丽亚校长透露。当我走进去的时候，她走了出去，并没有看我。我因此叫住她，当面和她对质。"

另一位名为爱丽莎的林肯小学教师描述了某位同事被发现有泄密的习惯时所发生的事情。爱丽莎解释了这位涉事教师是如何让一群教师集体感到愤怒的，这些教师感到她背叛了他们的信任：

> 有一位教师喜欢谈论学校里的每个人。她和我是去年开始变得比较亲密的，我真的很信任她。但是有一位教师出现，告诉了大家这位教师所说的话。大家发现她基本上重复了我所说的一切。所以我们开始冷落她。当她试图与人交谈时，他们往往会回避或改变话题。她由此得到的信息是，她不受欢迎。

所以，公开性是需要通过良好的判断力和关怀来调和的。但是，如果没有公开性，教师就没有机会向对方展示仁慈、可靠或胜任力，进而可能陷入不信任的恶性循环之中。

可靠

如果要发展信任，教师需要感到他们可以去依赖同事。布鲁克赛德小学的教师深刻体会到相互依赖在履行承诺和承担职责方面的重要性。能够在突发事件中依赖同事，对教师来说非常重要。凯茜描述了布鲁克赛德小学教师们在紧急情况下对彼此的责任感：

> 我们经常互相照顾对方的孩子，没有人拒绝。在我急需帮助的那一天，我会送给每位同事糖果以示感谢。但是他们说："你不必这样做，这只是布鲁克赛德小学的方式。"人们深信，除非离世或者病重，他们都会坚守岗位。他们不会放弃他们的班级，会与其他人一起坚持下去。如果出现紧急情况，如有教师因为儿子或女儿生病而不得不离开，其他教师会自动接管其学生。

帮助建立和维持集体信任感的方式之一称作"补偿性信任"，指当人们意识到某人可能已经犯错时，人们会互相掩饰（Kramer，Brewer，& Hanna，1996）。戴维讲述了他对同事的可靠性具有的信心，以及补偿性信任在布鲁克赛德小学是如何发挥作用的。

> 在我的脑海中，我想不起任何一个人应该做某事而没有去做的实例。这里的人有高度的专业精神，他们全

身心投入正在做的事情。当他们说起某件事时,我认为
他们一定会全力以赴、坚持到底。我所看到的是,其他人
在某种程度上是可以接上某个人所做事情的,是可以替
补上的。但通常,当人们承诺去做一些事情时,都会坚持
到底。

在缺乏可靠性的学校,教师会越来越不信任其同事。在弗里
蒙特小学,教师对同事是否会出现在应到之处或相互帮忙以填补
空缺缺乏信心。例如,凯莉就放弃了试图确保在课间休息时有足
够的监督的做法。虽然教师在支持团队内其他教师方面可能表现
出一定的可靠性,但这种可靠性并不一定能够延伸到对学生或整
个学校计划的承诺上。

胜任力

当谈到教师之间的信任时,胜任力因素也不容忽视。胜任力
对教师信任的重要程度与他们在教学领域中相互依赖的程度有
关。在某些情况下,由于问责机制导致学校面临压力,或者在其
他时候,由于更多的团队教学或专业学习共同体的发展,这种对
胜任力的看法会不断变化。随着相互依赖意识的提高,对同事胜
任力的判断可能会成为教师间信任的重要组成部分。校长可以
通过让教师们讨论和组织学校项目的方式来影响他们相互依赖
的程度。

教学哲学观和教学风格可能会影响对同事胜任力的评估。有
两位教师,他们是老朋友,多年来一直在同一栋教学楼的不同班级
里独立教学,现在着手进行团队合作教学的初步探索与实践。然

而,他们在教学哲学观和教学风格上有显著差异。其中一位教师为自己能够保持积极的专业发展和阅读时间安排,以及使用最先进的教学方法而感到自豪,而她的合作伙伴采用了更为传统的教学方法。除了理念上的差异,这两位教师还来自不同的种族,这使得他们在进行更加紧密的合作时面临着更加复杂的挑战。尽管如此,这两位教师都觉得共享某些科目的教学方法不仅能让他们的学生受益,而且能让他们自己受益。因此,他们都在尽力克服困难,这种做法需建立在比以往更深厚的信任基础上,超越单纯的友谊和教学经验。

信任的不对等让教师之间的信任变得更加复杂,也不易理解。比如,林肯小学和弗里蒙特小学的教师认为,他们可以在某些领域相互信任,但在其他领域又无法做到。教师们对职业信任和个人信任进行了区分,他们常常因两种不同的期待而困惑,一种是作为职业上的同事之间的期待,一种是作为朋友以及和蔼可亲的人之间的期待。当教师不信任同事的职业胜任力时,仍然能够通过区分个人信任和职业信任来合理化自己的信任。虽然这两种信任存在重叠,但这两种信任在某种程度上似乎是相互独立的。林肯小学教师罗布描述了这种区别:

就我个人而言,我相信这里的所有教师,无论是搭过我的便车的教师、曾到我家做客的教师,还是其他教师……但就职业方面来说,我觉得有些人没有履行他们的职责。在过去的几年里,当我任教高年级时,我看到来到我面前的孩子没得到很好的培养。我感觉这是因为一些人的专业水平有问题,其中有些人是与我一起共事的。我并不是针对某个人,我觉得教职员工可以多一点奉献精神。

保罗也对弗里蒙特小学的职业信任和个人信任做了类似区分,但他说,相对于个人信任,他更加看重职业信任。

> 我认为有两种不同的信任水平。专业人士要去处理学校层面的具体问题或需要关注的重点问题。我认为,这里存在一种高度信任,因为每个人都很重视彼此的意见。我认为,处理教师之间的人际关系时,会在教职员工中浮现出另一种水平的信任,而这种水平的信任与学校本身无关,但可能受到外部因素的影响,比如教堂,也可能是他们曾经参加的联谊会,或者可能是他们在一起共事很长时间。这种人际关系中的信任可能会产生一种信任障碍。很多闲话会流传开来,它们不是真正的专业性交流,可能是个人的流言蜚语。这会造成不信任。

在保罗看来,小团体或集团中的高度个人信任会削弱全体教职员工之间的整体信任感的发展。由于弗雷德校长未能对校内冲突进行适当的干预,也没有强制执行有关的行为规范,这就让教师内部的共同体意识变得支离破碎,并日益淡薄。

弗里蒙特小学的一些教师认为,他们与同事是相互依赖的,促进学校顺利运行过程的因素是他人的可靠性,而不一定是他人在课堂上的技能。保罗指出,在评估职业信任时,同事们在课堂上的表现不会被他纳入考量范围,因为他并不认为他们的课堂表现会对他的职业产生影响。他说:

我见过一些教师，很多人觉得他们不称职或者真的不应该从事教学工作。虽然我相信信任是天然存在的，但我认为，作为教育工作者，我们信任他们，并不是因为他们有无能力。我们信任他们，是因为他们确实有助于学校的顺利运行。但对我而言，有没有能力，这是另一个问题。如果现在我们组成了团队，它会影响到我。但我们现在是如此不相干，它就影响不到我。

保罗承认，如果他觉得自己要依赖另一位教师的技能，而且由于相互依赖，那位教师的能力确实影响了他，那该同事的职业胜任力就可能会受到他的关注。尽管保罗没有意识到这种相互依赖的程度，但有些教师确实感觉到了相互依赖的重要性，并且深感同事的胜任力至关重要。布赖恩是弗里蒙特小学的一位教师，他说自己不信任其中一位同事，部分原因是当他经过她的教室时，听到她对学生不尊重的言辞。这种不尊重的态度影响了他对这位同事的个人信任和职业信任的判断。

我有位同事，她出来直接就说："我不喜欢男孩子。"作为两个男孩的母亲，那天我失去了对她的所有职业敬重。

——贝斯（Beth），三年级教师

信任的五个方面都有助于教师相互信任，尽管涉及对胜任力的判断时，情况很复杂。尽管教师们对同事的教学能力存在负面评价，但只要他们不依赖于同事的教学能力，他们也可能与同事建立信任关系。但是，随着全校性更广泛的问责，同事的胜任力

在信任判断中变得越来越突出。学校教师之间的信任程度，对学校如何运行以及学校实现目标的能力有着非常真实的影响。在下一节，我们将探讨与教师信任水平相关的一些重要的学校动力。

教师信任的回报

在克服障碍以建立专业学习共同体方面，信任发挥着重要作用，包括避免冲突、消除破坏性的竞争以及提升教师自我效能水平（Leonard，1999）。高水平的教师信任的回报是多方面的，包括促进更广泛的合作，强化教师之间的集体意识，使他们相信自己能够有所作为，以及推动形成更有成效的冲突解决策略。

顺畅的合作

教师之间更广泛的合作可以培育学校的专业共同体精神。然而，如果教师之间缺乏信任，这种合作是不可能发展的。许多学校的数据统计分析都反映了与布鲁克赛德小学、林肯小学和弗里蒙特小学类似的情况（Tschannen-Moran，2001）。在信任度较高的学校，教师间的合作往往更为紧密。当信任缺失时，教师往往不愿意紧密合作，从而加大了协作的难度。

在信任度高的情况下，教师感到受到校长的支持和肯定，更愿意通过团队合作和分享的方式，把自己变得易于受到别人的伤害。布鲁克赛德小学的合作精神已经转化成了课堂实践，他们不仅会在课堂活动中经常使用团队工作的方式，在解决学生之间人际关系难题时采取一种有意识的逐步推进程序，而且会在高年级学生与低年级学生的阅读和项目推进过程中采取团队合作的方式。在年长学生采用自己的技能来指导低年级学生时，教师将这种项目看作帮助年长学生打磨技能的过程。年纪较小的学生受益于这种一对一的关怀和指导。克里斯蒂描述了她观察到的积极动力：

> 要跨年级学习，伙伴是我们课程中不可或缺的一部分。我们有一个跨年级学习的班级，我们可以和他们一起写故事，一起做艺术项目，一起写书。年初，我的学生给年纪较小的学生读书，但现在，年纪较小的学生开始给我们读书了。我的学生喜爱这样做。他们会说："嘿！这个孩子的阅读水平如此之高！"或者说："他们是优秀的写作者！"这也有助于培养共同体意识。

那些曾经为学业而努力挣扎的高年级学生，既为自己低年级同学取得的成就感到自豪，也成了更加爱学习的人。如果在合作规划和实施这一项目时教师之间没有足够的信任，就不可能会有这些积极的结果。

我们教室里有二十五名普通教育学生和六名聋哑学生。有些教师不愿意带这种班，因为这意味着要和其他教师一起带班上课。他们想以自己的方式做事，不愿意接受外部协助和批判性审视。但事实上，一个教室中有两个人带班是具有真正优势的。这让好些事情更容易。当有纪律问题时，两人协作往往优于单打独斗。你可以打电话，可以去洗手间。两

人一起做计划，一起想出好点子，这是非常有趣的。你感觉你
们更像是一个团队。

——特蕾西（Tracy），一年级教师

在布鲁克赛德小学，团队精神和合作精神的形成并不是巧
合，而是精心策划和努力的结果。这种努力始于校长明确的愿
景，以及她为实现愿景提供的资源。此举不仅促进了学校的发
展，而且让教师、学生和家长都受益于这些努力带来的强烈集体
意识。

相较之下，林肯小学的教师在合作与沟通方面存在不足，他们
没有像布鲁克赛德小学的教师那样互相伸出援手。林肯小学的资
深教师玛丽对其同事感到失望，认为他们缺乏分享观点或尝试新
事物的意愿。玛丽说：

> 我希望看到更多的分享，但全体员工现在还不够公
> 开。如果你抛出一个想法，大家的反应并不是："好吧，我
> 们考虑一下。优势是什么？弱点是什么？"他们不会真正
> 地分析。大家的反应是："我真的没有时间。"我一直是那
> 个愿意投入时间的人，所以我觉得有点生气。我投入了
> 大量时间，没有人愿意付出努力。这种情况在全体员工
> 中都存在。我认为孩子们在分享合作方面已经走得越来
> 越远，成年人却做不到。

当分享观点不能在教师团队中形成互惠时，就会产生怨恨。
玛丽继续说：

有一位教师要离职,因为与她一起工作的教师总是找她去做起草计划和寻找资源的工作。当她分享时,她希望他们也能够分享,然而他们从来没有与她分享过。但当她不为他们做事时,他们就会不高兴。

掌握自治权是教师职业根深蒂固的观念,这种不争的事实可能是教师之间合作的障碍。这种教学自治现象在弗里蒙特小学尤为明显。教师不愿意放弃自治权被视为一个让合作工作变得困难的原因。除了担心失去自治权,教师也不愿意接受同行审查和随之而来的批评。保罗解释说:

我们谈论过开展同伴课堂观察活动,甚至制定了一个时间表,计划让团队中的成员相互指导并接管课程。但是他们不愿意这样做。我们试过让他们观看录像带,但他们会抵制看录像!因为他们在观看视频后必须对视频进行评论。每个人都有自己的私人领域,他们想保护它。我们有一个公开的政策。学校里的门是不允许关闭的,任何人都可以进来。但是一旦你尝试设置某种可以观察到其他同事的机制,他们往往不太容易接受。

保罗发现,存在这种阻力的一个原因是,许多教师喜欢通过讲述来获得地位,就好像他们在课堂上做了很多创新的事情一样,而实际上,他们的教学仍然是非常传统的。

教师不仅可能自己不愿意跟别人合作,而且当学校其他人开始合作时,他们也会感觉受到威胁。他们会通过社会制裁的方式来表达这种不适,正如布赖恩亲身体验的那样。布赖恩是弗里蒙特小学的一位四年级新手教师,开始与一位经验丰富的一年级教师凯莉合作,在两个班级之间设立了"阅读伙伴辅导计划"。他们还尝试在其他学科领域进行合作。布赖恩描述了整个事情的经过:

> 今年秋天,凯莉和我合作上课。我们的课程主题是研究树木和落叶。这种教学方式真是太酷了。我们融合了低年级和中年级的教学内容。我们还组织学生到附近的公园里实地考察。但其他教师直截了当地问我是否和她有暧昧关系!尽管我认为他们可能是在开玩笑,但其中也有认真的成分。这真让我心烦!

作为已婚男子和年幼孩子的父亲,布赖恩深受这种误会的伤害。他觉得自己和另一位教师一起努力工作,不仅不被同事认可,还不被接受。有人提醒他,那种团队合作是不受欢迎的。弗雷德校长没有站出来支持他的跨年级合作项目,布赖恩对此很失望。

教学常被视为个体的一种独立体验。但如果你有可以依靠的,可以与之分享观点、难题和策略的同事,这无疑会给教学带来巨大助力。即便如此,教学的现实是,教师通常每天要和学生单独相处六小时,一周五天。这与实习教学的感觉非常不同。实习时,实习者被其他成年人包围。他们会观察实习者的反应,并能及时给出反馈。

——佩奇(Paige),小学教师

稳健的集体效能感

教师间的相互信任有助于增强其对实现集体目标的信心，这种集体效能感能激发更强的动机和更多的努力，让人在面对挫折时保持坚韧不拔的毅力。

人们相信自己能够胜任手头工作，这种信念能够对他们的动机和实际成就产生影响，这种信念虽然简单，但非常有力（Bandura，1997）。大量关于教师自我效能感的研究表明，教师作为个体对自己能够影响学生学习和成就程度的信念，对教师的教学行为和教学效果具有显著影响（Klassen，Tze，Betts，& Gordon，2011；Tschannen-Moran & Chen，2014；Tschannen-Moran，Woolfolk Hoy，& Hoy，1998）。具有较强效能信念的教师可能更有激情和条理，并愿意投入更多的时间规划他们的教学（Allinder，1994）。此外，那些认为自己能够成功地对学生学习产生影响的教师，不太可能对有困难的学生表现出生气、不耐烦或沮丧；他们会与这种学生相处更长时间，尝试采用更多策略来帮助学生理解（Ashton & Webb，1986；Gibson & Dembo，1984）。因此，教师的强烈效能感可以通过能够促进学生学习的教师行为对学生成绩产生显著影响。事实上，更高的效能感与更好的学生成绩呈正相关，这已经得到证明（Anderson，Greene，& Loewen，1988；Armor et al.，1976；Ashton & Webb，1986；Ross，1992）。

这些关于效能的信念不仅在个人层面上有效，而且能够在全体教师中得到体现。这种共同的信念既体现在学校规范中，也体现在关于学校教师具有成功可能性的期望的闲谈中。教师集体效能的信念是学校教师的整体观念，认为全体教师的努力会对学生产生积极的影响。这些观念有助于解释群体行为和群体结果的关系（Bandura，1993，1997；Tschannen-Moran，Salloum，& Goddard，in press）。教师和学校更有可能努力坚持，以支持他们认为可以实现的目标。

不论学校具体情境中的困难和挑战是什么，校长都可以通过传递对教师有能力促进学生学习的信心，来帮助培育和培养强烈的集体效能信念。即使把学生的社会经济地位因素考虑进去，教师的集体效能感也与学生的成绩具有相关性（Bandura，1993；Goddard，Tschannen-Moran，& Hoy，2001；Tschannen-Moran & Barr，2004）。这种能够成功完成学校使命的集体信念，也与教师彼此的信任以及教师对学生和家长的信任有关（Tschannen-Moran & Goddard，2001）。当学校普遍存在高度信任时，集体效能感也趋于明显。随着布鲁克赛德小学教师信任程度的提高，以及随着学校逐步发展成为一个专业学习共同体，教师的集体效能感也提高了。信任提高了大家尝试新教学实践需要冒险的信心，这种冒险的尝试得到的回报是学生成绩的提高，这又反过来提高教师的效能感，他们甚至能使最弱势学生与众不同。

建设性的争论

学校信任中断的主要原因之一是对冲突处理不当。当一个人的行为受到干扰、阻碍或者以其他方式降低了另一个人的行为效能时，人们就处于冲突之中（Tjosvold，1997）。冲突可以理解为相互依存的各方之间发生的一种竞争，他们会认为彼此的目标互不相容，稀缺的资源与报酬不匹配，以及另一方为实现自己的目标产生了不适当的潜在干扰（Baron，1997；Hocker & Wilmot，1985；Rubin，Pruit，& Kim，1994）。

个人应对冲突的方式既可能促进信任,也可能损害信任。人们在如何应对冲突方面要做出选择,有时是采取有意识和深思熟虑的行动,有时则是因为恐惧和愤怒而在冲突最激烈时刻做出反应。多伊奇(Deutsch,2000)为这种共同的反应构建了六个连续统一体,它们能够反映人们对冲突做出的若干选择:

- 沿着第一个连续统一体,处于一个极端的人倾向于去"避免冲突",他们会极力否认、压制或推迟冲突,处于另一个极端的人则会去"面对冲突",他们会极力表现出信心和勇气。皮特森夫妇(Peterson & Peterson,1990)发现,在学校里,儿童和成年人选择避免冲突的频率是去面对冲突的两倍。

- 沿着第二个连续统一体——从"强硬反应"到"软弱反应",多伊奇(Deutsch,2000)揭示了人们对冲突反应的特征。也就是说,在一个极端,人们可能选择咄咄逼人、不屈不挠的方式,而在另一个极端,他们可能会表现得过于温和与谦逊。

- 冲突选择的第三个连续统一体则处在"死板僵化"与"自由宽松"的反应之间。人们一方面可能会努力按照组织原则来安排或控制局势,另一方面则倾向于避免所有正式的反应。

- 还有一个选择就是第四个连续统一体,其对冲突反应的分歧体现在"理智反应"与"情感反应"之间,有些人会以超然冷静的反应应对冲突,另一些人则会表现出强烈的情绪化反应。

- 处于第五个连续统一体一端的个人,可能会试图使"冲突升级",用尽可能夸张的措辞来表达分歧,而在另一个极端的个人可能会试图将自己与他人之间存在的差异最小化。

- 最后,在试图与他人交流当前面临的困难时,第六个连续统一体一端的争论者会选择"率直的反应",把他们所有想法和感觉都和盘托出,另一端的争论者则会"紧紧握住他们手中的牌",把心中的想法隐藏起来。

根据这六个连续统一体,个人的历史背景和偏见会影响其处理和应对冲突的态度和方式。随着个人不断参与并解决冲突,其学会并掌握有效解决冲突的新策略,就可以扩展和丰富各种可能的应对措施。

我们在一次教职员工会议上试图解决一个争端,一位同事希望把情况弄得更糟,以把争端恶化成街谈巷议的事。这是非常不专业的。从那以后,我就再也不信任她了。我总是与她保持距离。

——梅洛迪,特殊教育教师

在学校,教师对冲突做出的反应常常有两种,要么采取积极行动,试图将他们的意志强加于人,要么回避或压制冲突,因为他们担心后果将无法控制。这种回避的做法可能源于缺乏建设性地管理冲突的技能和信心。学校领导者可以通过理解大家对冲突的共同反应以及支持教师和学校共同体其他成员采取建设性冲突解决策略获得显著益处。校长在对冲突各方进行调解以及确保争论者避免进行人身攻击和威胁方面发挥重要作用。学校作为一个专业学习共同体,通过提升教师的冲突解决技能,可促进教师对意见分歧的深入辩论,形成坚定立场。拥有具有冲突解决技能的教师的学校,将获得更高质量的决策,并能够提升团队的整体效能(Uline,Tschannen-Moran,& Perez,2003)。

当布鲁克赛德小学教师掌握了更好的冲突管理技能时,这些沟通模式就成了学校文化中被接受的部分,形成一种"我们在这里如何做事"的共识。教师们就会投入这种更有建设性的集体生活中。布鲁克赛德小学的文化发生了非常大的变化,布伦达校长回忆道:

> 对于教师处于冲突情境中时表现出的冲突行为,后来经人提醒,连他们自己都感到惊讶。当时,他们如此地深陷于被伤害的感情之中,无法发挥生产力,以至于都不知道周围发生了什么。一位教师竟然告诉我,这是成年人的冲突,对学生没有影响。他们还没有认识到,这就是那种具有负面影响力的环境。

当学校里的教师彼此不信任时,他们很可能在互动中具有防备心,并把精力放到自我保护上,而不是实现共同目标上,导致合作的力量被分散。教师们虽然会通过例行参加年级会议或部门会议进行沟通,但是很少有真正的共同决策或合作。当不信任情绪在学校里占了上风,教学动机因此受到伤害时,教师认为自己有能力去促进学生学习的集体效能感就降低了。如果学校处理冲突的方法很糟糕,就可能导致信任降低。信任降低的过程是相互的,会导致不信任的恶性循环。当信任存在时,就更有可能带来更广泛的协作、更强的集体效能感和建设性的冲突解决方法。而且,这些因素也是促成更高水平信任的条件。

付诸行动

虽然教师对同事的信任直接源于他们自己的行为,而不是来自校长的行为，但是要建立一个基于信任的专业学习共同体，你还是有很多事情要做的。为了形成一种富有成效的文化氛围，最重要的事情之一，就是明确建立教师应该如何对待彼此的规范，当发生违反这种规范的情况时，直接采取措施加以解决。你需要执行积极的行为规范，促进并维护有助于支持专业投入的规范。这就需要敏感性和勇气，但是要是没有拥护者，这种文化就很可能遭遇对共同体意识具有毁坏性的行为。校长亲自调解冲突，并且持续帮助教师获得建设性地解决冲突的技能，对增强教师之间的信任水平会有很大帮助。

作为校长，你可以腾出时间，创建有利于教师间合作的环境，允许教师之间进行专业讨论和分享决策。要培育公开性，可以通过鼓励教师互相观摩，观察彼此的教学，给出有效反馈，而不是批评。在听课报告中关注优势，有助于指导教师朝这个方向努力。这样的听课报告示例如下：

1. 我观察到，在……时候，有证据表明学生学习了。

2. 我注意到，在……时候，学生对学习特别投入和兴奋。

3. 我很好奇，你是如何……

要建立成功的同伴观察计划，就需要进行规划和培训，以建立教师所需的安全感和信任。

有一句格言说，学校得到了应珍视的教师。当教师最初没有达到你所希望的职业表现标准时，与其责备，不如假设，至少在一定程度上，他们是根据自己所在情境行事。组织文化是以一种共享假设的模式呈现的，它源自群体在应对问题时积累的集体智慧，这些经验随后被教给新成员,让他们把这种反应方式作为应对这些问题的正确感知方式、思考方式和情感方式(Schein,2010)。要将一种不信任的文化转变成一种能够更好地支持信任形成的文化,就要关注那些能够引起行为的基本假设和需求。挑战这些假设,并帮助教师找到更有效的方法来满足他们的需求,以及回应他们在专业生涯中遇到的问题时,需要耐心和毅力。

本章要点

- 校长为教师的相互信任确立基调。

- 强调以合作和关怀而不是竞争和偏袒来促进学校文化的形成,这样的校长有助于促进教师之间的相互信任。

- 教师之间高度信任的学校,更有可能从教师的合作和对冲突的积极应对中受益。

- 同事之间背叛的影响可能是长期的,并且可能会削弱教师公开分享教学策略、思想和资源的意愿。

- 在对同事的专业胜任力缺乏信任的情况下,教师仍然可以将其作为朋友,或者基于他们对学校发挥整体功能所做的贡献而保持信任。

- 同事之间信任度更高的学校,教师更可能展现胜任力,在困难面前做出更大的努力,变得更有毅力和更加坚韧。

- 教师之间的高度信任使得学校更有可能成为一个专业学习共同体。

反思与讨论题

1. 你是在何时成为运作良好的专业学习共同体成员的？是什么使这种体验变得积极而富有成效的？

2. 你能采取什么具体行动来增强你们学校教师之间的信任？可以把什么样的结构设置到位以增强信任？

3. 要培养有不同价值观或不同教学热情的教师之间的信任，你能做什么？不仅要帮助教师创造一种可以自由地互相观摩教学的文化，而且要培养专业的对话氛围，让教师可以抛开可能出现的分歧以及不同的教学理念来讨论教学方法，这会给你带来什么？

4. 作为校长，当你要负责收集有关教师的错误、言行不一致或程序性过错的证据记录时，你如何与教师保持信任的工作关系？

5. 什么样的教师入职活动将有助于新教师培养相互信任和对学校管理者的集体信任感？

第七章

与学生建立信任

让一个人值得信任的唯一方法就是信任他。

——亨利·刘易斯·斯廷森（Henry Lewis Stimson）

    课堂在本质上是一种社会情境，因此，课堂中的教与学涉及教师和学生方面存在的风险、脆弱性以及人际参与。那些能够激发学生投入学习的动力主要发生在这些人际空间里。因为信任能够使这些空间生成学习的核心要素，所以，信任对学校的核心事业是至关重要的。当教师和学生相互信任、共同合作时，学习将在安全与温馨的氛围中进行。然而，当不信任和竞争性关系占据主流时，学生和教师就会采取自我保护的态度来尽量减少对他们脆弱性的威胁。脱离教育过程的行为会导致不幸的后果，因为它以牺牲学生在学习项目上的投入为代价。因此，教育工作者应关注课堂中信任的动态变化，因为其触及"学生成绩"这一学校底线（Howes & Ritchie，2002；Mitchell，Kensler，& Tschannen-Moran，2010）。教师对学生的信任和学生对教师的信任是互惠的，事实上，越来越多的研究证据已经证明了这种相互信任的重要性。

教师对学生的信任

教师给学生传递的信任，是将学生与学生以及学生与学校连接起来的关键。因为教师在学校等级结构中比学生拥有更大的权力，如果他们希望在课堂上营造信任的气氛，就有义务在与学生的互动中确立信任的基调。我们对一些教师进行了访谈，在问及他们对学生的信任时，他们都谈到那些自律的学生以及那些愿意与学校系统合作的学生。

教师信任学生的五个方面

尽管仁慈和相互间的善意是信任的重要方面，但在课堂情境中，信任的内涵比在成年人之间的关系中要狭窄一些，通常是以尊重为特征的。例如，布鲁克赛德小学的教师戴维解释了尊重意识是如何与学生的可靠性和自我控制力的主要证据相关联的：

> 我在寻求尊重。这就是我要找的东西。如果我看到尊重，看到学生们表现良好，尊重成年人，尊重他人；他们知道来上学的目的是什么，能够集中注意力，不是到处闲荡，不是挥着拳头或者骂人，那他们就都是我可以信任的孩子。那些孩子通常是可信的、可靠的，知道学校制度是什么，会在学校制度范围内行事。他们不会反叛，也不会对抗制度。我可以依赖他们、信任他们。我可以走出教室那扇门，不用担心哪个孩子会突然站起来，在教室里乱跑，撞到别人和扔东西，或者大喊一些不合适的话。

不懂得尊重或具有消极态度的学生更难得到教师的信任。另外,在应对与其他学生或教师自身的社会情境时表现出冲动、缺乏自我控制能力的学生,往往会引起教师更大的警惕和怀疑。

与促进教师对校长和同事的信任相比,在形成教师对学生的信任方面,诚实是一个更重要的因素,或许这是因为在学生情境中,诚实的缺失更为普遍。这三所学校所在城市的教师报告显示,他们要定期处理学生撒谎、作弊或偷窃等问题。许多教师,比如林肯小学的罗布,报告说,有的学生不仅会从其他学生那里偷东西,而且如果有机会,也会从教师那里偷东西。罗布指出:

> 我确实信任他们中的大多数。但有几个人我不能信任,也不会信任。他们中有几个人会直接上楼,翻我桌子的抽屉,拿走他们想要的任何东西。但是我知道,有两个学生由于多动症(注意缺陷多动障碍)在服用药物。知道这是一种需要医疗的情况,就很容易理解他们的行为。也许如果他们没有接受药物治疗,我会更难宽容他们。

总的来说,教师对学生的不诚实比对成年人的不诚实更加宽容,因为教师认为学生只是孩子,还在学习社会规范和自我控制。尽管如此,教师还是会发现,他们很难信任那些因为自己的问题而责怪别人、不为自己的行为承担责任的学生。尤其真实的是,当教师试图帮助学生学会承担责任,把承担责任作为行为改变的前提,并且在努力争取家长参与这一过程中遇到挫折时,他们就更难信任这些学生了。

学生方面的公开性并不经常被提到。正如林肯小学的教师玛丽所说："如果我对他们表现出兴趣，并且花时间去倾听，99.9％的孩子是愿意谈论自己的。"她谈到了抽出时间倾听和了解学生的重要性：

> 起初，我尽可能地与学生和家长建立融洽关系，经常与他们交谈，让他们讲述自己的故事，这是我的性格使然。我每天都留出分享时间，所以学生可以说出他们的想法，并且在其他时间也不会被打断。如果他们有一个与我的生活有关的故事，那么我将分享一些关于我自己的故事，他们喜欢听到这些。

玛丽还谈到了教师和学生之间信任的互惠本质：

> 我期待他们向我敞开心扉，向我展示他们的个人生活——他们在家里所做的一切。有时，如果学生没有分享他们的个人经历，可能是畏缩了，或者被你这个成年人吓到了。通常孩子只要开口，对我来说，就是信任的基础，因为当孩子向我走来时，我不会自动地信任他们。我不对任何一个孩子做出好或不好的判断。了解他们需要时间，我需要了解他们的背景，他们也需要了解我的背景。他们需要认识到可以信任我。

对我研究项目中的教师来说，能力作为信任学生的一个方面，更多地与学生行为、他们在学校里融洽相处的意愿相关，而不是与学业能力相关。正如"好领导"的概念包括任务和关系两个维度，

"好孩子"的概念则是围绕学生保持积极关系与适当参与学校教育任务两方面来构建的。虽然教师有时要花大量的时间和精力规训学生，并因此感到沮丧，但大多数教师都表现出对学生的真爱和关怀。在与学生建立信任关系的过程中，教师首先需要的是尊重和可靠性。对许多教师来说，他们对学生信任的界定范围更广，因为他们对还是孩子的学生的期望，不同于对其他成年人的期望。简单地说，他们更愿意相信学生，给予他们更多的包容。

教师对学生的信任与成绩的关系

当教师信任学生，相信学生是有礼貌的、诚实的、可靠的、公开的和有能力时，他们更有可能创造一个促进学业成功的学习环境。在不同情境下进行的诸多研究证明，教师信任对学生成绩具有直接和间接的促进作用。布雷克和施奈德（Bryk & Schneider，2002）在一项对芝加哥公立学校参与式改革项目长达十年的研究中得出结论：在预测哪些学校会在学生成绩上取得最大收获，以及哪些学校将长期保持这些收获方面，信任是一个关键因素。研究发现，教师对学生和家长的信任与小学阶段（Adams & Forsyth，2013；Goddard，Salloum，& Berebitsky，2009；Goddard，Tschannen-Moran，& Hoy，2001）、初中阶段（Tschannen-Moran，2004）以及城市中的跨年级（Moore，2010）的学生成绩都呈强显著相关。在欧洲，范梅勒和范豪特（Van Maele & Van Houtte，2009）发现，学校拥有移民学生和社会经济地位较低学生的数量与教师对学生和家长的信任水平呈正相关。研究还发现，教师对学生的信任通过其与学生出勤率和纪律出现率的关系间接地影响成绩（Moore，2010）。

在过去五十年中，学生社会经济地位作为判断学生在学校成功的因素,所发挥的强大作用已经被很多文献证明。教育研究人员一直在努力发现那些能够决定学生成绩的学校因素,这些学校因素对学生成绩的影响要大于社会经济地位的影响。研究发现,教师对学生的信任与其对学生成绩产生的影响密切相关,这种因素正证明了这一点。研究表明,即使在社会经济地位影响保持不变的情况下,教师对学生的信任与学生成绩之间仍存在实质性关系(Adams & Forsyth,2013;Goddard et al.,2001,2009;Hoy,2002;Hoy & Tschannen-Moran,1999;Tschannen-Moran,2004)。

教师对学生和家长的信任,与教师的信念和学校的气氛密切相关,这三者对学生成绩的影响之和要大于社会经济地位的影响。教师的集体效能感,即学校教师共同的信念,一种相信他们有能力促进所有学生取得成就的信念,会影响教师的努力程度,包括其对备课和上课的投入,以及为那些学习困难的学生寻找新的教学策略的坚持程度。在一个城市小学的样本中,教师集体效能感与教师对学生的信任具有强相关,即使增加社会经济地位、种族和过去的成绩作为自变量,这种关系的强度变化也不大(Tschannen-Moran & Goddard,2001)。即使在社会经济地位、少数族裔和过去的成绩作为不变量的情况下,教师集体效能的信念与学生成绩的相关性仍不断得到证实(Goddard,2001;Goddard,Hoy,& Woolfolk Hoy,2000;Goddard et al.,2001;Tschannen-Moran & Barr,2004)。此外,当教师信任学生时,就很可能对学业成绩产生更大的压力。研究还发现,即使控制了社会经济地位这一变量,学业压力也能够预测出更好的学生成绩(Goddard et al.,2000;Hoy,Hannum,& Tschannen-Moran,1998;Lee & Bryk,1989;

Lee & Smith, 1999; Tschannen-Moran, Bankole, Mitchell, & Moore, 2013)。

教师对学生的信任、教师集体效能感和学业压力这三个概念系统是紧密联系在一起的，是学生成绩的有力预测性因素，它们在一起被设计为一个复合变量，称为"学业乐观"（academic optimism）（Hoy, Tarter, & Hoy, 2006; Kirby & DiPaola, 2011; McGuigan & Hoy, 2006; Smith, Hoy, & Sweetland, 2001）。这三个变量合在一起，具有持续的检验一致性，教育研究者检验的变量很少能够做到这一点，学业乐观对学生成绩的影响要大于学生社会经济地位的影响。

对于低收入家庭儿童，其家庭无法或不愿意供养他们去获得学校提供的所有机会，教师则是负责指导这些学生取得学业成功的主要制度代理人（Lareau, 1987）。这些教师每天都与学生接触，因此他们之间关系的质量对学生的态度和投入都有很大影响。这种情况下，搭建跨社会阶层和文化差异的信任桥梁可能是一个挑战。对信任关系的统计分析表明，贫穷比种族或民族更强烈地阻碍了可带来成就的信任（Tschannen-Moran, 2001; Van Maele & Van Houtte, 2009）。这些研究结果表明，当教师对学生进行"内群体"和"外群体"的区分时，社会阶层是比种族或民族更为突出的分界线。虽然布鲁克赛德小学、林肯小学、弗里蒙特小学都具有多元化的教师队伍，有些教师最初生活在贫困环境中，但教师们在很大程度上拥有中产阶级的价值观和态度，这些价值观和态度与低收入家庭学生的价值观和态度有时是存在冲突的。低收入家庭学生占比高的学校，可能会受益于对信任发展的特别关注。

有证据表明，高度信任会使学校成为学生更好的学习场所。由于信任具有建立在自身之上的倾向，更好的学习成绩可能会让学生对自己产生更大的信心，而较低的学习成绩可能会导致一种自我指责的恶性循环，同时加剧教师和学生之间的责备和猜疑，会降低集体效能感，对学术氛围产生负面影响，所有这些后果都可能会进一步损害学生的成绩。随着学校领导者逐渐认识到信任在学习环境建设中的重要性，并学会更好地建设高度信任的学校，学生取得更大成功的契机很可能就会随之而来。

学生对教师的信任

正如我们认识到的，信任学生的教师更有可能创建促进学生学业成功的学习环境。对学生具有更高水平信任的教师，对学生纪律会采取更加人性化的立场（Karakus & Savas, 2012）。当教师不信任学生，学生在课堂上和非正式互动中，就会明显表现出警惕的语调、对控制取向的抗拒以及普遍的负面情绪。这可能还表现为教师对学生缺乏热情或同情，以及倾向于责备学生表现不佳或行为不端。

教学不仅仅是传播信息和展示技能。教学工作要做得好，还需要教师和学生的高度参与，而信任有助于促进参与。学生越信任他们的教师，就越愿意冒险打开心扉，投入学业以及学业和生活所需社交和情感技能的学习（Watson, 2003）。没有信任，学生就失去了宝贵的社会支持形式，就失去了通往接受学校教育的桥梁。为了帮助学生获得学校提供的机会，教师需要与学生建立信任关系。

信任启蒙

教学涉及邀约学生接受新的认识世界的方式，将他们引入受过教育的人类共同体，以及形成包括在好奇心的驱动下认识世界、寻求证据和接受他人观点的思维习惯（Strike，1999）。教育之于转化人的过程，其核心是要他们学会信任家庭之外的人，因为学生在学校学到的很多东西都要求他们相信别人的书面或口头语言（Rotter，1967）。例如，我们要求学生学习的很多科学、历史和地理知识都超出了他们的直接经验。当我们要求学生相信所有物质都是由原子和分子组成的，古埃及人曾经建造过大型金字塔，或者马达加斯加岛不仅仅是动画片中的一个地方时，我们就是在要求他们接受他们不能轻易直接证实的信息。一方面，如果教师不被视为可靠的信息来源，学生将难以接受他们的教导；另一方面，受过良好教育的重要方面，就是要变得对信仰有洞察力。所以，教育的目标可以描述为教导学生学会充分地信任他人，但又不容易上当，并思考他们所接收信息的来源的可信度。

教育，从其最根本意义上说，涉及引导人们进入实践领域，进行具有价值的学术思想传统启蒙。"规训的启蒙就是发动人们进入一个具有共享标准、美德和善的共同体；接受这些善和标准是一种联结和联合行为。"（Strike，1999，p.231）教师权威来自能够体现共同体意愿的实践、价值观和标准。他们为学生提供能够确定其学科内容传统的概念和语汇，并引导学生通过活动掌握必要的实践。教师作为榜样，必须首先受到该共同体优秀标准的启发，并且必须确定这些标准是有价值的。正如斯特赖克（Strike，1999）指出的：

> 一个能解决问题和推算定理但没有进行巧妙证明的喜好，也不具备严谨性格的数学教师，是可以教数学技能的，但这样的教师不能以一种有助于人类繁荣的方式启发学生开展数学实践。(p.230)

当教师向学生发出加入一个实践共同体的邀约时，他们是在邀请学生进入一个价值观和标准都不为学生所熟悉的共同体。接受此邀约，需要的是信任，因为学生必须先加入共同体，然后才有能力去评估这样做或参与相关智力实践的价值，这种智力实践只有达到熟练掌握的程度才能得到发展（Strike，1999）。然而，这种信任一旦被一位教师赢得，它就可能转移到该教师所代表的共同体中。这些动力可能有助于解释那些高度信任教师的学生拥有较高学习水平和成绩的原因。

当师生之间的信任一开始就破裂了或无法发展时，会产生许多问题。不仅学生没有足够的安全感来支持学习新技能必须承担的风险，而且教师也可能会诉诸更严格的纪律和控制，以及使用外部奖励。不信任学生的教师很可能会依赖死板的规则，会把学生作为一个整体而非个体来对待。这样的教师会优先重视对学生群体实施控制，通常是通过外部奖励和惩罚的方式，而不注重优先培养学生独立思考和创造条件将其引导到实践共同体中。这种试图控制的行为通常会削弱而不是强化学生的动机、学习和投入。正如斯特赖克（Strike，1999）指出的：

> 当过度依赖外部事物作为激励因素时，它们就会取代内部事物，而不是指向内部事物。此外，持续和普遍地

使用外在动机,很可能会传达这样的信号：社会对这些外

部动机是认可的,但对内在动机并不认可。(p.230)

当教师利用外部奖励来激励学生时,学生就可能产生进行某项实践的动机,但是这些动机可能并不够,不足以给学生带来对实践价值本身(或与实践相关联的概念)的体验。教师可以采用外部奖励来获得没有信任的顺从;然而,这样的顺从并不能激发参与有助于培养内在价值感的特定智力实践的热情。学习共同体的奖励和惩罚制度的问题在于,它们最多只能实现临时控制,最糟糕的是,特别是对于那些对学校没有强烈依恋的学生,这些制度正好证实了学生把师生关系看作"强制性"关系的看法(Watson,2003)。当被迫顺从这种强制性要求时,学生就可能会疏远教师。相反,当教师信任学生时,会促进学生学习,并很可能引发基于教师魅力、学生投入和认同的教学实践和行为(Adams,2010)。

学生视角

学校信任研究中有一个重要而充满希望的新发展,即相对增加了学生对教师的意见和看法。学生对教师信任重要性的循证基础,与教师对学生信任重要性的循证基础,具有同样强大的说服力。师生关系是互惠的。当教师信任学生时,学生更有可能反过来信任教师(Moore,2010)。学习具有风险,除非具有互信,否则学生是不太可能去冒险参与学习的。研究发现,学生对教师的信任,与学生在各种情境下标准化考试的成绩密切相关(Adams,2010;Mitchell, Forsyth, & Robinson, 2008; Mitchell, Kensler, & Tschannen-Moran, 2010; Moore, 2010; Tschannen-Moran, Bankole,

Mitchell，& Moore，2013）。

学生信任与成绩之间具有强大关联,在探索支持这一关联的动力时,人们还考察了其他相关概念系统。学生对学校的认同就是这样一个概念,它在学生信任教师和学生成绩两方面都具有强关系。学生对学校的认同包括两方面的推动力,一是学生珍视学校的目的,二是学生拥有一种归属感或融入感。这两个推动力联系得如此紧密,以至于在统计学上无法区分,因此可以认为它们构成了一个单一的概念。当学生信任教师,相信他们把自己的最大利益放在心里,他们就更有可能珍视学校的整体事业和与学校有关的成果,并会感到自己是学校共同体的一分子（Mitchell et al.，2010；Tschannen-Moran et al.，2013）。此外,米切尔等人（Mitchell et al.，2008）发现,学生对校长的信任以及家长对学校的信任,是比社会经济地位更能预测学生对学校认同的因素。事实上,当综合考虑对学校层面的信任时,并未发现社会经济地位是学生对学校认同的显著预测因素。

除了学生对学校的认同,学生对其在校学业压力的知觉也与他们对教师的信任密切相关（Tschannen-Moran et al.，2013）。虽然学生的相互信任、学生对学校的认同、学生对学业压力的知觉都是学生成绩的重要预测因素,但回归分析发现,学生的相互信任是学生成绩最强有力的预测因素。学生对教师的信任不仅受学校环境的影响,而且受家庭环境的影响。研究发现,学生家庭对学业的重视程度是学生信任教师的一个强有力的预测因素（Adams，2010）。当家长信任教师时,学生通常也会这样做。

研究还发现,学生对教师的信任和对学校的认同,与学生的安全感（Mitchell et al.，2008，2010）和学校出勤率（Moore，2010）具有相关性。当学生对教师和学校领导缺乏信任时,他们在学校就会感到不安全,出勤率也会受到影响。一项针对韩国中学生的研究发现,学生之间的相互信任与学生的学习动机、学校适应和学习成绩有关(Lee,2007)。师生信任关系会对学生的学习成绩产生直接和间接的影响,影响着他们的学校适应和学习动机。

倾听学生的心声,可以为学生和教师之间的信任发展提供一个有趣的视角。一项针对城市青年的定性研究对他们进行了多年干预,以支持他们升入大学,并在高等教育中取得成功。这些学生报告说,在他们愿意放松警惕并开始信任他人之前,他们已经考验了本项目中成年人的仁慈和信任(Owens & Johnson,2009)。然而,信任一旦建立起来,他们就会开始按照项目安排进行合作,在活动中表现出领导能力,并在朋友和家人之间推广这个项目。这种连续统一体的行为可以描述为从最初的"计较"到喜爱再到最后做出贡献的转变。在另一项对私立学校九名初中学生的信任知觉研究中,接受访谈的学生将教师描述为具有关怀性,其中包括以学生为中心、给予真正的倾听,在分享真实经历的故事中具有公开性、诚实性、可靠性,沟通清晰,能灵活地创建积极和放松的学习环境(Kauffman,2013)。还有一项研究采用了访谈和问卷调查的混合方法,对 32 位教师和 32 位受到纪律警告的学生进行了研究。研究发现,青少年对其教师是不是值得信任的权威人物的判断,是基于他们的行为在多大程度上是合作的或反抗的(Gregory & Ripski,2008)。总之,如果教师尝试运用关系构建策略,甚至在学生最初用挑衅方式试探自己的善意时,也坚持这种尝试,就可能会赢得学生的信任与合作(Hattie,2012;Johnson, Perez, & Uline, 2013)。

去年,有一个学生真的让我感到很棘手。他对任何机会都不屑一顾,似乎他的人生使命就是让我生气,并试图让全班同学都反对我。我从不放弃他,一直让他按照他需要的方式行事。最后,我被震惊了!一个让我考虑辞职的学生,最终成了一个愿意参加我举办的所有课外活动的学生,从慈善捐赠到英语补习班。年底,我收到了他的一封非常甜蜜的信,感谢我教了他,让他有了笑声。这是永不放弃学生的重要一课。有时,向学生表明你关心他们,以及他们可以信任你,就意味着要对其设定很高的期望,并让他们负起责任。

——切尔西(Chelsea),高中英语教师

赢得学生的信任

古语说得好:"他们不在乎你知道多少,直到他们知道你有多在乎他们。"这句话精准地描述了学生和教育者之间的关系。教师和校长要赢得学生的信任,最重要的是要表现出他们是在乎学生的,即使教育过程有时需要采取纪律措施,并纠正不当行为或错误思维,教师和校长也要让学生相信他们内心的善意和意图。在课堂上,一旦教师表现出一贯和坚定的关怀,就打下了信任的基础,他们就能够以此为基础推动学生去实现更高的学习目标。例如,布鲁克赛德小学的教师戴维谈到知道什么时候要推一推学生、什么时候要拉一拉学生的艺术,这种艺术就是要在支持与挑战学生之间取得微妙的平衡,既要支持学生克服学习中可能会威胁到他

们自己的障碍，又要挑战他们去取得更好的成绩。他解释说："一旦我建立起这种信任，他们真的知道我在乎他们，我就可以推动他们了，学习也就真的开始了。"当学生信任他们的教师时，他们更有可能承担新的学习任务带来的风险。

反思学生的不当行为

　　对教师来说，培养与行为端正学生之间的信任关系可能很容易，培养与违反学校规范的学生之间的信任往往更具挑战性。我们对学生行为不端根本原因的理解方式，可能会让培养信任关系变得更加困难。我们倾向于假设学龄儿童应该具有满足学校行为期望所需的人际交往技能，如果他们出现行为不当，我们通常认为那是一种任性或自私的行为。我们关于儿童行为不端的很多思考都受到弗洛伊德的儿童观以及行为主义儿童理论的引导。弗洛伊德认为，儿童是寻求快乐的人，需要通过惩罚不适当的冲动来驯服和教化他们。行为主义儿童理论认为，儿童行为是对一系列外部控制的刺激做出的被动反应（Watson，2003）。从这些观点来看，需要通过外部强化方案来哄劝孩子遵照并顺从我们的期望；如果外部刺激恰当，孩子的行为就会符合我们的意愿。这些理论已经在学校中发挥了很好的作用，但在解释学生的不当行为和提出有效的干预措施以改善学生行为方面还存在不足。依恋理论为学生的不当行为提供了另一种解释和另一套干预措施。基于这一观点，与儿童和青少年建立合作、信任和支持性的关系，是教育学生和使学生社会化的核心工作（Watson，2003）。

　　学生行为不端问题是学校面临的一个重要问题。大多数学校都有一份棘手的"经常出格"或持续行为不端的学生名单，这些学生似乎不能或不愿意按照课堂要求行事,他们经常被请去校长办公室、校内禁闭室和其他惩罚场所。即使教育工作者为了干预他们的行为而加大了惩罚力度和负强化,他们的行为可能也不会有什么改善。同一群学生,他们在小学二年级时被送到校长办公室,很可能在八年级时经常要去校内禁闭室,还可能在高一就完全离开学校。

传统干预手段如此失败的原因可能不在于儿童,而在于我们用来理解其行为和动机的理论不适当(Watson,2003)。关于学生不当行为原因和补救方法的基本理论,并不像我们假设的那样有力,因为它们是基于对学生甚至人性本身的基本不信任。这些理论根源于对人性的悲观主义和愤世嫉俗的观点,它们使我们假定,只有当我们给予孩子外部奖励或赞扬时,他们才会按照我们的要求去做,除非他们经历了不愉快后果,否则他们不会停止错误的行为。根据这种想法,对行为不佳的儿童采取干预措施,就要依赖那种会带来令人越来越不快的后果的方案,这就导致将那些不合作或挑衅的学生从教室或学校中完全清除出去的制度和措施,希望这种孤独的痛苦能够给孩子提供足够的激励,使他们将来能够更好地自我控制。不幸的是,这样做时,学校可能在不知不觉地助长低自尊和不信任,而这正是产生不当行为的根本原因,并且这样的做法也反映了家庭教育的策略——这种家庭教育策略可能导致最初的不安全型依恋。因此,这种策略增加而不是减少了学生的不端行为。

依恋理论提供了另一种关于儿童的观念:儿童是在其社区的社会结构中通过生物性连接来寻求归属感的(Howes & Ritchie,2002;Watson,2003)。作为社会性动物,年轻人是不需要被迫去顺从的,尽管在家中有不安全型依恋关系的那些人可能需要得到帮助,以学会以积极的方式去做到顺从。

> 对孩子进行纪律训练或社会化,与其说是让孩子做自己本来不会做的事情,不如说是在帮助孩子做其在生理上需要和想要做的事情。(Watson,2003,p.280)

依恋理论认为,儿童天生需要与成年人建立亲密的依恋关系,寻求身体和情感上的亲近,目的是获得安全感和保护。基于这种观点,儿童被看作意义的积极建构者,其内在动机是了解他们的社会世界和物质世界(Watson,2003)。

根据依恋理论,要让孩子们有足够的安全感去探索世界,并以一种开放的态度对新奇事件和材料做出反应,就要在他们寻求或需要帮助时,让他们对教师的作用和帮助充满信心(Howes & Ritchie,2002)。具有积极师生关系的儿童能够更好地利用课堂上提供的学习机会,更容易适应学校环境的行为要求。那些在家中或在学校对看护者有不安全型依恋经历的孩子,会认为与权威人士的关系是强制性的,并认为自己不值得被关照(Watson,2003)。这些孩子不能很好地驾驭与同龄人的社会交往,也无法借助教师的帮助来学习。这种与教师的不信任关系妨碍了他们在课堂环境中探索和学习的能力。在描述儿童定势取向的连续性时,研究人员描述了四种普遍的依恋特征:安全型、不安全焦虑—矛盾型、不安全回避型和紊乱无序型(Ainsworth,Blehar,Waters,& Wall,1978;Howes & Ritchie,2002;Watson,2003)。

- 安全型(secure)。安全型依恋儿童已经学会把自己视为值得被关照的人,并信任别人会提供必要和适当的关照。在这种安全的关爱基础上,这些孩子通常会以愉快和合作的方式与他人交往,并服从教师的指导。他们往往是灵活和坚韧的,相信当他们需要时,可以从教师那里得到帮助。当他们寻求教师的关注时,通常是为了寻求帮助,或去分享发现或成就。

- **不安全焦虑——矛盾型**(insecure anxious-ambivalent)。具有不安全焦虑——矛盾型依恋倾向的儿童更依赖他们的教师。在低年级,他们可能是过于依赖别人的、娇气的、幼稚的。娇气的人可能会让教师感到厌烦,因为它是一种隐含的诉求形式,是一种潜在期望未得到满足的诉求。这些孩子往往缺乏随机应变的能力,容易受挫,容易采取被动或无助的姿态,并且在求知探索过程中表现得胆怯和拘谨。具有这种倾向的儿童可能会积极寻求那种不愉快的互动,并可能利用干扰性行为将教师置于人际冲突中。"由于担心被成年人拒绝,他们倾向于'先发制人',在成年人有机会拒绝之前,以怀有敌意的方式行事。"(Howes & Ritchie,2002,p.14)

- **不安全回避型**(insecure avoidant)。具有不安全回避型依恋倾向的儿童倾向于完全避免师生互动。他们回避而不是寻求成年人的安慰,因为他们过去经历过成年人的拒绝和漠视。尽管他们需要并希望与成年人建立积极的工作关系,但他们对自己建立这种关系的能力深感沮丧。这些孩子对同伴通常是充满敌意的和干扰性的,他们会无缘无故地进行侵略、虐待或支配。他们可能会以扩大这种痛苦的方式来回应另一个孩子的痛苦,例如,奚落、殴打或嘲笑那个受伤的孩子。

- **紊乱无序型**(disorganized)。依恋取向紊乱无序的儿童在与教师互动时没有连贯的策略。他们试图参与的尝试是支离破碎的、不稳定的。他们没有可靠的手段来寻求成年人的帮助和支持,结果就是,他们会从一个无效策略转到另一个无效策略。

如果我们假设儿童具有内在的天然需求和欲望,想成为课堂共同体的一员,想与教师建立积极的关系,想了解他们的世界,而且如果我们假设,行为不端的儿童没有掌握有效做事的技能,那么,当儿童的行为不符合我们的期望时,我们就会以教育的方式而不是惩罚的方式进行干预。教育者不需要使用奖励和惩罚来激励行为不端的孩子,以使他们成为课堂共同体中富有成效的成员;他们需要的是相信自己的能力,并要向孩子们展示如何举止得体。以奖励和惩罚为基础维持课堂秩序,是一种富人越来越富、穷人越来越沮丧的制度。那些在家里拥有安全和支持性关系的儿童,会因为合作行为而获得奖励,无论是以何种方式,他们都会参与其中;而那些在家里拥有不安全型依恋的儿童,当他们看到更幸运的同学把所有奖品拿回家时,他们就又一次输了,他们家庭的压力或其他因素让家长无法提供安全和持续的社会基础。他们因此没有获得足够的社交和情感技能来取得学业和生活上的成功,他们并不知道如何加入那个成功者的俱乐部,并收获各种奖励。

对那些在家里有不安全型依恋的学生来说,在一个充满关爱的课堂共同体中学习信任,既具有挑战性,也能改变他们的命运(Watson,2003)。研究人员发现,教师和儿童可以建构一种与亲子依恋关系具有不同质量的人际关系。即使儿童无法与成年看护人建立起初始的信任关系,积极的师生关系也能够提供纠正性经验,可以修复之前的困难关系(Howes & Ritchie,2002)。此外,对青少年坚毅力的研究发现,他们尽管生活在极端不利和困难的环境中,但仍取得了成功,他们通常很珍惜与成年人(通常是教师)之间的支持性关系,认为这对他们的成功至关重要。当教师变得愤怒,并收回他们的情感时,就会进一步疏远没有安全感的学生,并会强化这些学生对与教师和与他人关系的负面看法(Watson,2003)。这样做会导致儿童孤立而不是融入社会,并且不利于培养他们的亲社会行为能力。总之,不安全型依恋的儿童需要的是与成年看护者建立安全的、滋养性关系的经验。

我试着和所有学生建立信任,但他们人数众多,而我仅有一个,这是很困难的。当我能在课堂上培养一种团体意识,让其他学生开始接触那些处于边缘的学生时,真正的突破才会发生。

——德博拉(Deborah),五年级教师

创建高信任课堂

因为教师在师生关系中拥有更大的权力,要创建高信任课堂,教师就必须主动,要对学生采取信任的立场。这并不意味着采取轻信或盲目的信任,但它确实意味着要从以下前提开始,这个前提就是学生希望并且需要成为学习共同体的一分子,通过或多或少的帮助,所有学生都可以学会作为课堂共同体成员发挥积极作用。在拥有高信任关系的课堂中,学生更可能要承担风险,要在困境中坚持下去,要与教师合作,要确定具有挑战性的目标,并承担自己的学习责任。相反,当信任程度较低时,学生可能会采取自我保护行为,这可能会降低学习动机并抑制学习(Dirks & Ferric,2001)。

教师有两种选择:他们可以把自己的课堂组织成为具有控制

性倾向的课堂,也可以组织成为具有承诺性倾向的课堂。具有控制性倾向的课堂对学生持悲观主义观点,认为他们必须巧妙地运用奖惩来管理学生。相比之下,具有承诺性倾向的课堂始于把儿童作为社会人的潜在假设,认为儿童不需要被迫与教师和同伴建立积极的关系,因为他们天生就需要这些关系。然而,有一些学生需要在他人的帮助下才能找到建立和维持这些关系的适当与有效策略。通过培养相互回应的关系,成年人不再需要使用基于权力的强制策略。在这种承诺性倾向的课堂里,"班级管理成为一种建构、维持和保护和谐关系的事项,而不是为了设计一种管理和避免潜在冲突与干扰的策略"(Howes & Ritchie, 2002, p.11)。

要创建一个基于承诺的课堂共同体,以形成共同合作和相互友善的共享准则,就要求儿童能够理解他们是一个更大群体的一部分,体谅他人以及与他人合作,这对他们自己和集体都是有益的(Howes & Ritchie, 2002)。这种情境中的学生会依靠教师提供适当的结构和限制。高期望是形成和维持高信任关系的关键,但必须与仁慈相结合才能有效。正如豪斯和里奇(Howes & Ritchie, 2002)指出的:

> 处于艰难生活环境中的许多儿童,当然还有以前与教师关系不稳定的儿童,相信教师会认为他们无法在学业上取得好成绩,或者不能规范自己的行为。当教师具有高期望时,他们做事就好像孩子们也会尽最大努力,会遵守课堂规则,会表现得有礼貌。我们观察到,只有当高期望与友善和温情相结合时,它们才是建立积极关系与消解先前的问题关系史的有效教学策略。(pp.89-90)

仁慈

当教师向他们传递无条件的接纳和温暖的情感,并对他们的需要做出敏锐反应时,孩子们学得最好(Pianta & Stuhlman,2004)。值得信赖的教师是通过关心学生的整体福祉而不只是学业表现来体现其仁慈的。他们对学生作为人表现出了极大的兴趣,把他们作为拥有希望、梦想、需要、爱心和兴趣的个体。当教师表现出愿意投入时间和精力来帮助推动学生完成计划和目标时,这种接受和认可会引起学生的反应(Noddings,2005)。当学生认为教师关心他们,并愿意帮助他们成功时,更有可能相信教师的意图,这有助于帮助他们培养对学校的积极态度,珍视学校,并与他人建立合作、友好、关爱的关系。

诚实

孩子们不像一些成年人认为的那么容易上当,就像教师不像一些学校领导者认为的那么容易上当一样。因此,要建立和保持高信任关系,教师自己必须诚实与正直地做事。诚实在一定程度上与传递给学生信息的真实性或准确性有关,正直则与言行一致有关。真诚也是培养学生信任的重要方面,要求学生要对自己的行为负责,而不是去寻找替罪羊或怪罪他人(Tschannen-Moran & Hoy,2000)。当教师承认自己犯了错误,并愿意道歉时,他们不仅展现了自己的真诚,而且能够充当学生有益的角色典范,有助于帮助学生走出失误。最后,真诚意味着一种真实感,不仅仅是扮演一个角色,而是让一个人独特的个性、兴趣和激情以适当和引人入胜的方式表现出来。

公开

在师生关系的语境中,公开始于教师对学生采取一种坦率和不加评判的态度,而不管他们在学业、社交或情感上遇到什么挑战。教师可以通过倾听学生的问题和担忧并以同理心予以回应来表达自己的公开性。拥有同理心和认真倾听可传递关爱,能让学生感到自己受到重视(Adams,2010;Noddings,2005)。在这种语境下,公开性不是指信息共享的完整性,而是更偏向于指教师所传递关爱的质量。公开性是通过教师愿意与学生进行真正的对话来传递的,并在做出影响学生课堂的决定时,给予学生适度的影响。

> 对话是没有固定答案的,也就是说,在真正的对话中,任何一方都不会一开始就知道结果或决定是什么……对话是对理解、同情或欣赏的共同探索。它可以是好玩的,也可以是严肃的;可以是具有逻辑性的,也可以是具有想象力的;可以是目标导向的,也可以是过程导向的……它为学习者提供了问"为什么"的机会,并有助于双方达成知情的决定……它还有助于形成一种思维习惯,即寻找足够的信息来做决定。(Noddings,2005,p.23)

在我的研究中,有一些教师提到,公开表达对学生的信任,以及分享他们校外生活的小细节,是他们培养与学生信任关系的一种途径。

可靠

教师要想赢得学生的信任,以及创造一个信任的课堂共同体,就必须做到言行一致、公平合理。学生在与教师的关系中处于弱势地位,依靠教师建立课堂共同体的结构和基调,因此,如果学生认为教师的行为是任意的和不可预测的,就会给学生创造一种不确定的环境。当规则和政策被不公平、不公正地利用时,由此导致的安全感缺失很可能会使学生先入为主,并分散学习精力和注意力。因为教师充当着学生的依恋角色,学生必须依靠教师来提供那种可预测、支持性和安全性的情境,这对不安全型依恋的学生,或教育系统信任程度不高的高贫困社区学生来说,尤其如此(Adams,2010)。

胜任力

教学胜任力不仅包括传递信息,而且包括支持学生掌握态度、技能、习惯和观念。要很好地做到这一点,教师必须与学生建立积极有效的关系。当然,要想学生信任教师,不仅教师的教学能力和知识掌握能力必不可少,而且一定程度的情感能力也不可或缺。教师展示这种能力的方式之一是以身示范,教师会对沟通模式、社交能力和应对技能做出示范。教师还在辨别情绪、寻求帮助、自我监督和自我调节以及制定策略来调节情绪表现等方面为学生提供支持(Adams,2010;Howes & Ritchie,2002)。研究人员在教师课堂管理策略研究中发现,最高效的教师是"能够保持课堂行为准则的教师,既做到尊重个体,又尊重群体学习,同时又充当了情感教练,并努力建立积极的依恋关系"(Howes & Ritchie,2002,p.46)。

尽管在师生关系的语境中,信任的五个方面具有不同的内涵,但其基本潜在结构与在学校中发现的成年人间的信任关系是相同的。了解信任的益处,那些希望建立高信任课堂的教师就可以通过这五个方面来构建一个积极的、富有成效的学习环境。

我曾经任教的学校主要服务于低收入家庭的孩子。我在那里教书时,学校的理念是创造一个充满活力的学习共同体。我离开后,来了一位新校长,现在该校的理念全部都是关于孩子们要遵守的行为方案。我对这份指导性文件体现出的不信任和低期望感到震惊和沮丧。

——佩奇,小学教师

理解教师的挑衅

在课堂上创造培养学生信任的条件的主要障碍之一是教师的挑衅。教师的挑衅行为包括教师对学生大喊大叫、将讽刺或羞辱作为控制手段、因为一个人的小错误惩罚全班学生。依恋理论不仅为理解学生的不当行为提供了一种更强大的潜在方法,而且为理解教师的不当行为提供了一种解释方式。在课堂上,学生人数远远超过教师,教师可能感到具有潜在的威胁,会觉得学生的行为很容易失控。在此情况下,教师往往会做出反应,并可能陷入与困难学生适应不良的互动模式。研究这些适应不良模式的原因,可以帮助校长和教师更好地理解它们为什么会发生,也可以为教师提供有意识地改变不良互动的策略(Howes & Ritchie,2002)。

依恋理论认为,所有人都在寻求一种安全感,以驾驭自己的生活,并控制焦虑。当人们的安全和联络需求没有得到满足时,就会做出一些行为来应对由此产生的不安全感。教师也有这些需求,当他们因未满足的需求而感觉压力大时,就会采取策略来应对自己的焦虑。赖利(Riley,2010)注意到,依恋问题没有得到解决的教师在感到被学生拒绝时,就会冒险采取挑衅的行为。

> 不安全型依恋的教师可能会有意或无意地寻找学生作为依恋对象,通过对学生的依恋来提供纠正性的情感体验,这样的教师很容易因被学生拒绝而受到伤害。因此,学生的威胁或实际的拒绝可能是一种会激活教师依恋行为系统的经历(Bowlby,1988)。这将不可避免地导致教师产生抗议行为,他们会直接针对学生,以减少实际的(或猜想的)拒绝带来的隔离焦虑。文献中出现的那种自我报告的挑衅行为,诸如大喊、讽刺、羞辱和因个人行为不端而惩罚全班同学,是典型的抗议行为……让世界成为一个安全、可预测的地方,即使是不快乐的,也是一种既定的依恋目标。但是,如果没有一个安全的基础,教师只能重新建立与学生的不安全关系,尽管她会试图避免。由此导致的不愉快可能会被无意识地归咎于学生,学生可能会因为造成了教师的内心痛苦而受到惩罚。这反过来又产生了"困难学生",他们对教师感到不安全,这是一种双方都不会赢的局面。(pp.61-62,95-96)

显然,当教师和学生陷入"隔阂对抗行为",并且威胁到他们的情绪安全时,就需要管理者、咨询员和其他支持人员的干预。

教师是否选择挑衅的应对方式,不仅取决于自身的情绪控制,而且取决于他们所处的教学情境。例如,当校长给予支持时,他们就可能会为教师打造一个安全的基础,教师就可能会更好地避免挑衅行为。相反,当学校领导者被认为对教师有威胁时,教师挑衅的可能性就会增加(Riley,2010)。研究发现,能够提供安全支持基础的管理者能够为教师提供必要的矫正经验,以帮助教师发展更具建设性的应对行为。对学生不当行为管理的研究表明,其课堂具有许多共同特征,包括学生的不当行为受到良好的管理、主要的保护性因素是校长对教师提供的高度支持。教师对校长支持的积极感知与教师的关爱和移情行为密切相关(ISQ Briefings,2007;Riley,2010)。校长在学校里出现得越多,提供的支持越多,学生不端行为的发生率和强度就越低。赖利(Riley,2010)指出:

> 当教师觉得他们有一个安全的基础,可以随时得到校长的帮助和支持时,他们也更容易成为学生安全的基础,包括尽早做出反应,灵活处理手头的情况,为学生提供情感支撑,为学生提供行为示范,以及鼓励学生展示行为。(p.116)

得到校长支持的教师较少受到学生拒绝的威胁,因为他们的安全是牢固建立在与校长的关系之上的。虽然学校中的关系具有等级性特征,会助长不安全感与防御,包括教师为了创造更大的安全感而遵循死板的规则,但教师与学校领导者和学生的固有依存关系也可以为教师提供矫正情绪体验的机会(Riley,2010)。

在与那些在课堂上自我报告自己有挑衅行为的教师合作时，赖利（Riley，2010）通过六次结构化的系列访谈，让这些教师反思自己的依恋历史和问题，并"重新讲述"（p.109）他们课堂上经历的故事，从而开发了更具适应性的课堂管理策略。他发现，所有接受访谈的教师都属于不安全型依恋模式，并且所有人都能识别出自己的家庭依恋模式的起源，是它们导致了自己目前在课堂上的挑衅行为。每个人都报告了自己被背叛的经历，这使他们难以发展信任。大多数人都认为，恐吓是控制学生最有效的方法。"他们在家庭中（源头）都经历过这种'控制'，每个人都觉得该轮到他们扮演那个强有力的角色了。弗洛伊德把这种行为称为'挑衅者身份认同'"（Riley，2010，p.91）。赖利发现，一旦这些教师了解了自己的依恋历史以及依恋问题在他们身上的表现方式，他们就能够采取纠正措施，学会采用对学生更加有效、可用的策略。所有教师都表示，他们与学生的关系有所改善，校长和助理校长也证实了这些改善。赖利研究的最初群体中有五位教师，他们在首次访谈后的五年时间里，持续保持了较少的挑衅行为模式。

我有一个学生，我用了一年的时间试图让他信任我。之后的某一天，我的校长在课间停在我的教室旁对我大喊大叫："我看到你们班最新的达标测试情况，他们太糟糕了！我不知道你在做什么！你最好把那些分数提高了。"我被这种突如其来、莫名其妙的袭击弄得心烦意乱！当我下一节课的学生进来时，其中就包括这个男孩。我尽力忍住了眼泪。但在上课的中间，他做了一件我通常会忽略的骚扰性小动作，我就对他

大发雷霆。现在他都不愿意看我一眼，总是回避我。这是一个巨大的挫折。我感觉糟透了。

——阿什莉（Ashley），八年级社会科教师

付诸行动

学校领导者和教师需要与学生建立信任关系，以实现提高学生成就和将学生培养成合格公民的基本目标。作为校长，在确立学校信任基调方面，你发挥了关键的作用。你对学生的态度，尤其是对那些行为不端学生和那些脱离了学校主流文化的学生的态度，很有可能具有感染性。当你采取积极主动的策略，以支持学生在学业表现和行为方面取得成功，你就具有了展示你的关心和能力的机会。这可能涉及重新评估全校的纪律政策和实践做法，以及重新评估学生开始落后时进行干预的机制。当你帮助维持纪律，并履行责任，以便在你的呵护下塑造年轻人的品格，如果能做到前后一致和公平，就会收获很多好处。

由于你处于拥有更大权力的地位，你有责任带头与教师和学生建立信任关系。你如何理解和回应教师的挑衅，对建立全校的信任氛围也很重要。你不能忽视教师的挑衅，以免危及学生的学习，让学生处于没有盟友的弱势地位。当然，采取咄咄逼人的姿态来对付咄咄逼人的教师，也不太可能产生预期的效果。咄咄逼人的教师可能是基于他们自己不安全型

依恋历史而采取行动的,因此,他们可能需要帮助,不仅要找到更有效的方法来满足他们自己与学生对归属感和共同体意识的需要,而且要理解学生的拒绝对教师内心产生的刺激。赖利(Riley,2010,p.44)指出:"帮助学生的最好方式是满足教师的需求,这样教师才能反过来满足学生的需求。"当你支持教师,能够为其提供一个安全的教学环境时,你就为他们创造了条件,让他们能够为不安全型依恋的学生提供一个安全的基础。

本章要点

- 教师对学生的信任与学生对教师的信任是互惠的。教师的信任似乎是学生信任的必要前提。
- 教师对学生的信任和学生对教师的信任都与学生的学习成绩具有较强的相关性。
- 对低收入家庭学生来说,培养信任可能更加困难,因为教师可能不太相信这些学生具有相同的文化价值观和伦理标准。
- 教师对学生的信任与学校里的其他重要社会过程具有关联,诸如教师的集体效能感和学业压力。
- 学生对教师的信任与学生对学校的认同、安全感、对学校和家庭的学业压力认识以及出勤率等具有较强的相关性。
- 依恋理论为学生行为不端的潜在原因提供了另一种概念解释,并可能提供更有力、更持久的干预。
- 依恋理论不仅为教师的挑衅行为提供了有用的解释,而且提供了在这种框架中发现的积极干预措施。

- 教师可以通过关注信任的五个方面来创建高信任课堂。
- 校长可以通过示范对待学生（甚至是那些在行为和态度上难以适应学校行为期望的学生）的建设性态度来帮助确立与学生建立信任关系的基调。

反思与讨论题

1. 想一想你曾经参观或参与过的一个学生和教师之间信任度很高的课堂,你注意到了什么? 你的感觉如何? 这种高信任意味着什么?

2. 为了使学生确信你关心他们的幸福,确信你是一个值得信赖的成年人,你采取了哪些具体的策略? 这些策略与信任的五个方面具有怎样的关联?

3. 回想一个行为有问题的学生的姓名和长相。

   (1) 依恋理论是如何解释该学生的不良行为的?

   (2) 这种解释与你自己的认识的吻合度如何?

   (3) 如果你把这个学生的错误行为理解为一种"隔阂对抗行为",你会如何进行不同的干预?

   (4) 依恋理论的原则如何改变你对未来与这个学生互动的想法?

4. 回想你曾经指导过的一位教师,他表现出了一定程度的教师挑衅。

   (1) 依恋理论提出了什么样的监督和辅导策略?

   (2) 这些策略与你已经尝试过的或者你自己认为最有效的方法的吻合度如何?

   (3) 依恋理论的原则如何改变你未来与这位教师互动的想法?

（4）作为一名管理者，如果你理解教师挑衅行为的根本原因是教师自身的不安全型依恋，那么早期的干预应该做什么？甚至为了防止教师挑衅行为的发生，可能需要做些什么？

5. 你可以尝试哪种新策略来培养与学生之间更高水平的信任？哪方面的信任最需要强调或加强？

第八章

建立学校与家庭的信任桥梁

确认某些人是否值得信任的最好方法，就是信任他们。

——欧内斯特·海明威（Ernest Hemingway）

研究者和决策者一样，越来越认识到学校与家庭之间建立良好关系的重要性。学校和家庭之间的关系确实成为联邦和州许多教育政策的焦点。例如，"美国家庭、学校和社区参与政策论坛"（National Policy Forum for Family，School，and Community Engagement，2010）提出：

> 家庭和社区可以成为扭转低绩效学校的力量。家庭的参与必须配合学区和学校深思熟虑的努力，以便采取循证的框架和做法，利用社区和中介组织等外部资源，把学生数据作为家庭和学校之间坦诚交流的工具。根据这些策略，必须为建立家庭与学校关系做出持续的努力，以便借助信任将家庭、学校和社区联系在一起，去改变未得到充分服务的学生的人生轨迹。（p.17）

建立和扩大家庭和学校之间的高信任关系，是培养家庭和学校

之间建设性关系的核心，这对弱势儿童的教育尤其重要（Adams &
Forsyth，2013；Goddard，Tschannen-Moran，& Hoy，2001）。

在教育过程中，传统上家庭一直被视为儿童教育的支持者，让儿童在进入学校前能够休息好、吃饱、穿暖，为他们完成家庭作业提供装备，换句话说，就是为学习做好准备。然而，今天，家长们日益强烈地意识到，当他们觉得学校系统没能充分满足儿童的需求时，他们的角色还包括为儿童提供辩护。这似乎是要置家长与学校工作人员于不和与争执之中，学校工作人员的工作正是平衡诸多学生的需要。那些相互竞争的需要指向了一种关键的相互依赖关系，使得与家庭建立信任关系成为学校领导者的核心任务。

从家庭的立场看，信任一直是关键。把儿童送到学校需要的正是信任，这与把自己的金融资产委托给银行或经纪人所需的信任具有天壤之别。当人们把毕生的积蓄交给一家金融机构时，他们希望自己的资产能得到妥善经营，通过明智的投资和战略性尝试，使资产随着时间的推移得到增长。特别是，如果这些投资是由政府的储蓄存款保险担保的，那么大部分风险因素就被消除了。把儿童交给教育机构，则要冒更大的风险和危险，因为这里没有人能够保证"回报率"，而且大家都清楚地认识到，一个人最珍贵的东西将在这里发生根本性变化。教育是一个转化过程，不仅与技能的发展有关，而且与习性的发展（如好奇心、展示有益的怀疑、对证据的评价）、心智的发展（如参与学习过程）、意志的发展（如面对挑战时的坚持）有关。无论这些技能和习惯是否得到发展，都将不可避免地会对儿童当前的幸福和机能以及未来的机会和选择产生深远的影响。由此，对就学儿童的家长来说，信任是一件非常重要的事情就毫不奇怪了。为了学校和家庭之间形成建设性的工作关系,教育工作者就需要注意那些构成信任的方面,这是在任何情况下管理风险的一个关键方面。

在风险管理中,校长发挥着重要作用,他要努力使家庭与学校间的建设性关系得以实现和增强。学校领导者为建立这些关系创造了框架和结构,并且通过自己的示范为相关的互动奠定了基调。例如,在布鲁克赛德小学,布伦达校长为与家长建立积极关系树立了榜样,并为教师和家长创造了各种社交聚会的机会,让他们能够参与到信任建构的重要对话中。

家庭与学校信任的五个方面

在我开始调查学校信任的本质与作用时,我把教师对学生的信任和对家庭的信任作为相互独立的变量来设想。然而,在编制测量量表时,当要求教师把对学生的信任和对家长的信任分别作为独立变量来填写时,我惊讶地发现教师做出的回答在统计学意义上并不显著。这就意味着,教师并没有明确区分对学生的信任和对家长的信任。对学生信任度高的教师,对其家长的信任度也高;对学生信任度低时,对其家长的信任度也低。我在林肯小学、弗里蒙特小学和布鲁克赛德小学访谈了一些教师,进一步证实了这些统计发现,教师对学生的信任与对其家长的信任是有关联的。戴维是布鲁克赛德小学的一位教师,他解释说,当他认为一个学生值得信赖时,这种信任会由学生延伸到家长。

这可能只是我个人的一个怪论,但对那些赢得我信任的学生家长,我给予他们很多尊重。因为学生的这些品质一定是来自某个地方,我认为是来自其家庭。

学校和家庭之间的信任研究同样辨别出了信任的五个方面,与本书对其他信任关系的探讨的发现一样。要满足个体学生的具体需求,除了仁慈(和尊重)之外,信任还包括诚实、公开、可靠和胜任力。

仁慈

仁慈,或者说对他人幸福的真正关心,涉及信任他人行动的意图,相信他人行动的意图会为给予信任的人实现利益最大化。此外,仁慈还包括把自己珍爱的东西托付给信任的人去照看。例如,在教师与家长的关系中,由于存在权力的动态差异,这会对信任的仁慈特征产生影响。尽管家长会在教师身上寻求一种仁爱之心,以确保教师能够关照其孩子的幸福,但教师更常说教师与家长要相互尊重,而不是仁慈,他们把尊重作为自己对家长信任的基础。

家长对学校的信任,在很大程度上取决于他们对学校工作人员仁慈的感知。家长希望自己能够相信教育工作者会关心他们孩子的幸福,并真诚地希望看到孩子在学校内外取得成功。这对所有学生来说都是真实的,但对有特殊需要的孩子的家长和经济上处于不利地位的学生家长来说,仁慈具有特殊的重要意义,因为他们特别需要依赖学校工作人员的技能和激励。相信教育工作者会关心其孩子的家长都会相信,教育工作者会在其心中始终如一地为了孩子的最大利益着想,他们的孩子也会受到公平的对待、同情和关爱。

当家长充当孩子教育的积极参与者时,他们都会根据教师照看孩子进步的情况以及在必要时为了孩子的最大利益进行干预的情况,形成对教师的看法。通过这些干预,家长可以看见教师的仁慈以及帮助每个孩子的愿望,由此对教师形成积极看法。

在我的研究中,教师对家长是否对其孩子尽到义务是很熟悉的。在判断自己对家长有多大程度的信任时,教师经常提到要看他们对孩子的幸福以及教育的付出。作为教师,他们还需要确定家长是否尊重他们的教师身份。教师很难信任那些粗鲁或无礼的家长。戴维说:

> 如果家长对孩子的教育是真诚的,我通常会信任家长。如果他们进入学校,想要找到一些消极的东西,对我是不会构成威胁的。当他们给我一些积极的暗示或评论,或者一些积极的肢体语言时,我会感到很高兴。对我来说,这是非常重要的,因为沟通渠道越通畅,对孩子就会越好。如果孩子看到你不会对其家长构成威胁,他们就不会对你构成威胁,就会融入这个环节,然后他们会更加自信地参与其中,甚至会跟你分享个人的事情。

当教师感到家长分担了他们为了孩子的最大利益尽心尽责,即使他们偶尔并不认同家长的描述,也会把信任延伸到家长身上。当教师认为学生家长没有把孩子的最大利益放在心上时,他们就会对这些家长感到愤怒,就不会觉得具有与家长建立信任的基础。林肯小学的教师罗布描述了他应对其中一个学生所面临的挑战:

> 我们班上有一个小女孩,她的家长因为某种原因玩游戏,早上不给她吃药。但是只要她 11 点吃了药,她就

没事了。她上午的状态很糟糕。她很沮丧。她吐口水，扔东西，用力拍打，站起来，尖叫着离开教室。有时我都会感到沮丧，但仔细想想，就会明白这并不全是她的错。然后我的愤怒指向了她的家长。我与这个特殊家庭相处了一年多，当这个孩子行为不端时，他们不想被电话通知从家里过来。他们希望把这个孩子认定为残障人，在这个孩子没有被认定为残障人时，他们猛地站起来，愤怒地冲出房间。就我个人而言，我认为他们想要钱。我想他们是在利用这个孩子。我听传言说，他们正在卖掉他们早上应该给她服的药。这个孩子是被收养的，但我怀疑他们收养她的目的。

教师也会有家长亏欠他们什么的感觉，当家长不满足他们的期望时，他们感到受到了伤害或背叛。教师希望家长尊重他们的专业知识，当家长质疑他们的能力时，他们感到很伤心。当家长对教师的关爱表示信任时，教师反过来就会发现，要建立一种合作和相互尊重的气氛会更加容易。教师也希望家长直接与他们沟通，而不是在出现问题时直接去与学校行政部门沟通。克里斯蒂是布鲁克赛德小学的教师，她描述了一件让她烦恼不已的事：一位家长在没有先与她讨论的情况下，直接向布伦达校长抱怨克里斯蒂的课堂上存在纪律问题。

我确实在年初的时候与几位家长存在一些信任上的问题，这事我没有忘记。我一定是在开学的第一天就错了，因为对我来说，纪律的确是一个真实的问题。作为一名教育工作者,纪律问题对我来说是非常令人沮丧的事情。事实上,那个月对我来说真的很艰难,耗费了我很多精力。所以,我们班的一位家长在下午 2 点来了,在我们班里待了剩余的半天。她一直很支持我。她知道这个班的构成,她承认这是一个非常难对付的群体。但她后来竟然(和其他几位家长)去找了校长,说我的班级纪律不好。这一点真的伤到了我,因为当着我的面,她表现得似乎很支持我,谁知她后来却去校长办公室说了这样的话。但有趣的是,一年过去了,她和那几位家长完全改变了对此事的看法。他们说:"哦,我的孩子阅读更好了。"但我仍然记得那件事,因为我觉得在那件事上她处理得不合适。如果她(和那几位家长)先到我这里来沟通此事,而不是背着我去找校长,我会更容易接受这事。

当克里斯蒂得知这位家长的儿子在他先前的学校被称为"捣蛋鬼"时,她更加愤怒。布伦达校长鼓励这位家长直接与克里斯蒂沟通,而且提出如果家长觉得需要帮助,她也可以加入对话。当克里斯蒂看到这个男孩以及班里其他几个问题学生一年内取得的进步,她觉得所有问题都得到了澄清。

作为家长,我们非常相信公立学校,同时也会积极地参与我们当地的学校活动。后来,一位新校长被派到我们学校,他可能没怎么受过行政训练,也没有从事小学教育的经验。同年,我们的儿子被分配给了一位年轻无经验的教师。他们两人都不是在他身上找优点,而是把他看作一个捣蛋鬼和一个大麻烦。他不

断地被送到校长办公室,并在班级同学面前被惩罚和羞辱。他被孤立了,被迫坐在教室之外,包括走廊或者其他教室。当然,随着情况的发展,他变得越来越愤怒,越来越孤僻,做出了更加出格的事。没有人会质疑他的行为可能与学习问题有关,他们会说,如果某些行为是生来就有的,他们是无能为力的。眼睁睁地看着我们可爱、聪明、偶尔顽皮的小男孩被迫变成一个愤怒、充满敌意、不快乐的孩子,真是毁灭性的打击。最后,我觉得别无选择,只能把他从学校接走,然后在家里教他。

——佐伊(Zoe),在家上学孩子的妈妈

诚实

诚实关系到一个人的话是否可信,也关系到他许下的承诺能否兑现。诚实是信任的一个特别重要的方面,因为它被视为个人性格的重要指标。正直是诚实的一个组成部分,它与个人的言行一致性有关。当教育工作者言行一致时,在与家庭合作时就能体现出诚实和正直。例如,如果家长被告知,学校将为一个苦苦挣扎的学习者提供早期干预,随后将定期告知家长学校做了什么,以及学生对干预的反应,那么这种信任就会增强。当教育工作者做了他们承诺的事情,信任就得到了支撑;然而,当教育工作者未能履行承诺,或未能与家长沟通他们所做工作时,不信任就会产生。

真诚是指承担自己行为的责任,是家庭与学校工作人员建立信任的另一个重要方面。那些把责任归咎于他人,而不是自己承担的家长,是很难获得教师的信任的;那些愿意共担责任的家长更容易获得教师的信任。同样,家长也发现,他们更容易把信任扩展到他们遇见的真诚的人身上,而不是那些具有过度防卫之心的人身上,因为家长会感觉他们只是在扮演一个角色。

在我的研究中,虽然教师对学生的信任会受到"他们还是孩子,仍然处在学习如何去认识世界的过程中"这种认知的影响,但是教师对学生行为的观察导致他们对学生的信任和对其家庭的信任界限模糊。有几位教师说,当孩子行为不端时,他们不信任的不是那个孩子,而是其家长。克里斯蒂明确地说:

> 在这个年龄阶段,我觉得如果一个孩子不值得被信任,这是家长造成的。责任真的不在这个年龄的孩子身上。我容易生家长的气,并失去对家长的信任。我认为我不会失去对孩子的信任。我很生家长的气。

我们有一位家长,他在孩子在这里上学的几年里一直非常积极地为学校募捐并提供帮助。但是后来他被发现挪用了部分所筹资金。在那些年里,他挪用的资金金额总计达到了一定数目。报纸上有一系列关于这件事情的报道。我以前总会自豪地说出我在哪里工作。而现在,每当我说出学校的名字,他的事情就成了大家都想谈论的话题。他的犯罪行为遮蔽了我们所做的一切好事。

——艾玛(Emma),媒体专家

公开

教师是学校与家庭之间沟通的最前线。家长依赖这种沟通,因此公开是建立与家庭信任的另一个关键因素。公开是指信息的共享和影响力，它可以使人们更愿意全面分享想法。这种分享可以产生一种更大的意愿，以便为学校改进汇集有价值的资源。另外，公开的交流可以凝聚学校的优势，因为在高信任学校里，很有可能在问题还处于萌芽时期就被分享了，这会使问题更容易解决。

教育工作者让家长参与讨论其孩子的行为表现状况，家长就可以看到教育工作者是如何关心和回应他们孩子的习性和需求的。家长如果能够感受到教育工作者具有那种关爱和能力，就更有可能成为具有贡献的合作伙伴，帮助提供解决困难问题的方案和策略。传统的教师—家长会面会使教师和家长双方都充满焦虑和易受伤害感（Lawrence-Lightfoot，2003）。新技术的出现极大地促进了与家庭的信息分享，比如可以利用网络系统发布学生作业要求和年级手册。这些新技术有助于打开家庭与学校之间沟通的渠道，但是如果在面对面沟通、电话沟通或者两者的结合之前就使用这些新技术，则更有可能形成信任，以建立与家长的融洽友好关系，交流学生的短期和长期学习成功的共同目标，以及辨别家长—教师关系本身的伙伴关系目标。

我正在和一位家长聊我们在课堂上做的一些有趣的事情及她女儿所做的贡献，突然她看着我说："你真的很喜欢我的女儿，对吧？"我说："当然啊！"她说："这正是我所需要的全部。我需要知道，她正在和一个喜欢她的人一起度过每一天。"

——辛迪（Cindy），二年级教师

在布鲁克赛德小学、林肯小学和弗里蒙特小学接受访谈的大多数教师都希望与家长建立伙伴关系,但他们承认,如果没有学生问题需要解决,他们并不经常主动去接触家长。布伦达校长则坚持主张,在因为要解决特定问题而去接触家长之前,每位教师都要与班级每位学生的家长进行积极的接触。布鲁克赛德小学的另一个项目旨在提高教师与家长积极联系的频率,方式是当学生在学校做了值得赞扬的事情时,就给家长寄一张明信片。在布鲁克赛德小学,学生也要参加家庭和学校之间的季度会议,学生甚至会主导会议的部分内容,这项任务虽然具有挑战性,但有助于每个孩子承担起学习的责任,并坚信他们的需求和关切会得到满足和解决。在这种会议上,学生不仅因进步受到直接赞扬,而且已经成为解决任何困难的中心人物。当强调学生的"责任担当"时,每位学生都变得更加"积极能干"。

　　家长与教师沟通的意愿增强了教师与家长之间的信任感。当家长愿意转达其对教师的信任时,这种情绪往往是互惠的。相比之下,当家长对教师说的话感到不满意时,他们就会狭隘地站在自己孩子的一边,因其行为不端而责怪教师或其他学生,导致不信任。林肯小学的教师玛丽认识到,她可以通过表现出兴趣和分享有关自己生活信息的意愿来促进学生和家长的公开。她说:

　　　　无论家长何时出于何种原因来访,我都会花时间与他们交谈,设法了解他们的生活、工作以及他们和孩子一起做了什么事。当我告诉他们我自己的经历时,我想他们会觉得和我在一起比较舒服,因为他们当时说:"哦,你确实很懂!"我就提醒他们说我自己也有孩子。我认为这真的很管用。

与布鲁克赛德小学的教师相比,弗里蒙特小学和林肯小学的教师都说他们学校的纪律更多的是被动回应式的,而不是积极主动式的。他们报告说,家长很少参与到学校里来,或者他们很少与家长沟通,并且注意到,无论什么样的交流,都主要围绕着问题学生的行为。例如,弗里蒙特小学的布赖恩描述了他与一位学生家长努力相处的情况,这位学生在学年初还是一位模范学生,寒假后回校却变了样:充满敌意、不守规矩、邋里邋遢。布赖恩说,他母亲来参加了解决这个问题的头几次会议,但后来便不来了,甚至连电话也不接了。在弗里蒙特小学和林肯小学,教师和家长很少会有社会性接触,即使对相关活动做出了安排,出席的人数也很少。

当学校工作人员对家长和学生的信任度很高时,家长和教师之间的高度合作也会更明显。此外,当学生确信会尊重学校的制度和结构时,当大家相信家长能够与教师进行建设性合作时,决策公开的氛围就可能更浓。当学校工作人员对家长有更高度的信任时,教育工作者在解决问题上的防御性就更少,而且也更愿意分享权力。有了更大的共同目的感,决策上就有了更多的空间(Hoy & Tschannen-Moran, 1999;Tschannen-Moran, 2001)。因此,信任促进了公开的沟通,正如信任是通过沟通来培养的。

一位家有两名中学生的母亲搬进了我们社区。她向我宣布她不打算把孩子送到附近学校去。我解释说,她有法律义务确保孩子接受教育,如果不去学校,唯一的选择是在家里教她的孩子。她宣称这正是她想要做的。但是,当读了我向州政府索要的有关强制性就学要求的文件时,她不得不承认她不准备让孩子在家上学了。当进一步探讨她拒绝送孩子上学

的原因时,她说:"我不信任校长。"我迷惑不解地问:"你刚搬到这里,怎么知道不能信任他?"她生气地回答道:"我知道,因为他就是我上初中时的校长!"

——罗伯特(Robert),社会工作者

可靠

可靠是信任的一个重要方面,因为没有它,你就必须不断地做心理准备,以防人们没有按照你期望的方式来完成任务。即使一方对另一方的善意抱有信心,也不能够获得高信任的益处;而且,如果一方不能确信另一方愿意按照所承诺或需要的去做事,就要付出低信任的代价。例如,家长希望依靠教师和学校其他工作人员及时地反馈孩子的进步和行为,并且希望这种反馈是以既尊重又有帮助的方式来传达的。家长还必须依靠学校工作人员来履行他们在为学生提供干预或服务方面的承诺。正如一个人希望在制定医疗计划时需要进行全面适当的评估,根据证据做出可靠、一致的决策,甚至如不偏不倚的执业医生做出恰当的决策一样,家长也同样期望教育中具有这样的可靠性(Tschannen-Moran,2009)。对于如何最好地教育儿童,开展持续、严格的专业探究,需要各方以参与者的身份一起深思熟虑,以收集支持决策的数据,设计教育措施计划(Elmore,Peterson,& McCarthey,1996;Fullan,2003)。作为教育工作者,教师感到家长的可靠性表现在:不仅确保学生到达学校时做好了学习准备,而且确保学生在家也得到了很好的学习支持,包括确保孩子得到适当的休息,为孩子提供营养的食物,并让其形成对学校和作业的积极态度。

家庭作业是一个经常被讨论的话题。围绕家庭作业,人们通常关心的是它是否可靠,学校和家庭也经常对此有争论。教育工作者经常希望为学生延长学校外的学习时间,要求学生在家中开展延伸学习和实践活动,要么独立完成,要么与家长一起完成。在许多情况下,这些活动提供了家长参与其孩子学习的机会,并会对其孩子的生活做出重要贡献。然而,对处于压力之下的家长来说,当孩子的家庭作业没有完成,或者没有可靠地上交时,家庭作业可能会成为家长与其孩子以及与教师之间的一个战场。

学校对不同家庭的家庭作业完成能力和需求的差异性要敏感一些,对课外完成家庭作业的要求和期待要保持灵活,并提供支持。询问一下家长他们完成家庭拓展性作业的能力和情境,并主动为他们制定家庭作业策略和计划提供帮助,而不是采取"一套方案适合所有情景"的态度,并告诉家长应该做什么,这才是让家长参与学生的家庭作业、让家长更加可靠的正确途径。

胜任力

信任的最后一个方面是胜任力,它是指某人成功完成一项任务并达到预期效果的能力。家长希望确信教师和其他学校工作人员都能胜任各自的工作,因为他们的孩子现在和将来成功的赌注是危如累卵的。他们希望确保孩子的教师不仅精通学科内容,而且拥有教学技能和课堂管理技能。当家长看到教师实施有效教学策略和干预措施后,自己的孩子克服了困难,更有可能相信学校的能力,相信学校能够满足孩子的需求。当教师和学校领导者以家长喜欢的方式掌控自己时,即使是在充满压力的情况下也能控制自己,他们就会表现出自己的胜任力。如果教师或学校领导者在与学生或家长的互动中发脾气,这很可能被视为缺乏胜任力的证据。这也可能会从根本上颠覆家长对学校环境的整体安全感,因为学校工作人员具有惩罚孩子的权力,那些惩罚方式甚至能够影响孩子的整体生活轨迹。换句话说,这种教育方式风险很高,家长进行防范也是正当的。

这反过来也是适用的。在对家长做出信任的判断方面,教师特别关注他们在基本育儿技能方面的胜任力。当教师意识到家长缺乏为孩子提供基本的必要条件、结构和支持的能力时,对家长的信任更是难以建立,这会反映在教师的态度上和课堂动力上。此外,当家长似乎无法控制自己的脾气时,教育工作者也会表现出可以理解的谨慎。

去年,我们班上有一个小男孩,他来自一个贫穷、功能失调的家庭。他是家里五个孩子中年龄最大的一个,每个孩子都是同母异父。他们搬了很多次家。我想,如果他有稳定的生活环境和情感支持,他会很容易学好。他非常好动,总是试图威胁其他孩子,一有机会就会伤害他们。他不尊重其他孩子,甚至不尊重大人。虽然我会因为他的行为而生气,但我对他妈妈更愤怒。我把教导该学生时遭遇的所有的失败和挫折都指向他的家长。他除了从来不曾有过一个正常、稳定的家庭外,没有任何其他毛病。这太令人沮丧了。

——芭芭拉(Barbara),二年级教师

在我访谈的教师中,不时有教师姑且愿意相信家长,对他们的处境表示同情。他们认识到,有些家长对如何管教或照顾孩子是

不知所措的。戴维认识到家长养育任务的复杂性，指出："有些人已经到了不知道该做什么的地步。他们只会说'我试过了，我试过了'。我相信他们只会按照自己能够做的方式去做。"有时候，教师似乎还会对那些不称职家长的教养方式表示愤怒，他们的工作因不称职的家长而变得更加困难。这样的怨恨会产生一种恶性循环，使信任变得难以建立。结果，教师、家长和学生都无法因信任受益。

信任与家庭参与

建立一个儿童需求响应支持系统是学校和家庭的共同责任。富有关爱之心的教师和具有支持力的家庭环境有助于学生内化教育的价值。当家庭支持教师并与教师合作时，学校在培养学生投入并参与学习方面就会更加有效（Ryan & Stiller，1994）。尽管家长对学校的参与在很大程度上被理所当然地认为是学校教育的一部分，但研究人员最近才开始认识到，信任在连接家庭与学校的关系中扮演着重要角色。这些关系中的信任质量及其对学校环境和学生成绩的影响已经变得越来越重要。从广义上讲，这些关系似乎类似于"富人越来越富、穷人越来越穷"的道理。研究表明，家庭和学校之间的信任更有可能在学生成绩较好、学生群体更稳定的学校里发生。在学生数量变动较大、成绩较差的学校，信任更难以建立，相关各方也更难受益于信任。总的来说，对家庭和学校之间的信任研究发现，信任与家庭对学校的承诺、学校对家长服务范围的延伸以及家庭和学校共同承担责任的合作意识有关（Bryk & Schneider，1996）。

教师对家庭的信任

学校通常会对学校与家长的伙伴关系持某种立场,而且学校对家庭的态度因学校文化的不同而有很大差异。一项关于教育工作者对家庭参与的信任的研究发现,教育工作者所认为的重要实践与他们实际行动之间存在巨大鸿沟,这就揭示了应然价值与实然价值之间存在差异(Barnyak & McNelly,2009)。这种差异受许多因素的影响。例如,建立伙伴关系的良好意愿可能会因伙伴关系双方的时间限制而受到抑制。由于学校与家庭的伙伴关系会随着信任水平的变化而上升或下降,学校基于信任水平对家长的态度也会影响这种差异。尽管学校通常表示重视家长的参与,但研究表明,当信任度低或信任关系发展得不好时,学校培育家庭参与的工作可能会更加困难(Bryk & Schneider,2002)。当家长的集体信任度较高时,学校拓展家长参与的工作就更加有力。相反,当教育工作者和家长之间的信任受到损害时,这种发展伙伴关系的意愿和努力可能会受到抑制(Karakus & Savas,2012)。

一些学校注重积极培育家庭参与,教师和管理者的集体态度是开放和欢迎的。在这些学校里,学校工作人员真诚地认为,家庭对孩子的教育发挥着非常有价值的作用。因此,这些学校制定了相关政策,开展了相关实践,形成了与家长沟通的传统,不仅让家长看到他们的参与和投入受到重视,而且让他们看到学校愿意灵活地处理家长参与及遇到的一些障碍,如家长的工作安排问题、年幼子女照看问题等。然而,在许多学校,虽然也提倡家长参与,看重其价值,但现实完全不同,其基调根本就不欢迎家长的参与。除了被要求依据校规做出行动,如帮助完成家庭作业、参加家长—教师会议等,这些学校的家长被看作教育过程的一种障碍,而不是学校必不可少的一部分和一种帮助(Epstein,1988;Henderson & Mapp,2002;Mapp,2004)。家长们甚至被视为爱管闲事的人,干扰了学校重要的教学工作,或者被视为自认为比教育工作者更了解如何教育学生的人(Lareau & Horvat,1999)。在这种情形下,家长和学校之间的敌对性可能会很高,信任度却很低。

教育工作者自己不愿意与家长接触,也可能是因为他们对自己与家长建立信任桥梁的能力缺乏信心。这或许是由于他们建立伙伴关系的意图是好的,但并不知道如何有效地建立这种伙伴关系。自我效能感强的教师与集体效能感强的学校更可能倾向于为家长提供支持,并在学生教育中邀请家长作为合作伙伴(Bandura,1997)。此外,研究发现,具有强烈集体效能感的学校更有可能催生家庭和学校之间频繁而富有成效的交流(Epstein,1988)。一项对城市小学的组织信任研究发现,家长对教师教学计划和实施行动能力会促进学生成功的信心越大,教师的自我效能感就越强(Hoy & Tschannen-Moran,1999)。这种信任有助于在家庭和学校环境中培养更强大的学习动力。

作为一种更深层次的家庭参与形式,家长与教师之间合作解决问题的方式也与教师信任相关联(Karakus & Savas,2012)。一项关于城市小学的研究显示,在家长合作参与学校决策方面,教职工对家长和学生的信任显然可以解释近三分之二的差异量(Tschannen-Moran,2001)。这一发现表明,信任家长的教师数量越多,家长参与决策和影响学校重要决策的可能性就越大。此外,研究发现,校长、教师、学生和家长之间信任的广泛传播,可以预测所有利益方进行更广泛合作的趋势。在这项对各种信任形式进行的专门研究中,教师对学生和家长的信任对预测合作变量影响最显著(Tschannen-Moran,2001)。因此,在所有选民信任水平高的学校,家长参与决策过程的可能性更大。

无论教师和学校领导者对家长的信任水平是高还是低,家长都是心知肚明的,因为信任的态度是不容易伪装的。因此,教育工作者向学生和家长表达的信任,将为他们之间关系的发展奠定重要基调。当学校把高信任扩展到家庭时,家长就会把信任回馈给教师和整个学校共同体。相反,教师对学生和家长的信任度低,可能会引起家长的普遍怀疑甚至轻视。

家长对学校的信任

虽然家长信任对学校直接影响的研究非常有限,但这些有限的研究也能揭示一些重要发现。在探讨影响家长参与的因素中,尤其是那些处于经济困境的家长,相关的学校因素已被发现具有重要影响(Abdul-Adil & Farmer,2006;Henderson & Mapp,2002;Mapp,2004)。在芝加哥学校研究协会开展的一项研究中,210所学校的教育工作者接受了调查,目的是辨别出那些正在不断改进的学校的共同特征。研究发现,排名前30学校的家长—教师关系要显著强于排名后30学校的家长—教师关系,且差异显著。作者因此得出结论:作为衡量家庭与学校关系质量的信任,是学校改进的关键因素(Payne & Kaba,2001)。

家长和社区成员如何看待和对待学校工作人员已成为影响教育结果的重要因素。也就是说,把他们看作提高学生成绩过程中具有价值的人,而不是把他们看作负累多余的人,其结果在研究中已经得到证实。例如,亨德森和迈普(Henderson & Mapp,2002)

的研究结论是：当学校共同体欢迎家长进入学校，培养了与家长之间的关爱与信任关系，尊重他们的参与，通过关注儿童及其学习与家长建立联系时，家长就更有可能参与到学校中来，并最终对学生产生积极影响。佩恩和卡巴（Payne & Kaba，2001）则进一步指出，对学校共同体的信任程度，包括学校教师之间关系的质量以及学校教师与家长之间关系的质量，不仅能够预测学校环境的质量，而且能够预测其教育成果。

研究发现，家长的信任在不同学校之间有很大差异（Adams，Forsyth，& Mitchell，2009）。幸好，信任是不依赖于社会和情境的挑战的，各种情境中的学校领导者只要通过调整政策和做法来满足家长的重大关切和需要，就都能建立和维持家长的信任。这样做，就可以降低家长在家庭—学校关系中的脆弱性和风险。信任是在家长和教育工作者的社会交往以及家长与教师相互满足彼此期望和责任中发展的。

多项研究发现，家长对教师的信任度要高于教师对家长的信任度（Adams & Christenson，1998，2000；Van Maele，Forsyth，& Van Houtte，2014）。小学阶段家长和教师对学校的信任度要高于中学阶段的家长和教师，且中学阶段家长的信任度明显低于小学阶段家长。值得注意的是，那些自称对学校信任度低的家长比那些自称对学校信任度高的家长参与学校活动的频次少（Adams & Christenson，1998）。学校接收的需要特殊教育服务的学生数量会导致家长对学校的信任产生显著分化。其孩子接受了更高水平的特殊教育服务的家长会更信任学校。研究人员推测，除了特殊教育服务本身带来的好处，另一个原因是家庭和学校之间有了更多的互动和交流。在高中阶段，成绩方面的指标，如学分数量、平均成绩积点（GPA）以及出勤率，都与家长的信任存在显著相关（Adams & Christenson，2000）。

沟通

就家庭与学校之间的沟通而言，沟通质量似乎比沟通数量更重要。一项对家庭—学校关系的信任研究显示，家长—教师互动的语气与乐于助人的风气，比相互作用的频率更能预测信任（Adams & Christenson，2000）。改善家庭与学校之间的沟通质量，最好的方式是在家庭与学校之间建立信任关系。在建立信任的过程中传递尊重的信号，要比定期联系更重要，尽管后者也很重要。当家校互动的规律性下降到某一临界阈值以下时，关系本身的质量就开始受到很大损害。因此，质量和数量是沟通的两个重要方面，其中质量是关键。

当家庭—学校伙伴关系的目标直接指向改善学生教育结果时，这一伙伴关系就提高了学生成功的概率（Adams & Christenson，2000）。此外，非常重要的是，合作伙伴要以理解和信念为运行原则，家长和教师要共同承担教育结果。这一沟通取向会促进双向的交流，并促进家长对教育活动的参与。要培养教师采纳家长观点的技能，例如，在他们与家长接触过程中采取不批评、不责备的立场；要给家长提供一系列选择，使家长可以进行有意义的参与，这也有助于建立家长—教师之间的高信任关系。总之，定期开展高质量、相互尊重的沟通交流，是学校领导者的一项核心任务。

伙伴关系与合作

当教师和校长认可并重视家长作为其子女教育与发展的合作伙伴时，家长参与子女教育的愿望就得到了加强。家长是否认为他们具有发言权,并能影响学校决策,以及他们的孩子是否有学校归属感,这些都会影响家长对学校的信任程度,其对信任影响的强度要远远大于背景条件的影响,如学校的贫困状况、学校规模、多样的种族构成以及年级水平(Abdul-Adil & Farmer,2006;Adams,Forsyth,& Mitchell,2009)。这就表明,学校领导者可以通过调整政策和做法来建立和维持家长的信任,对家庭的需要做出回应,并减少他们在家庭—学校关系中感知到的脆弱感。

鉴于那些低绩效学校与其周边学校和社区之间长期存在误解和不信任,要在低绩效学校发展有效的家庭和社区参与,常常必须先努力加强信任的重建。促进学校—社区关系的改善,培养家庭和学校工作人员之间的信任与合作,这些努力可为家庭和学校之间建立有意义的伙伴关系提供必要的基础(National Policy Forum for Family,School,and Community Engagement,2010)。建立这种伙伴关系是学校领导者的首要任务。亚当斯(Adams,2010)说:"在缺乏信任的情况下,个人会从关系网络中撤离出来,以让自己免受潜在的负面结果的影响。"(p.265)学校领导者注重培养伙伴关系与合作精神是至关重要的,因为这些因素对提高学生成绩具有重要意义。

每当我们在学校里举办活动,校长都会开车到活动现场。我们有很多学生都住在校长家附近,她会缓慢地通过街道,等着孩子和家长出来,搭她的便车来学校。当她的车坐满了人时,她就会开车送他们去学校,然后再回去接另一些人。

——佩奇,小学教师

学生成绩

越来越多的研究已经证明，家庭和学校之间的相互信任对学生成绩有着重要作用。大量研究已经指出家庭与学校之间的关系对提高学生学习成绩的影响方式（Conway & Houtenville，2008；Henderson & Mapp，2002；Jeynes，2005），甚至把学生的认知能力和家庭社会经济地位也考虑进来，该研究的结论也被证明是真实的（Epstein，1988；Mapp，2004；Purkey & Smith，1983；Westat and Policy Studies Associates，2001）。例如，在对城市学区一所小学的数据分析中，彭妮卡夫（Pennycuff，2009）发现，当家长信任学校工作人员时，他们更有可能参与到学校中来，到学校来发挥作用，如出席家长—教师会议、参加学生的表演活动。他们也更倾向于认为学校对孩子来说是一个安全的地方，学校非常重视学业。通过促进参与、增强安全性以及重视学业，甚至是在控制学生家庭社会经济地位对学生成绩影响的情况下，信任还促进了学生阅读成绩的提高。

家长向学生传递他们对学校的态度，这可能是家长对学校信任最有力的衍生物。在对初中学校的家长参与研究的一项元分析中，希尔和泰森（Hill & Tyson，2009）发现，尽管几乎所有形式的家长参与都与学业成绩呈正相关，但家庭中那些反映学业社会化的策略与学生成绩的相关性最强。两位作者认为，价值观的社会化和承担学业的责任与青少年早期发展阶段和发展任务是一致的。同样，亚当斯（Adams，2010）则为这种形式的社会化创造了一个短语，称为"重视学业的家庭"（home academic emphasis），发现如果家庭非常重视学业，学生更可能信任教师。

社会经济地位和种族的多样性

　　关于学校中的社会经济地位和种族多样性对教师与家庭信任关系的影响,已有研究提供了一些较为混乱的结论。拉鲁(Lareau,1987)断言,社会阶层能够在很大程度上解释学校所期望的与家长建立伙伴关系方式的差异。有一项研究发现,接受免费或打折膳食的学生比例,能够解释学校间信任水平近三分之二的差异量(Goddard et al.,2001),表明低社会经济地位对学生、家长和教师之间的信任关系会产生负面影响。与此相反,另一项研究发现,家庭的收入水平、民族特征以及学生就读特殊学校或接受常规教育,对家庭—学校信任关系的质量没有显著影响(Adams & Christenson,2000)。

　　种族和民族特征与社会经济地位的结合,则使家庭与学校之间的信任关系更为复杂。在同一样本的统计分析中,当检验社会经济地位与种族或民族特征等影响因素时,发现家庭与学校的信任关系受社会经济地位的影响比受种族或民族特征的影响更大(Goddard et al.,2001;Van Maele et al.,2014)。这一发现说明,贫穷阻碍了信任关系,因此,与低社会经济地位家庭打交道的教育工作者根据信任的各个方面去与这些家庭建立关系尤其重要。与家庭建立信任很重要,原因还在于研究发现,信任与学业压力以及教师的集体效能感显著相关,而这些又与学生的成绩显著相关(Hoy,Tarter,& Hoy,2006;Kirby & DiPaola,2011)。在对种族、性别、社会经济地位和过去的教育成绩等变量进行控制后,研究发现,教育工作者对家长和学生的信任具有足够大的潜能,足以战胜贫困对学生成绩产生的负面影响(Adams & Forsyth,2013;

Goddard et al.，2001）。

　　这样来说,信任在贫困社区最为重要。然而,社会阶层、种族和文化差异对培养家庭与学校之间的信任提出了挑战。在一项关于家庭与学校之间关系的研究中,拉罗和霍瓦特（Lareau & Horvat，1999）检验了种族的动力因素,他们发现,教育工作者如何认识他们吸引家长参与所做的努力,与黑人和白人学生家长如何认识这些努力之间,存在显著差异。教育工作者认为,他们非常欢迎家长的参与,并相信他们对家长参与的要求是有效的,对取得更好的成绩达成了共识,但家长对这些努力有不同的认识。从家长的角度看,教师要求他们不仅要积极参与和发挥支持作用,而且要不容置疑地信任教师的判断和评价。家长认为,教师更倾向于要求家长顺从他们,毫无质疑地接受他们对自己孩子的意见。许多黑人家长感到,这种狭隘的接受行为框架把他们排除在外了。他们对种族关系具有敏锐的感觉,而且这些种族的动力因素弥漫在学校的方式导致黑人家长得出这样的结论：他们为儿童辩护的尝试被认为是破坏性的或不可接受的。参加这项研究的白人家长对学校没有呈现出与黑人家长一样的怀疑、不信任和敌意。然而,即使在黑人家长中,也存在如何对待他们所关注事项的社会阶层差异,中产阶级黑人家长比低收入黑人家长更有可能找到被教师所接受的为他们孩子的需要而辩护的方式。身为工人阶级的白人家长与学校也会有冲突,但这些家长更倾向于关注自己孩子的体验,会与某位教师讨论这个问题,而不是关注学校整体。

　　学校服务的学生人口越来越多元,这可能需要更加特别努力地去培育与家长之间的信任关系。芬德斯和刘易斯（Finders & Lewis，1994）对拉丁裔家长进行了访谈,他们希望把自己的孩子纳入学校教育中，并与学校建立积极的、建设性的关系。然而，语言和文化障碍问题、工作时间的冲突，以及源于拉丁裔家庭成员自己负面体验的态度，都为培养拉丁裔家庭与学校之间的信任关系制造了障碍（Linse，2010）。在一所以拉丁裔学生为主的城市小学里，佩娜（Peña，2000）发现，家长的参与度会受到学校工作人员态度的极大影响。她强调，学校工作人员的欢迎态度、愿意花时间去赢得家长的信任、告诉他们如何参与都是非常重要的。当学校工作人员努力想方设法克服家长参与的诸多障碍，如缺乏儿童保育资源的可获得性、语言差异以及有色人种家长希望与学校工作人员互动方式的文化影响力等，就能表现出尊重和仁慈。采取积极主动的措施去培养信任，对那些受教育水平低于教师的家长来说更为重要。

当与教育工作者交谈时，我经常听到的话是："我们希望能找到让家长参与更多的方法。"但是，作为家长，我从学校得到的信息是："走开，走开，走开！"

——马克（Mark），两位小学生的家长

培育学校与家庭间的信任

教师对学生的信任与家庭的信任有着密不可分的联系。因此，如果我们希望与学生建立更高水平的信任，以获得第七章所描述的信任的回报，就必须努力提高与家长和其他家庭成员的信任水平。家长参与是一个会受到教师和学校领导者实践影响的变量。要培养学校与家庭的信任和尊重关系，就要先改变学校工作人员的态度,以使他们认识到教师和家长共同工作的优势,并接受家庭—学校伙伴关系的哲学理念(Henderson & Mapp,2002)。

通过有益的互动,教育工作者可以提高他们与家庭关系的信任水平。让家长感到受欢迎很重要,这常常要求学校管理人员和工作人员能够采纳不同观点。充分考虑家长的受教育水平、语言、文化和家庭状况也很重要。大多数家长,无论其收入、教育或文化背景如何,都会投资孩子的学习,并希望他们能够做得更好。能够认识到这一点,是一个有益的开始(Abdul-Adil & Farmer,2006)。即使家长不能来学校,教育工作者也要认识到,家长在家里对孩子的帮助也是对学生学习和成长的宝贵贡献。教育工作者应设计有效的方案来支持家庭,通过提供一系列的参与机会,支持家庭去指导他们孩子的学习。只要有可能,教师也应该有意识且直接地认可家庭支持学生学习的一切努力,无论是在学校、社区还是在家里。

学校领导者可以促使教师规划和组织家长活动,包括通过重视教师鼓动的重要性,以及给教师时间来确定让家长参与进来的最佳方式。在规划活动以促进家长参与时,教师应考虑家长的兴趣和需要。那些成功吸引来自不同背景家庭参与的学校,都有三个关键的做法。首先,他们关注在教师、家庭和社区成员之间建立信任、协作关系;其次,他们能够认可、尊重和处理家庭需求以及阶层和文化差异;最后,他们接受了一种权力和责任共享的伙伴关系的哲学理念(Henderson & Mapp,2002)。对低收入家庭的特殊挑战做出回应是非常重要的,因为他们面临的问题往往是压倒性的。教育工作者需要认识到,在学校与家庭之间建立信任,特别是与低收入家庭进行合作时,保持灵活性和创造性是非常重要的。

即便如此,那些把自己的精力投入到学生身上的教师,想让自己的关心和工作得到家长的认可和分享,是可以理解的。他们希望学校和家庭目标一致。因此,教师努力与家长建立信任,与家长交流自己为了所有学生的学习和成功所做贡献,是非常重要的。教育工作者需要向家庭展示,他们不仅会关心学生,而且能胜任培养学生学习的工作。教师应公开分享他们的教学方法和做法。让家长针对特定孩子目前的表现水平以及教师推荐的提高成绩的教学策略和方法,参与公开和诚实的讨论,这些都将有助于家长成为教育过程中珍贵而有价值的伙伴。请求家长的投入、探讨可能性、分享研究、征求专家意见以及探索其他改进方法,这些都是教师与家长建立信任框架的组成部分。当人们清楚地意识到建设高信任关系的重要性,并付诸行动时,教师和家长就可以成为努力帮助年轻人学习、成长和发展的成功伙伴。

今年,我们在部分学校安排了家庭支持人员。家庭支持人员与家长单独接触(不包括参加学校的活动)的平均次数为525次。这足以说明他们为缩小分歧与家长沟通的频繁程度!在一所拥有大量西班牙语人口的学校里,我们雇用了一位西班牙语流利的女士,这使学校发生了巨大变化!学校已经大大改善了逃学情况,包括迟到和早退,而这一切仅仅是通过让家长了解到其孩子缺少了多少学习时间。而且,他们还通过家长专题研讨会和其他活动促进了家长的参与。由于这些家庭支持者赢得了家庭的信任,学校得以了解并能够回应以前看不见的诸多家庭需要。

——玛丽·贝思(Mary Beth),第一条款协调员

付诸行动

作为校长,你通过对家庭的态度和行为的示范,为与家庭建立信任关系确定了基调。一项为期五年的研究项目研究了芝加哥公立学校中的信任、尊重和关怀的社会品质。研究认为,具有促进教师和家长参与学校重要决策的领导风格的校长获得了更高水平的信任(Bryk & Schneider,1996)。同样,在城市学区的家庭中,家长对学校管理的信任,与家长对教师的信任、家庭参与,以及家长对学校安全和学业压力的认识存在强相关(Pennycuff,2009)。而且在俄亥俄州 97 所高中的研究样本中,那些信任校长的教育工作者也更倾向于信任他们学校的家长和学生(Hoy & Tschannen-Moran,2003)。这些研究清楚地表明,你为学生和家长树立的信任示范,就像池塘里的涟漪一样,会不断向四周扩散。

你可以通过为教师创造结构和机会,使其可以与家庭一起积极且富有成效地解决问题,进而培养教师、学生和家庭之间的信任关系。如果你想与家庭建立信任的桥梁,还必须展示与他们分享权力的意愿。起点是要确保所有家长、学校工作人员和社区成员都明白,你把教育儿童看作一种合作性的事业。要实现这一目标,开发教师与家庭合作的能力是很重要的(Henderson & Mapp,2002)。教育工作者要与家庭建立信任,建议之一就是要为家庭提供帮助,以让家长对教育自己孩子的能力有信心。当教育工作者与家长讨论教学策略,以帮助他们成为孩子的教育合作伙伴,这就成了一个具有促进作用的过程。同样重要的是,要对学校所服务人群的敏感性和价值观做出文化意义上的回应,就需要培养大家理解相关知识的能力,因为大家需要努力向那些母语不是英语的家长表示欢迎。

为了增加建立家长信任的机会,教育工作者必须找到让家长参与的方法,要把家长作为学校共同体值得信赖的伙伴来对待,而不是把他们作为对手或消费者。校长需要确保自己和学校的教师是可靠的,坚持兑现对学生和家长做出的承诺,在与家庭的交往中恪守诚实。为了避免冲突而隐瞒重要信息,或者告诉半真半假的事实,彻头彻尾地撒谎,从长远来看,这些只会损害信任。

当教师不被家长尊重时,会经常要求校长予以干预。当校长能够在这些困难情境中进行建设性干预时,就能够有助于发动信任建设或重建过程。如果校长以一种不合适甚至是不尊重的方式抱怨某位或某些家长与学校或孩子的教育发生关系的方式,就会让学校里的其他成年人认为抱怨是一种思考、感觉和交谈的适当方式。它还可能传递一种挫折感,使人产生这样的印象:你怀疑自己带来建设性变革的能力,而且不知道应该怎么做,这可能会损害你所在学校教师的集体效能感。

当家庭没有像预期的那样支持自己孩子的学习时,他们需要的是善意和理解,而不是武断和蔑视,以培养能够支持相互尊重和信任的规范。家庭也需要受到指导,要知道他们可以做什么,以支持其孩子在未来可以更有效地学习。学会使用教练辅导的方法,可以帮助你减少家长们的防御意识,他们的防御意识常常会干扰富有成效的谈话（Tschannen-Moran & Tschannen-Moran，2010）。学校领导者通过邀请家长和教师以尽可能坦率和直接的方式描述受到关注的学生行为的原因，避免评判性的言辞和语气，就能够以寻找优势的方式取代指指点点的方式；教育工作者通过与家长和其他家庭成员建立情感联结，接纳他们在特定情况下的感受和需要，就可以致力于形成相互理解的意识和共同的事业感；教育工作者通过寻找优势——特别是在优势不明显的情况下——可以鼓励学生和家长发展提高自己能力的意识；教育工作者通过提出想象和设计可能向前推进的新方法的邀约，而不是采用命令式的言辞和说法，就可以增加合作的可能性和家长的创造性反应。促进合作应该是教育工作者、家庭和学生之间每一次对话的目标。这正是培育学校与家庭的信任的好处。

本章要点

- 家长最需要确信的是，学校工作人员会精心地致力于孩子们的幸福，并在履行他们对学生的承诺上是可靠的。家长还希望确信的是，学校工作人员有能力履行他们的重要使命，他们在与学生和家长的交往中是诚实的。
- 对教师来说，信任学生和信任家长之间的界限是模糊的。当他们不信任学生时，往往也不信任家长。
- 教师希望自己的专业能力受到尊重，他们对学生的关心得到认可。

- 教育工作者与低收入家庭之间,或者与和自身文化背景不同的家庭之间要建立信任的桥梁可能会更加困难,因为双方都不太相信他们拥有相同的价值观和道德标准。
- 教师和校长都要努力与学生家长进行更公开、更频繁的沟通,并为家长参与决策提供更多的机会,这些是与建立更高水平的信任紧密相连的。
- 教育工作者对家长和学生的信任能够产生足够强大的力量,足以战胜贫困对学生成绩的负面影响。
- 校长可以采取积极主动的策略来支持学生的成功,并与家长建立积极的联系,从而为与家长建立信任关系奠定基调。

反思与讨论题

1. 你学校的什么活动能够成功地让家庭参与进来?这种积极的效果是如何取得的?
2. 你学校的家长是如何作为教育过程中有价值的伙伴而受到欢迎的?
3. 对于那些在抚养孩子方面面临挑战和复杂任务的家长,你学校提供了什么支持?
4. 你能采用哪些具体策略来使家长和社区成员相信你是关心学生和值得信赖的?
5. 如果你拥有必要的时间、人员和资金,你希望看到学校与家庭之间建立什么样的桥梁?

第九章

修复破损的信任

> 管住自己的思想、脾气和语言，你就会很少有遗憾。
>
> ——匿名

当谈到修复破损的信任时，就会有好消息和坏消息之分。好消息是，受损的信任可以修复。坏消息是，信任修复是一个艰巨的过程，需要谦虚和努力，并可能需要很长一段时间。修复信任所需的东西，正是最初导致信任中断的东西。不论不信任是源自认为受到侮辱而伤了自尊，或是由于规则或规范被破坏而衍生出的一种觉醒，还是因为认识到在基本价值观方面存在的真正差异，这些问题都是修复信任需要注意的问题。在任何一种情况下，要与你具有共同利益的人从不信任转变为信任，最开始都离不开对话。这种对话最好从清晰描述引起彼此不信任的具体情况开始，避免评价性、判断性或指责性语言，同时说出你对所发生事情的感受和你的需要。这样的对话绝不是轻松或愉快的；你愿意发起或者致力于这样一种对话，是一种能够表明你很在意彼此关系的具体且有力的方式，也是修复破损信任的唯一方式(Solomon & Flores, 2001)。

为达到这样一种目的，在进入这样的对话过程时，要识别失望与背叛之间的区别，这点很重要。教师可能会对校长的某个决定很失望,因为这个决定不是他们喜爱的选项,但是意见不同并不构成一种背叛。背叛是一种故意的行为,对被害者造成了可能或者实际的伤害。此外,失败是人际关系不可避免的一部分,因为人总是不完美的,是容易犯错的。所罗门和弗洛里斯(Solomon & Flores,2001)告诫说:"把失败和背叛相混淆,就相当于把你自己限定在没有创造力、没有创新性、没有冒险性、没有亲密感、没有信任以及完全没有生活的状况。"(p.130)如果是因为失败、缺乏可靠性,或者说是因为个人目前不能胜任手头的工作而失去了信任,这或许会、也或许不会构成一种背叛。背叛的含义是:由于缺乏足够的关怀而缺乏持续的坚持,或者通过不诚实的行为来隐藏自己的无能。因此,相比一个人偶尔缺乏善意,背叛就成为修复信任过程中更为严重的问题,也是一件更加难以克服的事情。

信任修复

在经营学校的过程中,校长经常发现自己陷入进退两难的境地,一个委托人的需要常常会与另一个委托人的需要相冲突。作为中层管理人员,他们经常被夹在中间,要在学区中心办公室的倡议、命令与适应教师和学生的需要之间求生存。即使是在一所特定的学校,也有许多相互竞争的利益需要平衡,就好像每一个可能的行动路径都可能会以某种方式损害这个或那个群体的信任。布伦达校长发现自己正处于这种情境,当时布鲁克赛德小学所在学区的工资谈判陷入了僵局。工会号召教师们对学区施加一种"按章办事"的压力,这就意味着他们只按照合同文本履行规定的义务,而不去做任何合同之外的事。这可能是工会最有力的策略之一，因为学校要有效地运行和更好地为学生服务，就需要依赖教师们做出许多远远超出最低义务限度的工作。凯茜对布伦达校长和教师们所处的困境做出了解释：

> 根据学年初的合同"按章办事"，我们就不需要参与放学后的会议。但是，接下来，我们进行了一场关于"年级晚间活动"的大讨论，因为这个晚上要安排家长与教师一起谈论教室里将要发生的事。布伦达校长非常想安排这场活动，所以我们让步了，因为我们理解她的理由。她带着一颗恳求的心来找我们。她告诉我们，她不会强迫我们做事情，而只是讨论。我们说知道她的出发点，所以让步了。我不知道我们是否应该这样做，但我们的确这样做了。

由这场冲突引起的强烈感情使布伦达校长与教师关系紧张。有些人认为，不应该要求他们在对工会忠诚和对布伦达校长及学校的忠诚上二选一。这些教师觉得，这是他们对布伦达校长期望的关爱的背叛。六个多月后，人们仍然能够体会到这种关系变化造成的影响。凯茜继续说：

> 就在上周，有人说："不管她为我们做了什么，她仍然是一位管理者。"尽管她非常看重我们，并且会为我们需要的东西做出让步，但她仍然需要经营她的学校。这是很艰难的。这也是我在这里唯一感到不舒服的时候。

这场冲突的结果是,布伦达校长必须负责修复受损的信任,并修复与教师之间的关系。

信任修复是一个双向的过程,每一方都必须认识到,从相互关系中获得的短期或长期利益都是足够有价值的,为信任修复投入所需时间和精力是值得的。信任修复需要每一方都做出决定,恢复这种曾经满足需求的关系,可能要比寻找其他方式来满足这种需求的关系更加可取(Hurley,2012;Lewicki & Bunker,1996)。背叛者与受害者在信任重建过程中具有不同的作用和责任。信任修复通常由受害者发起,受害者会与背叛者以语言或非语言方式进行面对面交流,使其认识到那种被背叛感。它也可以由背叛者发起,他们感到悔悟,并希望恢复正常关系。不管信任修复过程是如何开始的,背叛者都可以采取四种方式寻求宽恕,称为"4A 赎罪法",即承认错误(admit)、真诚道歉(apologize)、请求宽恕(ask for forgiveness)、修正做法(amend your ways)。布伦达校长要求教师按照计划进行"年级晚间活动",而不是在劳动争议解决后重新安排时间举行活动,有些教师认为这样做不合适,他们以微妙或较直接的方式让布伦达校长知道他们并不情愿做这件事。最终,布伦达校长在一次教师会议上提出了这个问题,以澄清真相,消除隔阂。她处理这种情况的方式很好地说明了"4A 赎罪法"如何发挥效用,以及这些方法为什么值得尝试。

承认错误

背叛者首先必须承认所发生的冒犯行为及造成的伤害。背叛者首先要认真倾听受害者的心声,这是尊重的标志,同时表示自己有重建关系的意愿。只把伤害当作微不足道的事来消除,这是对受害者的感受以及受害者可能要面临的风险的不尊重。布伦达校长明确说出了要讨论的话题,她注意到教师们的态度和行为变化,这也证明了她的怀疑,教师们仍存在未解决的情绪问题。当该学区其他所有学校都取消了这项活动,她却决定继续进行时,就把教师们置于困境之中。她倾听教师们分享的困难处境。教师们报告说,他们通常会很自豪地说自己在布鲁克赛德小学任教,但在这件事情期间,他们从其他学校的教师和工会那里得知,他们因学校破坏了规矩而成为被攻击的对象。

在承认错误行为的过程中,背叛者要对其行为的影响负责。背叛者不仅必须承认自己造成了这个事件,而且必须承认这个事件以某种方式在某种程度上具有破坏性这一事实。即使伤害不是故意而为的,但背叛者仍需要承认,事件展开的方式使受害者在某种意义上和某种程度上感觉受到了伤害。那些企图立即缩小冒犯行为影响范围的人会找借口,或者将责任推卸给某个人或其他事情,这会引起人们的挫折感和警惕,而不是发出一种重新建立信任关系的信号。他们应该将在自我保护方面花费的精力更好地放到面对他们所造成的伤害并寻找解决方案上。在实际伤害发生时企图开脱自己,以减少愧疚,这往往会妨碍信任的重建。有人指责布伦达校长想在预定日期继续进行"年级晚间活动",是因为她强烈地希望以此来提高自己的声誉,并希望在学年初与家长进行良好的沟通。尽管布伦达校长因这样的指责而在精神上被刺痛,但她对那些质疑她献身于学校的人,既避免了表面上的防御,也避免了猛烈的回击。她也没有提醒教师们她已经把最后的决定权留给了他们。相反,她为自己的应对方式承担了责任,她承认她的要求迫使教师感到他们必须在一个忠诚两难的情境中做出艰难的抉择。

真诚道歉

道歉不仅意味着承认造成的伤害，承认自己的行为加深了伤害，而且意味着承认自己对这种伤害表示遗憾。一个人愿意为自己的行为造成的不愉快后果道歉，可以增强人们的信任（Greenberg，1993；Konovsky & Pugh，1994）。所罗门和弗洛里斯（Solomon & Flores，2001）曾提醒我们："道歉是一种对自我救赎意图的说明，是关于如何做到这一点的对话的开始。"（p.133）布伦达校长为自己做出推进"年级晚间活动"的要求和决定道歉，因为这种要求和决定在校内引起了争吵并伤害了感情，降低了教师们作为布鲁克赛德小学教师的自豪感，他们对学校的忠诚一度成为整个学区同行的笑柄。由于劳动争议没有被无限延长，这个受到质疑的事件发生不久，劳动争议就得到了解决。布伦达校长承认，她本可以在不伤害家庭—学校沟通的情况下重新安排"年级晚间活动"的。

在某些情况下，道歉就足以使关系恢复正常，因为在承认错误的过程中，存在一种隐含的暗示，那就是他会在未来努力避免重蹈覆辙。但是，背叛者不应该认为道歉就会自动清除已经造成的伤害。仓促草率地得出"现在一切都很好"的结论，违背了那种支撑信任关系的关爱意识，也是没有严肃认真地重视另一个人的感情和需求的表现。背叛者主动请求宽恕，并表示愿意修正自己的错误，通常是很重要的。

请求宽恕

如果要修复信任，就需要某种形式的宽恕。宽恕可以引起根本的转变，但要做到这一点并不容易，尤其是当造成的伤害很大时。宽恕是受害者向背叛者伸手示好的过程，以及表示愿意在相互依赖或具有脆弱性的情况下再次降低自己的警惕的过程。宽恕不仅仅是一种心态，它还是一种行动，或者一系列行动，一种与背叛有关的感情的仪式化释放。当背叛者明确要求给予宽恕时，更容易得到宽恕。所罗门和弗洛里斯（Solomon & Flores，2001）讨论了宽恕过程中口头陈述的重要性：

> 宽恕并不总是必须在公共场合中予以口头表达和正式表达的，但在实践中，这确实是经常发生的事情。例如，一个人可以通过一两个举动向背叛者表明自己已经原谅了某种背叛，就好像没有发生什么事情一样，尽管这样做存在可信度上的问题，因为这种行为很可能被解释为只是一种诡计，以欺骗背叛者降低自己的防御，以用某种同样有害的方式扯平彼此的伤害。或者再如，缺乏明确的宽恕表达，可能表明被背叛者根本就没有把某种特殊背叛或背叛者当回事。出于这样的原因，采取明确的口头语言表述，如常说的"我原谅你"或"忘记它吧"等，是特别可取的。（p.140）

宽恕可以修复信任，但它可能不会让彼此的关系恢复到之前的状态。即使受害者愿意为恢复关系主动表示宽恕，也不可能忘记所发生的事情。甚至几十年后，受害者仍然能够经常回忆起所发生的重大背叛的生动细节（Hurley，2012；Jones & Burdette，1994）。然而，下面这种情况也是有可能的：如果背叛只是被牢牢地锁定在过去,并以宽恕战胜了背叛(但不能抹去),那么,随后通过对相互关系的动力予以更多关爱和关注,反而可能加强和深化双方对相互关系的承诺和信任(Solomon & Flores,2001)。

修正做法

因为修复信任所需条件是由受害者决定的,所以决定未来关系的权力握在受害者手中。信任的修复通常需要采取具体的修复行为,以表明背叛者重建关系的愿望是真诚的,并且背叛者要表现出愿意为此承担一定的个人损失。背叛者提出的由受害者决定修复信任条款的公开提议,比具体目标的提议更强有力(Hurley,2012)。由受害者确定的信任修复行为,在背叛者看来可能是合理的,也可能是不合理的,这会导致背叛者愿意或不愿意满足那些修复行为。如果采取了这些修复行为,受害人便有机会在背叛者执行这些行为过程中,对其是否履行了自己的承诺做出判断。修复的过程也为背叛者创造了弥补自己造成的伤害的机会,使自己不再内疚,不管这种伤害是有意的还是无意的(Lewicki & Bunker,1996)。

受害者也有可能拒绝接受重新建立关系的任何行动、条款或条件。受害人可能会认为对方带来的伤害如此之大,自己不愿意维持这种关系,并去冒可能遭受更多伤害的风险。或者,也有可能是因为重建信任需要的努力太艰巨,受害者还有足够多的替代选择,可以在其他方面满足自己的需要。如果受害者拒绝原谅他人,一种持续的相互依赖关系,比如工作关系,就很可能处于紧张、沟通不良、生产效力低下的状况。

布鲁克赛德小学的另一个秋季传统项目是一年一度的"露营之夜",学生们星期五下午留在学校进行一系列活动,晚上在学校里过夜。每一位教师,包括资源教师,都要负责一个混合年级的学生小组,并带领学生开展有趣的动手学习活动。家长们也会被邀请来参加娱乐活动,且家长—教师协会(PTA)会提供一顿晚餐。活动结束前,大家一起观看一个节目,然后都在学校里过夜。虽然"露营之夜"要做很多工作,但对学校来说,它是一个重要的共同体建设活动。对布伦达校长来说,这也是非常重要的。可是,教师们特别不喜欢和学生一起在学校睡觉。因此,鉴于教师们已经挺身而出支持了上次的"年级晚间活动",作为一种弥补,布伦达校长在这个秋季学期"露营之夜"的过夜要求方面做出了一定的妥协。

虽然关于"年级晚间活动"的冲突凸显了布伦达校长与教师之间角色责任的差异,但这也使双方重新评估了各自对正常合作关系的重视程度,并在许多方面加强了双方未来对这种关系质量予以关注的共同决心。布伦达校长直率和坦诚地处理了这种情境,这使她成为教师们处理彼此争端的榜样。把背叛放置在一边,并不是要忘记它,而是要通过宽恕的公开行为继续前行,这样,即使在经历过一段非常痛苦的插曲之后,创伤也是可以治愈的。

信任修复的促进因素

信任是合作的根本,但一旦开始产生怀疑、竞争和报复的循环,信任就很难建立起来。然而,即使处于紧张和冲突之中,关系中的一方也可以通过采取单方面的和解行动来促进信任,表明自己愿意在不牺牲利益的情况下建立信任(Fisher & Brown, 1988)。一方通过询问与倡议之间的平衡,一方面果断表明自己的立场和需要,另一方面去寻求理解,并传达对另一方的同情,这同样会有助于促进信任的修复（Hurley，2012）。这一过程也可以通过无条件地采取建设性的态度和行动、建立明确的界限、传达承诺和可信的威胁等进行强化。通过采用建设性的冲突解决策略，精心呵护这一进程中做出的承诺，以努力达成良好的沟通，也有助于促进信任的修复。下面将依次讨论每个信任修复技能和方向。

无条件地采取建设性的态度和行动

虽然相互关系至少需要有两方的存在，但要改变这种关系的质量，却只需要一方。即使在相互猜疑的情况下，各方都有机会改善相互关系中的信任程度。每个人都有无条件地采取建设性态度和行动的机会（Fisher & Brown，1988），包括试图了解对方的兴趣、态度和信念，对对方采取一种非评判性的接受态度。在许多情境下，我们必须与那些我们不能苟同的个人和团体进行互动。即使我们不能容忍这样的行为，或者不相信他们的观点是正确的，但可以努力去理解这些行为。在试图理解他人及其动机时，大家应该认识到，他人并不会认为自己是通过不正当手段去追求不道德目的的坏人，而会认为自己有充分的理由去做这件事情。他们的正当理由可能来自一个不同于自己的价值体系，它有助于建立一个对话的环境，以讨论大家认为的冒犯行为的合理性依据。在传递培养信任的信号时，重要的是只传递那些通过观察得到确证的所见所闻，并努力避免传递评价性、诊断性、判断性和指责性的信号（Rosenberg，2005）。

我接管了一所充满冲突、完全缺乏信任的学校。学校分为两派，分别是忠于前校长派和反对前校长派。第一年，我让

人在杯子上印制"孩子不是被塑造的东西,而是要被打开的礼物"的口号。我想把学校的重点放在孩子身上,以此创造某些共同的基础。我发起了一项一年开展四次的传统活动,即在我家举办烧烤聚会。我处于中立。如果我们是在某个派别的某位教师家里进行,有些教师就不会来。这种活动成了教师们在学校之外认识家庭成员及彼此的重要场合。教师们与我分享了他们对这些活动的感激,以及对重视学生的感激。

——佩姬(Peggy),小学校长

建立明确的界限

感到被冒犯后,我们可能会产生一种被背叛感。我们可能会认为,别人会理解我们需要怎样被对待,但我们想要的,并不总是清晰或明确的。人们的需要会因性格差异而产生差异,也会因为文化规范以及对可接受行为的理解的不同而有所不同。在创建信任关系的情境中,重要的是要明确自己期望如何被对待的边界。建立明确的界限有四个阶段或层次:告知、要求、坚持和离开(Coach,2003)

第一个阶段是告知对方自己希望被对待的方式,以及也许对方目前的行为如何违背了这些愿望。我们时常会假设,通过对非语言暗示和刺激信号的理解,我们可以不必费劲和苦恼地去表达需求和愿望,其他人也会知道或应该能够知道我们想要的东西。但这一策略也存在对方完全没有理解的可能性。他(她)对如何对待别人可能有不同的理解,也许是因为来自不同的文化背景,或者是因为有不同的个人喜好。比如,对什么是有礼貌的或彼此可接受的交往方式,一个在美国南部农村长大的人,可能与一个在纽约市长大的人持有完全不同的假设。对方通过非语言传递的暗示代表什么意思,每个人都可能会误解,或不知所措。

第二个阶段是对期望的行为做出明确的要求。在理想情况下,这种要求是以坚定、平和的语调来传递的。消除声音或肢体语言中任何可能被解读为恼怒或烦恼的迹象,这有时被称为"中性要求"的沟通方式。人们所犯的一个常见错误是跳过建立明确界限的前两个阶段,而使愤怒随着每一次伤害累积,直到他们走到第三个阶段——坚持。要使坚持界限成为一个起点,而不是这四个阶段的后期。基于存在一种对共同原则可以相互理解的假设,但事实上可能根本不是这样的,因此,每一次冒犯在这里都被看作一次背叛。

第四个也是最后一个阶段,如果持续的要求和坚持没有创造出一种自己的界限得到尊重的情境,那就"离开"。离开一种关系,并且要找到其他方式来满足由原来的关系所满足的需要,可能会带来很多不便,并引起混乱;而且它甚至可能意味着要放弃一个值得珍视的联合项目,但如果冒犯的程度足够严重,离开可能是值得付出所有代价的。

我和一个来自中东的男性一起工作,他很有攻击性,对我来说,他非常武断。好像他必须挑战我所说的一切。当我告诉他一直以来我是多么伤心和愤怒时,这段关系终于濒临破裂。我告诉他,这对我工作生活产生的负面影响已经到了让我准备换工作的地步,他才惊讶地发现我不高兴。他解释说:"在我的家乡,那里的一切都是争论。在我的文化里没有任何

东西不是争论。这是我们表达情感、接纳、价值以及交换信息的方式,你知道吗? 是一切的方式。"他从来没有告诉过我这些,或者请我去了解他的文化。但在那次谈话之后,他能够缓和地与我辩论,我对他的话也不那么敏感了,这样我们就可以在一起更好地工作了。

——珍妮(Janine),高中特殊教育教师

传达承诺和可信的威胁

我们试图建立或修复信任时,重要的是留心我们所说的话,因为语言是建立信任所用和所需的主要工具。具体来说,我们在做出承诺或威胁时必须非常小心。除非我们能够坚持我们的意图,否则都不应该说出来。事实上,在修复破碎的信任或培养初始信任时,"少承诺和多行动"是一个很好的策略。如果某些不可预见的情况阻止了承诺的兑现,做出承诺的人就应该向失望的人做出解释和道歉。

承诺的使用对建立相互合作的战略很重要。为了克服不信任,一方可以宣布一项明确的和解倡议,这是基于对另一方的善意的一个承诺,目的是帮助双方重新建立一种相互关联和相互依存的共同关系。因此,可靠地执行这一承诺,并邀请(但不是要求)另一方做出回应,是非常关键的(Fisher & Brown, 1988)。要点是要达成双方都能够接受的明确而清晰界定的和解。

就建立信任而言,制造可信的威胁与信守承诺同样重要。在任何正在运行的系统中,冒犯的行为都有可能偶尔发生,但如果这种行为经常发生且不受到制止的话,整个交互系统将会崩溃,就像

人们在弗里蒙特小学所做的那样。每个人都应有一种对冒犯行为做出反应的方式：必须让对方知道，这里存在一种可信的威胁，可以用来制止冒犯行为。如果没有这种威胁，人们就会认为对方是无力的，或者不能或不愿意反击不适当的行为，交互系统就会遭到践踏。可以把威胁变得可信，让信任可以得到支持，甚至只是得到一个愿意回应破损信任的例子的支持。在弗里蒙特小学，弗雷德校长不断威胁说，他"不会容忍"某些行为，但是年复一年，他没有采取任何行动来制止那些行为，这导致他失去了信誉。他不愿意对威胁采取后续的持续行动，导致了信任的丢失。

在建立信任体系的过程中，尽管制造可信的威胁可能很重要，但更重要的是要谨慎行事，并在纠正别人时注重保护其尊严。格洛丽亚校长想公开羞辱那些曾挑战其权威的教师，或是在所有教师面前冷脸对待表现拙劣的教师典型，这些被认为是对学校中公平规则的背叛。这种行为的代价是失去教师的信任。在重建信任的过程中，尤其是在充满冲突时，要以你希望别人对待你的方式去对待别人，这个金科玉律是一个很好的行为指南。更好的指南是向前再迈出一步，尊重他们想要的被对待的方式。

主动给予盲目的信任，或者在对他人行动和动机了解有限的情况下给出超越合理性的信任，都是危险的，并且不会重建信任。因为每一方都有机会成为完全值得信赖的人，坚持盲目的信任不需要任何充足的理由。对方的这种坚持甚至可能会引起怀疑，让人以为他（她）居心不良，这就会导致防御性的行动不断升级，以保护自己的利益。当这种不信任和竞争性的漩涡出现时，就会干扰合作的能力以及共同合作的效能。要终止这种漩涡，就需要在保护自我利益的同时，告知对方自己希望达成一种互惠关系。必须找到并采用一种彼此都感到满意和能够接受的新的参与规则。

这些规则并不要求在相互关系中有确切的互惠性,因为这样的期望可能会导致幻灭,甚至会引发或加剧冲突(Fisher & Brown,1988)。在大多数情况下,针锋相对的策略或威胁并不起作用,因为在现实生活的关系中,具体行动的意义——无论是出于合作的目的还是出于阻挠的目的——并不总是明确的,而且可能是一个具有争议性的问题。确切的互惠性是很难测量的,因为受害者和冒犯者经常使用"不同的算法"来评估自己受到的伤害,而不是自己对对方的伤害。双方不断地尝试权衡这些得失,就会导致一种长期争吵的循环和冲突的升级。

采用建设性的冲突解决策略

如果缺乏有效的沟通,即使有重建的可能,信任修复也是很难的。拥有和使用良好的沟通技能,则是修复破损信任的核心方面。如果没有诚实的沟通,一旦怀疑变成了某种关系的基本特征,形成了反击与报复的恶性循环,要协商确定双方都能够接受和信任的新交往规则就很难。在缺乏信任的情况下,要协商出一个可以扭转背叛和报复循环的双边协议可能是相当困难的,甚至是不可能的。冲突解决是一个问题解决过程,旨在通过协商确立一个双方都能接受和喜欢的解决方案。

在解决冲突的过程中,首先要做的一个决定是找到有利于开始对话的时间和空间。双方都需要对这些安排感到满意,而且要尽量减少被干扰的风险。双方可以以各种方式表明合作的态度,这是初次或后续冲突解决会谈的前奏。需要明白的是,双方均应使用对方喜欢的名字或头衔称呼对方,以示尊重。在某些文化中,目光接触是一种愿意敞开心扉的信号,而在另一些文化中,如果双方社会地位不同,目光接触可能会被理解为一种具有侵略性或不尊重的信号。了解和尊重这种文化差异是很重要的。

启动双方都感到舒适、可以遵守的基本规则协议,能够促成正式的冲突解决会议的召开。这些规则通常包括说话诚实与恭敬、轮流发言而不被打断。也许还有文化上特有的其他规则需要指出来,并且也要受到尊重。

在大多数正式的冲突解决会议中,第一个发言者通常是发起会议的人,或者是情绪达到最高潮的人,这种情绪需要表达出来。然而,如果在地位或职位上存在差异,让职位较低的人先发言可能更好。发言者要直接向另一个争辩者致意,要从对情境中"事实本身"的描述、情境激发的情绪以及被激起的潜在需求等方面讲起(Rosenberg,2005;Tschannen-Moran & Tschannen-Moran,2010),发言者要使用"我的信息"来表述自己对信息的反应,而不是使用其他人声称的信息("你的信息"),这是很重要的。当一个人断言另一个人的想法、感觉或意图是什么时,会激起人们的防备和抱怨。这些情感可能会导致该人不太愿意积极地参与到这个过程中来,并在合作中不太愿意花费精力。每个人都想成为能够驾驭自己的意图、情绪和思想的高手。不带任何挑衅或指责地披露一个人所遭受的伤害或痛苦,可能会创造一个更加有利于他人反应的情境。此外,分享那些可激起负面情绪的潜在需求会提升建立一种移情联结的可能性。在这些发言之后,要提出一个明确的沟通请求,让听众表达他们对所分享内容的理解。

当第一个人完成了分享时,第二个人就陈述自己所听到的,在努力做到准确陈述的同时,仍然要忽略那些可能传递了任何评价或判断的话。然后，另一方表述自己对情境的感受以及可能被引起的需求。其后要求听众分享自己听到的内容。只有在对冲突引起的需求达成共识和理解之后，才能真正拥有如何修复关系的对话。每一方都应该清晰地提出要求，表明自己希望看到什么样的行为。双方都可参与解决问题，提供自认为能够满足双方需要的解决方案。如果付出极大的努力也没有找到双方都完全满意的解决方案，那么双方就可以相互协商，共同探索至少能够部分满足双方需要的妥协方案。在达成双方都可以接受的解决方案后，双方要做出明确承诺，以遵守协议。当然，协议得到持续履行是非常重要的，这样的话，随着时间的推移，信任能够得以进一步重建和加强。

我们学校非常重视解决冲突的技巧。学校位于城区一个以暴力闻名的社区，所以我们非常努力地让学生学会和平解决分歧。我们聘用新教师时，老教师总是承担培养新教师的任务。我们想让他们知道，这不仅仅是为了孩子，也是为了让他们能用同样的方法来解决彼此之间的分歧。他们一旦学会了，就会变得兴奋，并会诉说这种方式对其他人以及他们自己在学校以外的生活中是如何发挥作用的！

——安妮（Anne），小学中年级教师

修复信任可能是一个艰难和耗费时间的过程。然而，通过采取建设性态度、建立良好的界限、明确传达承诺并可靠地实现承诺以及采用尊重双方感情和需要的冲突解决策略，个体就可以重新建立信任关系。

创建信任修复情境

学校是社会系统,因此,学校里的人际关系是嵌于社会情境中的。社会情境反映并塑造了其中的信任关系(Daly,2010)。组织中发生的社会情境与流言蜚语的影响可以把信任关系推向极端,要么会使高水平信任更高,要么会使低水平信任更低(Burt & Knez,1996)。在一个信任的环境中,人们不仅可以互相质疑,而且可以得到质疑的好处;而在一个不信任的环境中,类似举动或行为甚至可能会使低水平信任更低。

信任破损的例子并不局限于本书中对低信任学校的研究。几乎所有接受访谈的教师都可以举出一个信任曾经被校长或同事打破的例子。不同的是,在高信任学校,裂痕最终被修复,而在低信任学校,怨恨日益加深,有时会持续很长一段时间。在信任的情境中,人们更有可能冒险去修复信任,因为他们受到支持,有希望获得更加积极的结果。在低信任学校里,很少有人试图去修复受损的信任,长期的不和会持续一年又一年。在林肯小学和弗里蒙特小学,持续的不信任极大地消耗了两所学校的能量、想象力和活力,因此,这两所学校的教师对学生的需求无法做出反应。这些学校让人们对上班没有期待。在这些学校,一种自我强化的不信任感似乎会使信任降得更低。一旦不信任在一个组织中扎了根,即使是无辜的或中立的评论或行为,也会经常被怀疑(Govier,1992)。

尽管布伦达校长在布鲁克赛德小学很受尊重,但她偶尔也会对教职员工发脾气。由于她对学校全心全意并全力支持教职员工,所以人们更愿意忽略她这一缺点并原谅她。布伦达校长的关

怀为大家原谅她创造了情境,凯茜对此进行了描述:

> 我认为大家都会拼命地为她努力,因为她会为他们竭尽全力。当她偶尔心情不好时,她似乎只是表现出心烦意乱,有人会愿意退一步说:"这不是她一贯的做法。这不是常态。"我则愿意进一步说,她是无辜的,不能只看表面。我甚至听说过,当她做出消极反应时,有人会回到她身边,并告诉她大家认为那样是不对的。她道了歉,承认了错误,一切都好起来了。我们都愿意互相进行教练式的辅导,我们会跟新教师说:"别担心,这只是她一时的做法。她会好的。她不是故意刁难你。"在这里,总是存在各种支持,可以帮助人们更好地去理解他人的言行。

布伦达校长心情不好,或者在不必要的时候发脾气时,布鲁克赛德小学的教师都愿意给予理解和包容。面对教师的质疑时,布伦达校长愿意道歉,这种愿意道歉的故事的传播,让那些没有收到这种道歉的教师也对她有了信任。由于校长对信任的投入有了好的结果,新来的教职员工也受到了鼓励,得到了教练式的辅导,他们就不会发泄个人的怒气,而会让怒气慢慢释放。这是一个很好的例证,能够说明信任的循环是如何建立更高水平的信任的,以及第三方参与是如何强化高信任环境中的信任的(Burt & Knez,1996)。换句话说,信任是可以自我强化的。当整体的信任被完好地建立时,那种可能被解释为破坏信任的事件也都会被抵消掉。

与信任程度较低的学校相比,在布鲁克赛德小学,当信任被破坏时,更可能发生的情况是,信任会被修复。教师们对那些破坏信任的人通常倾向于什么也不说，只是避开那个人，但这里的教师更愿意与那些人交谈。因为在维持一个积极的工作环境方面他们存在利害关系，并且可以预见到一种关爱性的反应，他们愿意与背叛者分享自己的情绪和需要。这些委屈一旦被广为传播，并得到妥当处理，信任就可以修复。凯茜描述了其感情受到伤害的情境，在这一情境中，她让同事们了解了困扰她的事情，并期望大家认真对待她的情绪：

> 今年，另外两名五年级教师开始为某些学科彼此不断交换学生上课，我一度觉得被排斥了。他们一知道我的感受，就让大家开诚布公地谈论这件事。这事根本不是故意而为的。他们告诉我，他们是一时心血来潮，因为当时觉得需要做点什么。然后，他们想要尝试看看它是否会在整个五年级产生效果。他们在学校之外是很好的朋友。所以我认为他们只是说一套，做一套。他们没有意识到这伤害了我。当我告诉他们这对我造成了伤害时，我们就这件事进行了交流，并澄清了一切。我们理解了彼此的想法，然后继续相处下去。

凯茜得到解释和道歉后，愿意接受这并不是恶意的行动，结果，她受伤的情绪得到释放，并继续与他们相处下去。

在一个信任的学校环境中，人们也更愿意接受学生的怀疑。人们更多地认识到，学生毕竟只是孩子，可能会犯一些判断上的错误。人们似乎更多地倾向于宽容学生——至少在第一次或第二次犯错时——并给他们机会去重建已经失去的信任。此外，在布鲁克赛德小学,教师与家长有更多积极的接触。这些都是与家长建立信任的机会,创造了关系性资源,可以用于解决那些难以避免的问题。整个学校共同体具有高度的信任,创造了一种破损信任可以得到修复并产生更高水平信任的情境。

两年后,当我要离开我的第一个教学岗位时,学校举行了一个年终的早餐会,对那些将要离开的工作人员表示感谢,并让大家说几句话。学校里有相当多的内讧和部门间的冲突。借着年轻人的"胆大妄为",在即将离开学校时,我突然不由自主地决定向工作人员提几点建议。我首先表示,作为一个新入职的课堂教师,我有幸与一群具有天赋和奉献精神的人共事,并从同事那里学到很多东西。然后,我分享了我受到的负面情绪困扰,这些负面情绪都是我自己体会到的。在这里,许多人不喜欢同行拥有各种各样的技能和天赋,这是我作为一个新观察者感知到的。我注意到,当我发现自己处于冲突境地时,我会试着从我的假设开始,认为即使"对手"可能与我个人的偏好不一致,他们也都是抱着最好的意图在工作的。由此我发现,达成一个双方都可以接受的结果变得更有可能。四个月后,我碰巧又回到了这所学校,突然我的英语教研组组长来找我——他绝对是最精明强干的勇士之一。令我吃惊的是,他感谢我说的那些话。他说,虽然起初他被我的推测激怒了,但他无法对之置若罔闻,所以他决定试一试。他告诉我,这一变化极大地提高了他的交往质量以及个人幸福感。

——克里斯(Chris),高中教师

关于信任的全校对话

当不信任超越了少数几个人的人际关系圈而蔓延到整个学校，形成一种不信任的文化时，开展更大规模的信任对话来重建信任或许是适当的，也是必要的。然而，要使这些对话具有建设性，需要付出很多努力，并需要有一个理想的结构性对话框架。欣赏型探究正好为实施这种对话提供了一个坚实可靠、基于研究的设计（Watkins，Mohr，& Kelly，2011）。欣赏型探究是一个促成整个系统变革的过程，它关注优势以及有效的做法，而不关注人们的愿望与其关系的现实之间存在的问题、差距或差异。这种违反直觉的做法，被发现出乎意料地有效，尤其是在工作场所处理与不信任类似的令人苦恼的问题时。组织欣赏型探究的方法有很多种，为了提高学校中的信任，我和学校转型中心的同事已经成功使用了其中一种方法，这一方法遵循的是"四个 I"的循环：发起（initiate）、探索（inquire）、想象（imagine）、创新（innovate）。

"四个 I"的循环的第一个阶段是发起，涉及选择关注的重点和探究方法。一旦为建立信任确定了关注重点，并选择了欣赏型探究的方法，这一阶段就已完成。

第二个阶段是探索，开始于进行配对的访谈，每个伙伴分享和探索自己拥有高信任关系的经验。这种讲故事的方式和对经历的回忆可以激发深刻的学习。为了最大限度地提高分组的多样性，接受邀请的参与者要根据"混合最大化"（max mix）原则去寻找访谈伙伴。这就意味着他们要找一个自己不太熟悉的人或通常很少一起沟通的人配对。然后，他们以不同的方式向对方提出以下问题：

1. 告诉我你在信任度很高的团队中工作或比赛的一次最佳经历。选择你觉得最受他人信任和支持的一段时光。请详细描述谁参与了这一事件,你们努力实现的是什么目标,你们面临什么样的挑战,是什么促成了高水平的信任。

2. 谈一谈你很看重的一些事情,特别是你所在学校岗位看重的事情。

(1) 当你处于最佳状态时,对你在这里工作所做出的贡献,你最看重的是什么?

(2) 描述一下这里的人、政策或资源是如何帮助你做到最好的。

3. 假设你可以用任何你想要的方式来改变这所学校的工作关系,这种转变会是什么样的? 这种变化会如何增强组织的活力与健康? 如果你有三个可以让梦想成为现实的愿望,它们会是什么?

每一对人都有足够的时间来讲述和探索他们的故事,并去欣赏他们的价值观和愿望;然后,他们去找到一对或两对成对并完成了访谈的人,以组成一个四到六人的小组。在这些小组中,每个人都要向整个小组简要讲述其原来配对伙伴的故事、价值观和愿望。随着分享过程的展开,小组成员注意聆听与辨别三到五个能够给小组成员带来能量和生命意义的主题,并提炼内容,将之写在纸片、卡片或电子设备上。所有小组都完成这项活动后,与大组共享这些主题。然后对各种主题进行"能量检查",给每个人三个彩色小圆点或采用其他方式,用来标出与他们当前的能量和想象力最有共鸣的主题。

这个过程的下一个阶段是想象,它是在这些主题得到充分尊重以及学校关系质量正是人们最期盼的那种的情况下,设想形成一种理想学校的生动形象。参与者要么与同一组保持一致,要么根据具有大量能量的特殊主题组成新的群体。做这项工作的目的是,想象将学校建立在信任关系的现有优势基础上,根据所捕获的有助于促进工作质量的主题,把学校建立在这样一套规范和做法基础上,让每个小组对其持有的学校形象进行一次创造性展示,以显示每个小组对理想学校的看法和感觉。这些学校形象可以通过绘画、拼贴、音乐、短剧或它们与其他形式的组合来表现。只有在整个团队形成学校未来的整体形象并创造性地表达后,整个团队成员才能在所声称的关于新现实的陈述中努力捕捉到期望的现实,就好像它已经是现实并在组织中得到充分表达一样。

最后的阶段是创新,它是由在想象阶段组成的各小组集中去设计行动的步骤,以促使学校更接近上一阶段形成的美好生动形象。

这些步骤可以在一些较短的会议上或者一整天的"高峰会议"上实施,用以专门讨论这个过程。无论采用哪种方式,欣赏型探究的过程可为各种群体提供一种建设性的方式,让大家进行富有成效的对话,以讨论如何将他们的学校向前推进,即使学校当前的现实仍存在巨大的痛苦、不信任和伤害,也可以使学校达到更高层次的信任。欣赏型探究开创了"让梦想成为现实,以引领未来新愿景"所需的空间。

坐在我桌子对面的学区主任很担心。黛安娜是他两年前为改变一所表现不佳的学校而聘任的校长,她与教师之间遇到了麻烦。有教职员工到学校董事会甚至当地报社那里状告她,希望将她撤职。让他为难的是,一方面教师们感到很苦

恼,但另一方面,学校的考试成绩明显上升了——这是这所学校第一次接近达到"年度进步测评"(AYP)的要求。所以,他想尽力找到一种方法来重建这种关系。这所学校的前任校长管理非常松懈。因此,当黛安娜校长开始执行学区政策,禁止教师穿着拖鞋上班时,教师们为表示抗议,在一个特别的日子统一穿着拖鞋来上班了。这些处于乡村环境的学校教师为表明他们不喜欢校长的职业化着装,组织了一天的活动来嘲笑她、模仿她的着装风格。双方的信任肯定都受到了损害。黛安娜校长感到很受伤、很沮丧和很愤怒。

我们设计并进行了一项干预行动,包括一个欣赏型探究过程和六个月的领导力辅导。这一过程始于六月初的一次教师会议,是在学校放假之前。学区主任告诉教师们,他真正关心的是他们感受到的痛苦,并邀请他们参与欣赏型探究的过程,以此来创造一个他们更喜爱的学校环境,而不会失去让他们取得令人印象深刻的进步的基础。教师和工作人员进行了配对访谈,并在小组交流会上识别出这些谈话中浮现出来的主题。在他们八月返回学校时,这些主题成为为期一天的欣赏型探究高峰会议的基础。那一天,随着教师、行政人员和工作人员共同展望他们理想中的学校,团体成员的情绪明显地从忧虑惶惑转向了积极和充满希望。为了开发将梦想的各个维度变成现实的计划,学校组成了设计团队。整个秋季学期的教师会议都留出时间,让设计团队来检查计划的进展情况,并继续他们的工作。秋季学期第一次教师会议结束时,其中一位教师——黛安娜校长最直言不讳的批评者之一、"反对派"的领袖——站起来说她对学校的感觉比她之前很长一段时间里对学校的感觉好多了,并且她重新为每天早上来校工作而感到骄傲和幸福。黛安娜校长事后私下会见这位教师,感谢她所说的话,说:"你不必那样做。"这位教师则回答说:"哦,不,我应该这样做。"

——梅甘,教授、作者、教练

付诸行动

信任是学校的关键资源,事实上,它是成功学校中领导力和组织关系的关键独特标志。如果没有信任,要实现学校的目标是不太可能的,甚至是不可能的。当信任遭受破坏,当冲突导致了被背叛的感觉,重要的是要建立机制,以帮助学校共同体成员恢复他们支离破碎的关系。因此,学校领导者担负着一种特殊责任,即要确保这些机制不仅能够到位,而且能够得到使用,以防止由未解决的争端而引起不信任,损害学校共同体完成使命和实现目标的能力。然而,由于信任修复具有艰巨性和不确定性的本质特征,学校和学校领导者最好把避免信任破损放在第一位。

冲突是组织变革过程中不可避免的部分。即使对组织变革这一过程的目标已经达成一致,对于如何实现这些目标通常也会存在分歧。组织变革会打破学校的权力动态关系,使一些人受益,同时使一些人受损。组织变革也会有损失,扰乱人们在工作中的生命意义。当你学校同事在应对变革必然带来的损失时表现出悲伤，你要认识到这是正常反应，而不要把这种反应看作变革走错了方向的证据，或者如果那些抵制变革的人最初不那么热衷于用不同方式做事情，也不要将之看作他们是"坏人"的标志，这是很重要的。当人们对变革做出反应时，有技巧地倾听他们的反应，是在变革过程中培养信任的一种强有力的方式。

虽然修复受损信任的对话绝不是轻松或愉快的，但对学校领导者来说，发展有助于开展这些对话所需的技能是必要的。学校共同体的健康取决于领导者调解冲突的能力。冲突是学校重要而复杂工作固有的属性。对领导者来说，同样重要的是帮助教师和学生掌握建设性的冲突管理策略。找到克服信任破损和重建受损关系的方法，将为支持学校取得积极成果带来巨大好处。

本章要点

- 为了修复信任，考虑寻找其他方式来满足对方需求时，双方都必须相信这种努力是值得的。

- 在重建信任的过程中，背叛者和受害者的角色不同，有不同责任。

- 校长可以成为展示如何修复信任的重要角色榜样。重要的是，学校领导者不要高高在上，而应该在信任被打破时就积极参与到修复信任的过程中。

- "4A赎罪法"是指承认错误、真诚道歉、请求宽恕、修正做法。

- 在任何关系情境中，无论是个人的关系情境还是组织的关系情境,明确表述和尊重彼此的界限都是很重要的。设置和管理界限的四个推进阶段是告知、要求、坚持、离开(如果有必要的话)。

- 支持信任修复的策略有:无条件地采用建设性的态度和行动,建立明确的界限,传达承诺和可信的威胁,采用建设性的冲突解决策略。

- 要提高学校信任的整体质量,最好的办法是采取基于优势的方法,比如欣赏型探究的方法,而不是将抱怨公之于众,这种做法会导致相互指责和责备。

反思与讨论题

1. 你在信任破损后修复关系方面的最佳经验是什么?什么有助于创造信任修复的条件?你在重建信任的过程中如何体现"4A赎罪法"?

2. 仔细思考一个你可以宽恕却难忘记的背叛事件。是什么促成了关系的修复?你们后来关系如何?

3. 想一想关于冲突或经常争吵的性质或原因,以及你与对方为什么会有完全不同的理解。那些差异带来了什么?结果又是怎样的?为了促成一种不同的、更积极的结果,你如何使用本章提出的方法?

4. 你如何与学校共同体成员建立明确的界限?在你达到坚持的临界点之前,你有没有告知对方并提出要求?在什么情况下,你觉得你想或需要离开?

5. 作为学校领导者,你能做些什么来干预学校里两位或两群教师之间的长期冲突,以帮助他们重建信任?这种和解如何服务于学校的利益？

6. 在你的学校里,特别是在修复破损信任方面,如何构建基于优势的对话,以促进积极的变革? 你能做些什么以带来积极的变革? 学校从这样的信任修复中将获得什么?

第十章

成为值得信赖的领导者

相比被人爱，被人信任是一种更高的赞美。

——乔治·麦克唐纳（George MacDonald）

在整本书中，我们讨论了信任的五个方面：仁慈、诚实、公开、可靠和胜任力，它们与学校的五类主体（行政人员、教师、学生、家长和公众）都是相互关联的。对这些方面的考察已经证明，信任对建设富有成效的学校很重要。任何主体之间的信任衰落，都会导致不信任像癌症一样蔓延，会从根本上削弱学业成绩，并最终导致教学领导者任期的结束。在这个时刻、这个时代，没有哪位领导者可以在信任终结的情况下长期任职。

本书描述并证明了信任在塑造富有成效的学校方面的重要性，还研究了信任缺失是如何阻碍学校的效能和进步的。学校领导者需要与教师和其他主体建立信任，因为在涉及共同决策的治理结构时，正需要那些作为主体的人去充分利用有益的新见解，他们是最接近学校核心使命的行动者，能够利用这些见解去解决学校面临的复杂问题。这种协同治理的结构依赖于信任（Hoy & Tarter，2008；Smylie & Hart，1999），如果没有信任，沟通就会变得受限和扭曲，会使问题变得更加难以解决（Tschannen-Moran，

2009）。规则的泛滥往往源于信任的缺乏,导致教师和学生之间都存在怨恨和疏离(Fox,1974；Govier,1992)。如果没有信任,即使学校领导者努力建立一个共同愿景,并努力促成年人接受团队目标,学校的全体选民也不会受到鼓舞,也不会去做那些超越基本工作要求的事情(Tschannen-Moran,2003)。

教师需要得到领导者和同事的信任,以应对问责运动对他们提出的不断变化的期望和要求。当教师被要求改变其基本信念和教学技巧时,他们需要建立以信任和团队合作为基础的新专业共同体(Putnam & Borko,1997；Seashore & Kruse,1995)。即使在课堂上,人际关系也正变成那种需要更多信任的形式。合作学习和项目式学习创造了更高水平的相互依赖,这些学习形式需要更高水平的信任。

学生需要信任,以便能够在学校与同学、教师进行富有成效的接触,并能够获得有利机会。如果没有信任,学生的精力就会转向自我保护,远离学习过程。对于那些在学校生活之外没有值得信赖的成年人可以依赖的学生,他们在学校里学习信任别人,可以说是一种改变命运的体验。学校里的那些经历,为学生以新的方式观察和体验世界提供了机会。

家长的信任以及更广泛的学校共同体的信任,对学校取得成功也是很重要的。为了成为教育过程中积极的合作伙伴,家长必须与教师、行政人员和其他学校工作人员建立信任关系。学校工作人员对家长的信任也很重要。要让家长参与教育过程,特别是参与学校的治理,就需要学校行政人员、教师和其他学校工作人员相信家长的动机是为了共同的利益,而不仅仅是为了他们自己的狭隘利益。通过伙伴关系和创业计划获得社区的额外资源也需要信任,因为社区必须相信学校正在充分利用已有资源,并将最大化地利用社区提供的任何额外资源。简言之,学校领导者需要在学校的全体选民中培养信任。

学校在面临更多信任需求的同时,在培养信任方面遇到了许多障碍。学校要满足社会对新的和更高水平公平的期望,还面临很多困难,这会导致人们对学校和学校工作人员的怀疑。更高的标准和更大的责任已经让学校遭遇不信任和被谴责的情况。此外,学校还必须接收更加多样化和临时性的学生群体。在具有多样价值观和人口不断流动的多元文化社会里,信任的培养变得更具挑战性。让这些难以应付的任务雪上加霜的是,不信任倾向一旦形成,就会自我延续下去。好事不出门,坏事传千里。有这样一种倾向:信任破损要比信任完好和信任修复这种好消息传播得更快,影响更远。更重要的是,媒体披露和捕捉坏消息的方式加剧了不信任的恶性循环。

总之,学校要通过学校改进与改革的努力来实现设想的积极变革,就必须关注信任问题。如果我们想让学校达到我们期望的那样,就很有必要找到能够克服信任崩塌的方法。迎接这一挑战是学校领导者面临的最重要任务之一。

值得信赖的学校领导者

校长为学校确定基调(Tschannen-Moran,2014),校长的价值观、态度和行为对学校文化有着重要影响。学校若要获得信任型工作环境的回报,校长的责任就是去建立和维持信任关系(Whitener,Brodt,Korsgaard,& Werner,1998)。在实践上,为了理解建立和维持信任关系的有效方式,有益的做法是,不仅要考虑信任五个方面与学校五类主体的联系,而且要考虑信任五个方面与教学领导者五项职能的联系,包括建构愿景(visioning)、做出表率(modeling)、教练辅导(coaching)、经营管理(managing)和调解斡旋(mediating)。

建构愿景

如果有人要对提升学校愿景负责,使学校成为全体选民信赖的环境,那这个人就是担负着领导学校之责的人。本书对信任含义的探讨已经为学校领导者提供了一个框架,这个框架用动态与主动的方式阐释了信任。我不仅证明了信任对于建设富有成效的学校的重要性,而且提供了有助于对话的语言,专门用来思考和增进信任的发展,而不是让信任变得糟糕。如果格洛丽亚校长、弗雷德校长和布伦达校长充分利用了这个框架,他们的工作就会变得更加容易,其领导也会更加有效。

当格洛丽亚接任林肯小学校长时,她接管的是一所需要变革的学校。这里的学生没有受到足够好的教育,甚至学校没有达到最低责任标准,她感觉教职员工没有为学生尽最大的努力。她关于学校转型的愿景是令人钦佩的,但她的方法却并非如此。由于未能与受她领导的人先建立一种仁慈的关系,她对变革的热情似乎是妄加指责和没有耐心的。在信任需要时间得以扎根之前,这已经破坏了其与教师们的信任关系。

即使校长领导的是一所他(她)认为教师不值得信任的学校,比如在一所真正功能失调的学校——那里对学生的成绩只有负面的、冷嘲热讽的态度和低期望——他也不能推卸自己成为值得信赖的人的责任和义务。在一些学校,某些教师热心于在学校领导者面前挑拨离间和制造不信任,而校长不得以破坏信任的方式进行报复或回应。事实上,正如我们看到的,只有通过值得信赖的领导才能扭转这种学校的局面。

格洛丽亚校长建构了提高林肯小学学生学习成绩的愿景。然而,在没有公开与推进有关信息和计划的情况下,格洛丽亚校长并没有被教师们视为是值得信赖的。教师们怀疑她故意隐藏了潜在的议程,而未珍视她的变革愿景。教师们耗费精力来监视她的行为,想方设法保护自己的利益,而不是和她一起为了一个共同目标而同舟共济。如果格洛丽亚校长能更好地理解值得信赖的领导与变革动力之间的关系,她就能更加成功地提出林肯小学建设性变革的愿景(Fullan,2001)。

通过值得信赖的领导以及一种参与性、基于优势的愿景形成过程,格洛丽亚校长本可以让全体教师参与制定一个所有人都可以做出承诺的集体愿景。这样,她就可以更好地集中他们的注意力,释放其能量,用于改善林肯小学的教育环境。她本可以建构一个正式过程,让教师积极参与数据查证,并制定一个基于优势领域的计划。这些活动本可以为格洛丽亚校长打下信任的基础,以便直接改善与教师的关系,而不是对他们目前的困境和处境表现出不尊重。她本可以在帮助教师们做出必要的变革方面表现得更好。

做出表率

有效的学校领导者不仅在口头上谈信任,而且在行动上做到信任。在培养信任文化时,没有比成为一个积极的角色典范更为必要的了。言行之间的不一致会很快侵蚀校长的领导力。树立积极的榜样并不是校长可以炫耀的一项任务,而是以一种平心静气的领导方式去赢得教师信任与合作的必做事项。平心静气的领导者往往会对人很温和,对项目很严格。他们能够把克制和谦虚的个人品格与坚韧和专业意志结合起来,以便完成教育学生这种需要专业性的任务,并且能够完成得很好(Collins,2002)。

弗雷德校长没有赢得教师的信任,是因为其行动没有达到他提出的高期望和苛刻要求。弗雷德校长一方面希望被所有人喜爱,另一方面又担心出现冲突并极力避免冲突,他没有为弗里蒙特小学的教师和学生提供值得信赖的领导。虽然弗雷德校长真正地关爱着学校的学生和教师,但由于他在教育的专业任务上缺乏领导能力,让他的学生和教师很容易受到学校里日益严重问题的伤害。

形成成功处理问题的意志和能力,就是要构建一种信任的框架,这种信任的框架让学校领导者既能够监督自己的行为,又能够以坦率的方式进行沟通。值得信赖的领导艺术,在一定程度上是那种敢讲真话的能力,既能够传达关怀,又珍惜他人及其相互关系。这是需要勇气的,但这种领导方式比那种放任自流的领导方式更有可能带来建设性变革。值得信赖的领导者可以为行为规范做出表率,能够促进学校共同体所有成员的福祉,并明确邀请他人遵守这些规范。他们会捍卫这些规范,明确表示这里没有不尊重这一选项,即使是对待那些不尊重他们的人,也一样以自己的方式予以尊重。

我们发现,布伦达校长具有那种更加值得信赖的领导力,她为这种领导方式做出了表率。当布伦达校长来到布鲁克赛德小学时,她有许多创新的想法,她希望这些想法能够在学校里成为现实。布伦达校长清楚地知道,这些变革需要教师们付出更多的努力,冒更多的风险。她知道只凭她自己是无法实现目标的,需要教师们同舟共济,所以她保持耐心,并逐渐建立良好关系。在一些关键任务上,采取追求小胜、早胜的策略,有助于建立对校长胜任力和学校胜任力的信任。随着教师集体效能感的增强,集体努力投入精力和洞见的动机就会越来越强,旨在把学校建设得更加富有成效。

要始终如一地充当值得信赖的领导典范,教育领导者就应该定期反思自己的言行。在学校系统的巨大压力下,这是一项极具挑战性的任务。对于学校领导者,要找到时间去遵循"三思而后行"(STOP)的建议是很难的,包括退一步(step back)、思考(think)、组织(organize)自己的思想、行动(proceed)(Gallway,2000)。然而,值得信赖的领导者会挤出时间,把反思作为自己日常生活和每周例行事务的常规。布伦达校长确信自己能够在其他人之前到达学校,让自己有机会在一天开始之时提早集中整理自己的各种想法。其他校长则会进行常规的反思性写作。在学校的较长假期里,不论是在学年中期,还是在暑假,这些时间都可以为领导者提供通盘考虑重大问题的机会。关键是要找到并遵循一种适合自己的反思制度,能够将其他人的反思也吸收进来。

我们的校长参加了一个研讨会,在那里她听到"暂时搁置主题"的概念,认为它的意思是把它们放在"停车场",以后再回来取车。唉,她误解了这个概念的实际含义,照着字面意思去理解了。她回来后宣布,禁止所有人在学校的停车场上说话!

——帕特里克,小学助理校长

教练辅导

校长除了要提升建设高信任学校共同体的愿景,树立值得信赖的领导行为的表率外,还要围绕学校的教学事务进行对话,这种对话方式或许有助于建立信任,或许会损害信任。施加太大或太小的压力,太过强求或精力投入不够充分,都会对信任造成损害,并随着时间的推移,使他们对教学方案的领导能力越来越无效。"教练型领导"(coaching leadership)就是这样一种达成目标的途径,是学校领导培养信任文化的一种有效途径。在任何竞技舞台上,教练可以帮助人们通过对话、策略、实训以及与人相处的方式达到目标。有效的教练都知道根据实际情况的需要,在什么时候推一推,在什么时候支持一下。他们对目前的任务以及那些必须去完成这项任务的人的福利都表示出真正的关心。杰出的教练在与人相处的过程中都集中体现了信任的五个方面。

越来越多的研究和文献都概括了教练的核心素养和专业伦理。这些核心素养包括建立一种个人存在感、积极地倾听、有力地质疑、创造意识、直接沟通、设计动作、调整适应环境、规划和设定目标、管理进展和问责(International Association of Coaching,2003,2009;International Coach Federation,2008a,2008b)。鲍勃(我的丈夫)和我已经将这些专业标准融到一个以人为中心的、无过错的、基于优势的教练模式中,这个模式是专门为方便学校领导者使用而设计的,我们称之为"唤醒式教练"(evocative coaching)(Tschannen-Moran & Tschannen-Moran,2010)。对那些寻求促进教师专业成长、支持教师的自我效能感和点燃教师热情的教学领导者来说,掌握有效教练的核心素养是非常重要的。

> 拥有一位真正愿意倾听的校长会给学校带来极大的改变。当你与我们的校长谈话时，他并不会真正关注你在说什么。你可以在不久之后再和他谈同样的话题，他会对你们之间这次的谈话毫无印象。
>
> ——埃丽卡（Erika），艺术教师

教练的优势是能够基于稳固的信任做出准确的预判。随着校长向教师发出挑战，要他们去寻找新的途径以满足所有学生的不同需求，包括高成就学生、有特殊需要的学生以及那些获得教师信任的更具代表性的学生，要是能够激励他们付出所需的额外努力，他们会更加成功。当学校文化以信任为主要基调时，教师就会更加愿意冒险尝试新的教学策略。在培养专业学习共同体，让他们致力于专业探究和基于数据的决策，以及在帮助教师学习适应新技术和新教学方法方面，值得信赖的校长可以把学校的生产效力和效能提高到更高水平。

评价是校长作为教学领导者角色的工作内容之一，在这方面建立信任尤其重要。毫不奇怪，信任在决定员工如何对督导评价做出反应方面发挥着重要作用。在一项关于对督导人员绩效评估的公平性看法的研究中，就对公平性的感知而言，人们对督导人员的信任程度比评估过程中的其他特征更为重要（Fulk，Brief，& Barr，1985）。学校的传统规范赋予教师很大的自主权，但对他们的有益督导却提供得很少。教师们很享受督导人员的这种信任，或者说这种"忽视"。然而，在问责时代里，这种情况已经发生了变化。新的教师评价制度要求对教师的课堂实践进行更大力度的检查。

教师和行政人员可能都会认为，更严格的审查是一种信任降低的表现，并且在事实上导致了更低的信任。然而，当督导人员掌握了"教练型领导"的艺术时，教师们可能会认为，随着督导人员日益增多的关爱，他们被给予了更多关注，就可能产生问题解决和专业发展的合作路径（Tschannen-Moran & Tschannen-Moran，2011）。这样，校长们就有机会展示他们作为教学伙伴的胜任力和专业能力，而不是以老板的身份去告诉教师要做什么。值得信赖的领导者在许多方面都表现为"教练型领导"，因为他们把督导人员置于积极的和具有建设性的合作伙伴位置，认为他们有助于提高教学水平，并因而有助于改善学校的成绩。

　　我是一所学校的新教师，被学生的情绪失常弄得焦头烂额。我很快就得知，如果我请校长关注某个课堂管理问题，就会在下一次针对我的教师评价中读到我自己说的话。在那之后，我开始寻求其他的支持途径。

——巴德（Bud），特殊教育教师

　　学校领导者面临的最大困境之一，就是他们不信任教师的能力和动机。作为教练的校长，其责任是创造环境，以让教育工作者拥有更强的目标感和胜任力。值得信赖的校长都知道教师在学校文化中所起的作用，而学校文化又影响着他们的行为。如果他们工作在一种可以容忍甚至鼓励懒惰的文化中，那么就需要考虑校长对这些环境因素的反应方式，是这些环境因素导致了学校糟糕的业绩。校长也需要转变这种文化，使其转变为以提高成绩为共同努力目标的文化，而不必担心失败或受到惩罚。教练型领导能帮助实现这一点。

由于学校文化是以一群人共同解决问题的方式呈现的，校长要想改变学校文化，就需要在教师和管理者都在寻找解决旧问题的新方法时释放他们的创造力（Schein，2010）。当有人未能达到预期时，作为教练的校长就既要直接且审慎地解决问题，又要注意维护其尊严。这种方法可以使教师调整他们的行为并使之符合期望，而不会损害他们在学校共同体的身份认同。这种教练辅导的教学领导力源自一种训练有素的专业探究文化（Collins，2002；Fullan，2001），处于有效专业发展的核心地位。

经营管理

校长在担当教学领导者和教练的角色之外，还要负责学校的经营和行政工作。在经营和行政方面，对信任五个方面的理解和执行，对于校长工作的有效性和成功也是重要的。就作为经营管理者的职能来说，信任型校长和值得信赖的校长在时常要承担过度的工作职责时，能够赢得极其关键的工作效率。愿意授权控制力的校长会发现自己并不会受到那么多的约束，不需要每件事都亲力亲为。值得信赖的校长已经成功地培育了高度信任的学校文化，他们会发现很少需要规则和严格的程序来确保教师们去做他们应该做的事情。更强大的组织主人翁精神可以为组织的顺利运行提供润滑剂。校长与家长和当地社区一旦形成了高度的信任感，他们就会很少花费时间去为自己的行为做出解释和对别人的行为进行调查。

值得信赖的学校领导者培养了一种学校整体的纪律文化，其中的规范和期望能够支持人们富有成效地参与必要的任务，以便每个人都能对学校的改进做出建设性贡献（Collins，2002；Fullan，

2001）。同样，在如何处理规则的问题上，校长需要努力在多一点控制和少一点控制之间取得平衡。格洛丽亚校长推行规则的方式过于强硬，对于规则的执行采取了一种操纵性和过于僵硬的方法。她试图通过使用教学合同来给教师施加压力，但并没有创造有效的学校环境。弗雷德校长则没有足够强硬地推行规则。他不值得信任，是因为在试图支持和授权教师时，他没有为纠正不良行为而采取必要的积极行动。弗雷德校长由于对规章制度执行不力并尽力避免冲突而失去了教师的信任。值得信赖的校长在应对政策、规则和程序时，能够做到适当的平衡。他们既不通过操纵规则或对规则做出苛刻的解释而滥用权力，也不放弃自己的领导责任。值得信赖的校长通过更多地关注成功的可能性以及问题解决方法的生成而非控制的手段来展示其管理的灵活性。他们把规则看作达成目的的手段，而不是目的本身。

　　我们班有偷窃问题。东西都不见了：人们的午餐会从冰箱里不翼而飞，销售获得的钱款时不时地不见了，一些小物品会从教室里消失。我们向校长抱怨发生了什么事之后进行了一次调查。然后，有人宣布某个工作人员请假离开了，她再也没有回来。之后，偷窃问题就停止了。我们很高兴这种情况得到了处理，而且是得到了谨慎处理，以免让任何人难堪。

　　　　　　　　　　　　　　　　　——约迪（Jodi），初中教师

调解斡旋

　　即使是最值得信赖的学校领导者，也不得不处理学校环境中有时会出现的冲突和背叛。值得信赖的校长知道如何通过调解斡旋的程序去处理冲突和修复信任。首先,他们会高举这样一种愿景,认为这种信任的修复是有可能的。在这样一个以公共话语越来越不和谐、礼仪日渐式微为特征的支离破碎的社会,值得信赖的学校领导者需要为了某种不同凡响的目标而奋斗。他们要让所有的选民都知道,冲突和不信任不一定是最后的定论。他们对信任的和解与修复既抱有信心,也充满希望。

然而,仅仅高举愿景是不够的,值得信赖的领导者必须在信任崩塌时扮演调解斡旋的角色。对学校共同体的成员来说,无论是学生、教师还是家长,当他们发现自己处于冲突之中时,重要的是要有足够的信任资源可以求助,而学校领导者应该是这些资源之一。值得信赖的学校领导者不仅自己要善于运用冲突管理策略,而且要为其他人改善这方面的技能创造条件,并为他们提供培训。形成更富有成效的处理冲突的方式是培养学校信任文化的重要组成部分。当争议者受到规范和程序的支持,能够协商解决方案以满足各方需要时,这不仅有助于恢复已经被打破的信任,而且有助于避免未来的信任破损。

就学校领导者对所领导学校的影响而言,领导的五项职能,即建构愿景、做出表率、教练辅导、经营管理和调解斡旋,已经被证明是重要的影响力量。所以,这些职能同样承载了领导者培养信任的意图和能力。科斯纳(Cosner,2009)在一项对拥有建立和维持学校变革能力的著名校长的研究中发现,全州样本中最有效的校长都把培养信任作为他们领导策略的明确目标。这些校长报告说,为了培养更高水平的信任,他们在学校里明确提出并捍卫了更为强大的规范;为教师的合作与共同决策投入了更多时间,并创造了新的组织结构；为管理集体工作中不可避免的冲突，给教师创造了提高管理冲突技能的机会。在这些学校领导者看来，这些策略对于构建和积累建设性变革的能力至关重要。综合来看，这些发现表明，培养信任的能力是领导的核心能力。

富有成效的学校

值得信赖的领导者构成富有成效学校的核心，他们让大家成为同一"战壕"里的"战友"，心往一处想，劲往一处使。在布鲁克赛德小学，布伦达校长值得信赖的领导是有感染力的，使整个学校共同体拥有更加信任的关系。教师们显然是互相关心的，这种关心并不局限于团体中的一小群朋友，而是扩展到每一个教职员工。在专业层面，教师们可以相互寻求帮助，特别是对新教师，教师们会自由分享观点和资源。在个人层面，大家也愿意分享自己的校外生活，并期望自己的分享会得到一种关怀型的回应。教师们尊重彼此的专长，对学校使命拥有强烈的共同承诺。教师中不存在胜过别人的竞争意识，或者说证明谁是最佳教师的竞争意识。教师们对自己的课堂业绩表现没有任何的设防意识，欢迎同事随时进入自己的教室，无论是非正式的随访或借东西，还是更加正式的同行听课观摩。教师们并不担心会受到严厉或不公平的评判。他们尊重彼此的正直，能够信赖彼此承诺的可靠性。

当我们信任教师，让他们对自己的时间有更多发言权，不管他们在这个时间段是否愿意教学，是否愿意团队教学，以及在这个时间段如何安排自己的休息时间——只要在课堂上觉

得合适就可以按照自己的需要休息——我们注意到,这种信
任会向下延伸,他们开始更多地信任自己的学生。

——丹(Dan),高中校长

学生和家长之间的信任同样重要。在对儿童的信任判断中,
本研究中的教师希望得到的是尊重,包括尊重教师和其他成年
人,尊重其他儿童以及自尊。对儿童信任所有其他方面(包括诚
实、公开、可靠和胜任力)的判断,似乎都要以尊重为底线。此外,
教师们希望学生家长至少要像他们自己一样关心孩子的福祉。
他们也希望家长们相信,教师关心每个孩子的最大利益,愿意在
共同的事业中作为家长的合作伙伴,共同努力去解决任何问题。
教师们还信任那些不会为自己的行为逃避责备,愿意对自己的行
为负责的教师;教师们还尊重那些鼓励自己孩子做同样事情的
家长。

对于学校中的各类主体,无论是校长、教师还是学生,信任培
养的五个方面同样重要。在更加基本的层面上,值得信赖与对关
系及对任务的关怀都具有相关性。就行政管理层面来说,这种对
关系和任务的平衡艺术在那种高支持、高挑战的校长身上表现得
很明显;在教师中,则体现在高承诺、高胜任的教师身上;在学生
中,则表现在那些高尊重、高动机的学生身上。不论你在学校共同
体中的角色是什么,要赢得信任,都与这种双重关怀有关,既要关
注共同任务,又要关注相互关系。值得信赖的领导者是通过做出
表率以及提供规范、结构和资源的方式来鼓励他人也成为值得信
赖的人的。值得信赖的领导者在学校中都建立了信任文化,这种
信任文化是学校取得成功的关键所在。

付诸行动

  你可以利用本书提出的观点在学校培养更高水平的信任，并获得更高的效率、更强的适应能力和更好的质量带来的好处。通过把信任的五个方面与领导的五项职能相结合，讨论它们与你所在学校各类主体的关联，你将从中获得需要做些什么的新洞见和方向。提高对信任发生作用方式以及信任对建设富有成效学校的重要性的认识，会让你在领导学校完成重要使命方面更加成功。一方面，如果你学校里的人际关系具有高水平信任，你和教师们可以为此庆祝，并采取行动来加强这种循环，去形成更高水平的信任；另一方面，如果现有信任水平并不是你学校所希望的，那本书提出的信任五个方面的模型可以提高你对解决相关问题的重要性和策略的认识。

  这样的认识催生了你承担建设性变革行动的责任。在等级制度中，具有更大权力的人有责任承担更大的信任培育职责，即使你感到被冤枉和误解，也有责任和机会努力去更新和重建信任，包括通过精心细致的努力使自己变得值得信赖，通过向别人宣布你的意图以及在组织内建立有效解决冲突的沟通机制。修复失去的信任是有可能的，但并不容易。这种努力需要勇气、毅力和宽恕。然而，这些努力带来的回报对那些深陷不信任文化、功能失调的学校来说，又是值得的。本书中提出的信任模型可以生成新的想法和可能性，可以使你和你的全体选民去破解不信任的恶性循环,并开始回到恢复信任的旅程中。

　　不存在快速修复信任的方法,只有在与教师和其他选民的对话中,新的愿景和新的策略才会产生。而且当这些对话具有基于优势的取向时,你才会有采取积极变革策略的态度。第九章中描述的欣赏型探究是一种构建所需对话的强有力方法,可以用于讨论如何通过所期待的未来的共同愿景的发展来提高学校里信任关系的质量。然后,可以组建设计团队去开发行动计划,以使愿景成为现实。随着时间的推移,一对一的教练可以帮助个人继续执行、开发和坚持这些行动计划。

　　信任是富有成效的学校的一个重要因素。享有信任文化的学校很可能会受益于这类学校的共同体成员,他们愿意在一起工作,并愿意做那些超越各自岗位基本工作要求的工作。如果没有大量规则的限制,信息的流动就会更为自由。高水平的信任有助于使学校成为一个学习和成长的好地方,那里具有积极、公开和健康的气氛。信任破损的代价是巨大的。当不信任弥漫于学校,其结果往往是沟通受到约束,主人翁精神缺乏,以及存在大量功能失调的规则。信任对学生成绩产生的影响会触及学校的底线,与教师拥有的集体意识有关,这种集体意识就是,他们可以在学生的生命中发挥重要作用,并能够建设性地应对冲突。虽然在学校中建立信任需要时间、努力和领导力,但这些投入会带来长久的回报。在帮助每所学校成功地实现其使命,使学校成为富有成效的专业学习共同体方面,信任发挥着巨大作用。

本章要点

- 值得信赖的领导者会把信任的五个方面运用到领导的五项职能上。他们构建共同的愿景，做出值得信赖行为的表率，提供教练式的辅导，经营管理环境，调解斡旋濒临崩溃的信任。
- 本书中阐述的信任五个方面的模型，可以帮助教育领导者积极地培养学校的信任文化。它还可以帮助他们诊断和纠正信任问题，以防这些问题变得严重到无法克服。
- 值得信赖的领导者会把信任文化置于自我需要之前。精于技巧的校长常常会以"平心静气"的领导方式赢得教师的信任：他们对人很温和，对项目却很严格。他们能够把克制和谦虚的个人品质与坚韧和专业意志结合起来，以便完成教育学生这种需要专业性的任务，并且能够完成得很好。
- 值得信赖的校长会通过展现灵活性，采取解决问题的立场，拒绝玩推卸责任的游戏以及让教师参与重大决策等方式，在学校培育信任文化。
- 值得信赖的领导者能够在承担过多责任和过少责任之间、太强硬地推行规则和过于温柔地推行规则之间做到恰当的平衡。
- 在全校范围内开展重建信任的对话，采取基于优势的取向，可能比在公共论坛上一味重复过去的冲突和背叛更具有建设性。
- 值得信赖的领导者是富有成效的学校的核心。

反思与讨论题

1. 你对你在学校里拥有的高信任关系的最好体验是什么？是什么

使这些关系如此积极和富有成效？在这种情况下，你是如何得到他人的信任和支持的？高水平信任是如何有助于你对工作的参与和承诺的？谁参与进来了？你正致力于什么目标？面临什么挑战？是什么促成了高水平信任？

2. 值得信赖的领导这一概念对你意味着什么？你是如何将这种领导方式与其他领导方式进行对比的？这个概念是如何与你的核心价值观相一致的？

3. 当你处于最佳状态时，对于你在学校工作中做出的贡献，你最看重什么？

4. 是谁助力你成为一位更加值得信赖的领导者？你又助力了谁，使之成为一位更加值得信赖的领导者？在这个方面，什么概念或过程被证明是最有效的？

5. 要使家长与学校之间形成更高水平的信任，学校中哪些风险大的结构、制度和实践可以减少或去除？如果是在教师与管理员之间呢？如果是在教师与学生之间呢？

6. 想象一下，你可以用任何你想要的方式去改变学校工作关系的质量。这种变革会是什么样子的？这种转变会如何增强组织的活力和健康？如果你能够许任何三个可以实现的愿望，把你的愿景变成现实，这三个愿望会是什么？

附录一

学校信任的测量

本附录包含三份信任调查问卷：学生对教师的信任调查问卷，家长对学校的信任调查问卷，教师对学生和家长的信任调查问卷。这些量表是多年研究的成果，把它们附于本书的目的是希望促进富有成效的对话。

在开展这些问卷时，必须严格遵守调查研究的伦理标准。问卷应遵循匿名原则，以便问卷的结果绝对不会追踪到完成问卷的个人。应该告知参加调查的对象是自愿参与，他们不会因拒绝完成问卷而受到任何惩罚；还应告知他们可以跳过任何他们不便回答的项目。

这里不仅分别为这三份问卷提供了计分方法说明，而且提供了关于量表的信度和效度的证据。将计算标准分的方法说明包含其中，是方便各个学校将问卷结果与其他学校的相比较。标准分是以 500 的平均值和 100 的标准差来表示的，很像"学业能力倾向测验"（SAT）或"研究生入学考试"（GRE）的分数。例如，一所学校教师对学生和家长（或"客户"）的信任分为 600 分，高于所有样本学校在该测量项目平均分的标准差，这就意味着，根据这里给出的标准分区间，该校教师对学生和家长的信任度要高于样本中 84％的学校，具体如下：

- 如果信任分是 200 分，就低于 99％的学校。

- 如果信任分是 300 分，就低于 97% 的学校。
- 如果信任分是 400 分，就低于 84% 的学校。
- 如果信任分是 500 分，是平均水平。
- 如果信任分是 600 分，就高于 84% 的学校。
- 如果信任分是 700 分，就高于 97% 的学校。
- 如果信任分是 800 分，就高于 99% 的学校。

我个人网站（www.MeganTM.com）上的"研究工具栏"提供了这些问卷的 PDF 文件，可以打印，供对研究学校信任有兴趣的教育工作者和学者使用。

学生对教师的信任调查问卷

"学生对教师的信任量表"测量的是学生对教师的信任水平（见表 A.1）。它是基于本书描述的信任五个方面的模型设计的。亚当斯和福赛思（Adams & Forsyth，2009）开发了这一量表，以"获取学生对教师行为的认知和回忆"，允许对其行为的公开、仁慈、可靠、胜任力和诚实做出判断(p.264)。

表 A.1　学生对教师的信任量表

学 生 问 卷				

问卷说明：请告诉我们你对下列关于贵校的每一个陈述同意或不同意的程度，将你的选择填写在右边的选项框里，选项依次是：① 强烈不同意；② 不同意；③ 中立；④ 同意；⑤ 强烈同意。

	强烈 不同意				强烈 同意
1. 教师们总是乐于助人。	①	②	③	④	⑤
2. 在这所学校里，教师们说话总是平易近人。	①	②	③	④	⑤

	强烈 不同意				强烈 同意
3. 这所学校的学生从教师那里学到了很多东西。	①	②	③	④	⑤
4. 这所学校的学生可以从教师那里获得帮助。	①	②	③	④	⑤
5. 这所学校的教师工作做得很出色。	①	②	③	④	⑤
6. 这所学校的教师会真正倾听学生的想法。	①	②	③	④	⑤
7. 教师总是做他们应该做的事情。	①	②	③	④	⑤
8. 在这所学校,学生得到了很好的关照。	①	②	③	④	⑤
9. 这所学校的教师擅长教学。	①	②	③	④	⑤
10. 这所学校的教师对我总是诚实的。	①	②	③	④	⑤

© 亚当斯和福赛思 2009 年版权所有。此工具可免费用于学术目的。

学生问卷的计分说明

第一步：计算每位问卷参与者的平均得分

通过计算每位参与者所有 10 个问卷项目的平均分来完成这一步。

第二步：计算你学校的总平均分

通过平均所有问卷调查参与者的分数来完成这一步。

第三步：计算学生对教师信任的标准分

在这一步,你要把学校的信任分数换算成标准分,平均值为 500 分,标准差为 100,并尽可能与其他学校进行比较。首先计算你学校的学生对教师的信任分数(STT)与常模样本均值之间的差异量。例如,对一所高中来说,这意味着其差异量为 $STT-3.059$。然后,乘以 100：$100(STT-3.059)$ 的差异量。接下来,按常模样本的标准差(这里是 0.728)除以乘积,然后在结果上加 500。你计算出的标准分为：**学生对教师的信任标准分。**

注意,学生问卷是一种五级回答量表,而家长和教师问卷是一种六级回答量表。

对于高中,使用以下公式计算标准化的信任分数:

学生对教师的信任标准分

$$=100(STT-3.059)/0.728+500$$

对于初中,使用以下公式计算标准化的信任分数:

学生对教师的信任标准分数

$$=100(STT-3.142)/0.861+500$$

对于小学,使用以下公式计算标准化的信任分数:

学生对教师的信任标准分数

$$=100(STT-4.107)/0.781+500$$

学生问卷的信度和效度

为了建立学生对教师信任量表的内容效度,亚当斯和福赛思(Adams & Forsyth,2009)将这些项目提交给一个由 8 名专业教育工作者组成的小组,让他们评估项目的清晰度;考察项目对师生互动的相关性;并辨别每个项目测量的概念指标(即信任的五个方面)。接下来我们进行了一次现场测试,探索性因子分析证明了其具有建构效度(construct validity),因为所有项目都被赋予一个单一因子,各因子的系数在 0.62 到 0.85 之间。此外,问卷的分数与构成学生行为基础的情感因素密切相关,比如学生对学业压力的感知以及对学校的认同感(Adams & Forsyth,2009;Tschannen-Moran, Bankole, Mitchell, & Moore,2013)。信度的检验采用克龙巴赫的内在一致性 α 系数(Cronbach's alpha),在以前的研究中,该信度系数为 0.90—0.93(Adams & Forsyth，2009；Tschannen-Moran，Bankole，Mitchell，& Moore，2013)。这些检验表明，"学生对教师的信任量表"是一个具有效度和信度的量表。

  "学生对教师的信任量表"的常模是根据城市学区 49 所学校三至十二年级 7 981 名学生对问卷的回答建立的。这些学校包括 35 所小学、9 所初中和 5 所高中。具体来说，对问卷做出回答的学生包括小学三至五年级的 4 702 名学生、初中六至八年级的 1 978 名学生以及高中九至十二年级的 1 301 名学生。对其他情境下学生对教师的信任进行比较需要慎重。

家长对学校的信任调查问卷

  "家长对学校的信任量表"包含 15 个项目，可以测量家长对学校工作人员的仁慈、诚实、公开、可靠和胜任力的感知(见表 A.2)。这个量表的项目是根据福赛思等人(Forsyth，Adams，& Hoy，2011)开发的家长对学校信任的测量量表(10 项)和家长对校长信任的测量量表(10 项)改编的，其中包括一些备选项目，以获取家长对学校和学校工作人员其他方面的认识的信息(Tschannen-Moran，Bankole，Mitchell，& Moore，2013)。

表 A.2 家长对学校的信任量表

家 长 问 卷

问卷说明：本问卷用来帮助我们更好地理解你对孩子学校的认识。你的回答是匿名的，你可以跳过任何你不便回答的项目。

  请对关于你孩子学校的每一个陈述标出你同意或不同意的程度，将你的选择填写在右边的选项框里，选项依次是从"① 强烈不同意"到"⑥ 强烈同意"。

	强烈 不同意					强烈 同意
1. 我孩子所在学校的教师很擅长教学。	①	②	③	④	⑤	⑥
2. 学生依赖教师的帮助。	①	②	③	④	⑤	⑥
3. 这所学校使我信息灵通。	①	②	③	④	⑤	⑥
4. 教师愿意为帮助我的孩子而努力。	①	②	③	④	⑤	⑥
5. 这所学校的教师值得信赖。	①	②	③	④	⑤	⑥
6. 我孩子所在学校的教师乐于助人。	①	②	③	④	⑤	⑥
7. 我相信学校工作人员会为我孩子的 最大利益着想。	①	②	③	④	⑤	⑥
8. 如果我有顾虑,学校工作人员会听我 诉说。	①	②	③	④	⑤	⑥
9. 这所学校里的人关心我的孩子。	①	②	③	④	⑤	⑥
10. 我孩子所在学校的教师是公平的。	①	②	③	④	⑤	⑥
11. 我孩子如果需要,可以在学校获得 额外的帮助。	①	②	③	④	⑤	⑥
12. 我孩子所在学校的教师工作很出色。	①	②	③	④	⑤	⑥
13. 我随时可以得知我孩子的进步情况。	①	②	③	④	⑤	⑥
14. 我如果需要,可以从学校得到帮助。	①	②	③	④	⑤	⑥
15. 我可以很容易地去见我孩子的教师。	①	②	③	④	⑤	⑥

家长问卷的计分说明

第一步：计算每位问卷参与者的平均得分

通过计算每个参与者所有 15 个问卷项目的平均分来完成这一步。

第二步：计算你学校的总平均分

通过平均所有问卷调查参与者的分数来完成这一步。

第三步：计算家长对学校信任的标准分

在这一步,你要把学校的信任分数换算成标准分,平均值为 500 分,标准差为 100,并尽可能与其他学校进行比较。首先计算家长对学校的信任分数(PaTS)与常模样本均值之间的差异量。例如,对一所小学来说,其差异量可能是 $PaTS-5.171$。然后,乘以 $100:100(PaTS-5.171)$ 的差异量。接下来,将常模样本的标准差(这里是 0.831)除以乘积,然后在结果上加 500。你计算出的标准分为:**家长对学校的信任标准分。**

对于高中,使用以下公式计算标准化的信任分数:

家长对学校的信任标准分数
$$=100(PaTS-4.680)/0.941+500$$

对于初中,使用以下公式计算标准化的信任分数:

家长对学校的信任标准分数
$$=100(PaTS-4.687)/0.988+500$$

对于小学,使用以下公式计算标准化的信任分数:

家长对学校的信任标准分数
$$=100(PaTS-5.171)/0.831+500$$

家长问卷的信度和效度

为了检验"家长对学校的信任量表"的建构效度,在 49 所城市学校对这一测量量表进行了因子分析,发现 15 个项目形成了一个单一因子(Pennycuff,2009)。信度的检验采用克龙巴赫的内在一致性 α 系数计算而得,信度系数为 0.96。

"家长对学校的信任量表"的常模是根据 2 959 位家长(1 867 位城市学校家长和 1 092 位郊区学校家长)对问卷的回答建立的。这些家长来自 64 所学校(49 所城市学校和 15 所郊区学校)。对其他情境下家长对学校的认知进行比较需要慎重。

教师对学生和家长的信任调查问卷

"教师对学生和家长的信任量表"包括 9 个项目(见表 A.3)。它可以应用于小学、初中或高中。有趣的是,在多种情境中询问学校教师对学生和对家长的信任时,所得结果是如此接近一致,以至于它们在统计上难以区分,必须将它们结合起来进行分析。

表 A.3　教师对学生和家长的信任量表

教 师 问 卷

问卷说明:请对下列陈述标出你同意或不同意的程度,标在右栏的选项框里,选项依次是从"① 强烈不同意"到"⑥ 强烈同意"。
本问卷用来帮助我们更好地理解学校中的各种关系。你的回答是保密的。

	强烈 不同意					强烈 同意
1. 这所学校的教师信任学生。	①	②	③	④	⑤	⑥
2. 这所学校的学生具有关爱之心。	①	②	③	④	⑤	⑥
3. 这所学校的学生能够完成自己的工作。	①	②	③	④	⑤	⑥
4. 这所学校的教师相信学生是有能力 的学习者。	①	②	③	④	⑤	⑥
5. 这所学校的教师信任学生家长。	①	②	③	④	⑤	⑥
6. 这所学校的教师可以得到父母的支持。	①	②	③	④	⑤	⑥
7. 这所学校家长的承诺是可靠的。	①	②	③	④	⑤	⑥
8. 教师认为多数家长都做得很好。	①	②	③	④	⑤	⑥
9. 这所学校的教师相信家长说的话。	①	②	③	④	⑤	⑥

©霍伊和茜嫩-莫兰 1999 年版权所有。

教师问卷的计分说明

第一步:计算每位问卷参与者的平均得分

通过计算每位参与者所有 9 个问卷项目的平均分来完成这一步。

第二步：计算你学校的总平均分

通过平均所有问卷调查参与者的分数来完成这一步。

第三步：计算教师对学生和家长信任的标准分

在这一步，你要把学校的信任分数换算成标准分，平均值为 500 分，标准差为 100，并尽可能与其他学校进行比较。首先计算教师对学生和家长的信任分数（FTSP）与常模样本均值之间的差异量。例如，对一所初中来说，其差异量是 $FTSP-3.420$。然后，乘以 100：$100(FTSP-3.420)$ 的差异量。接下来，将常模样本的标准差（这里是 0.466）除以乘积，然后在结果上加 500。你计算出的标准分为：**教师对学生和家长的信任标准分。**

对于高中，使用以下公式计算标准化的信任分数：

$$教师对学生和家长的信任标准分数$$
$$=100(FTSP-3.685)/0.349+500$$

对于初中，使用以下公式计算标准化的信任分数：

$$教师对学生和家长的信任标准分数$$
$$=100(FTSP-3.420)/0.466+500$$

对于小学，使用以下公式计算标准化的信任分数：

$$教师对学生和家长的信任标准分数$$
$$=100(FTSP-3.966)/0.584+500$$

教师问卷的信度和效度

对"教师对学生和家长的信任量表"因子分析的研究支持了该测量量表的建构效度。这一量表的信度采用克隆巴赫的内在一致

性 α 系数计算而得,信度系数通常为 0.90—0.98。关于教师问卷信度和效度的更多信息,参见"教师对学校信任的概念化与测量:多项混合 T 检验量表"(Hoy & Tschannen-Moran,2003)。

"教师对学生和家长的信任量表"的常模是基于俄亥俄州 97 所高中、弗吉尼亚州 66 所初中和俄亥俄州 146 所小学的样本建立的,样本来自各州的多样情境。对其他情境下教师对学生和家长的信任进行比较需要慎重。

如何将信任问卷调查结果呈现给教师

信任研究可以比作一项对纤细植物的根的研究。如果不小心翼翼,这种研究就可能损害甚至破坏希望寻求更多理解的事物本身。因此,我提醒大家慎重使用这些信任量表。虽然它们可以成为有力的工具,有助于揭示教师与学生和家长之间互惠关系的潜在信任动力,但如果信任信息没有得到敏感、妥善和精心的处理,那它们带来的伤害比带来的好处还要多。如果这些数据显示你的学校存在信任模式问题,那呈现这些结果的过程便是做出值得信任的行为的最好时机。

通过辨别需要提高的信任领域,这些工具虽然具有促进你所在学校生产效力和效能的可能性,但对不信任的披露,或者甚至是对不太理想的信任的披露,仍然是让人很难接受的,并且这种披露感觉是一种个人攻击。对于人们对这种想象的侮辱所做出的反应,你一定不要反应迟钝。相反,重要的是,要设法让人们理解调查揭示出来的认识和情感;试着去欣赏这样一个让你了解别人想法的机会,这些想法你可能无法通过别的方式获得。如果你不想知道真相，一开始就不要开展这些调查。此外，禁止发布负面的结果，这只会削弱信任。所以，如果你不打算与那些提出意见的人分享调查结果，就不要开展这些问卷调查。

在把问卷结果呈现给教师或其他利益相关者时，重要的是要避免指责或寻找替罪羊。现在正是需要公开、展示脆弱和真诚的时刻。这是一个需要心胸开阔、对事情为何是现在这样怀有好奇心的时刻，接着通过对话，讨论参与者希望事情是什么样子的，以及如何使理想变为现实。本书呈现了令人信服的证据，显示了信任对高绩效学校的重要性。如果你的信任分数表明你学校存在信任问题，那你就抓住机会，优先关注并解决这一问题。

附录二

附加资源

依恋理论(attachment theory)

Freiberg, H. J., Huzinec, C. A., & Templeton, S. M. (2009). Classroom management — A Pathway to Student Achievement: A Study of Fourteen Inner-city Elementary Schools. *The Elementary School Journal*, 110, 1 – 18.

Freiberg, H. J., & Lamb, S. M. (2009). Dimensions of Person-centered Classroom Management. *Theory into Practice*, 48, 99 – 105.

Pianta, R. C. (1999). *Enhancing Relationships between Children and Teachers*. Washington, D. C.: American Psychological Association.

Pianta, R. C. (2006). Classroom Management and Relationships between Children and Teachers: Implications for Research and Practice. In C. M. Evertson & C. S. Weinstein (Eds.), *Handbook of Classroom Management* (pp.685 – 709). Hillsdale, NJ: Lawrence Erlbaum Associates.

Streight, D. (2013). *Breaking into the Heart of Character: Self-determined Moral Action and Academic Motivation*. Portland, OR: Center for Spiritual and Ethical Education.

Tough, P. (2012). *How Children Succeed: Grit, Curiosity, and the Hidden Power of Character*. New York, NY: Houghton Mifflin Harcourt. 该书首章提供了令人信服的儿童健康发展依恋角色的案例,对班级实践具有极大启示。

Watson, M. (2003). *Learning to Trust: Transforming Difficult Elementary Classrooms through Developmental Discipline*. San Francisco, CA: Jossey-Bass.

Watson, M. S. (2006). Long Term Effects of Moral/Character Education in Elementary School: In Pursuit of Mechanisms. *Journal of Research in Character Education*, 4, 1-12. 本文对《学会信任》(见前一参考文献)一书描述的几位学生进行了追踪研究,报道了他们在高中二年级末时的情况。

Watson. M. S., & Battistich, V. (2006). Building and Sustaining Caring Communities. In C. M. Evertson & C. S. Weinstein (Eds.), *Handbook of Classroom Management* (pp.253 - 279). Mahwah, NJ: Lawrence Erlbaum Associates.

欣赏型探究(appreciative inquiry)

Bushe, G. R. (2008). AI at Metropolitan School District. In D. L. Cooperrider, D. Whitney & J. M. Stavros (Eds.) *AI Handbook for Leaders of Change* (2nd ed., pp.314 - 317). Brunswick, OH: Crown Custom.

Cooperrider, D. L., Whitney. D., & Stavros, J. M. (2008). *AI Handbook for Leaders of Change* (2nd ed.), Brunswick, OH: Crown Custom.

Daly, A. J., & Chrispeels, J. (2005). From Problem to Possibility: Leadership for Implementing and Deepening the Processes of Effective Schools. *Journal for Effective Schools*, 4(1), 7 - 25.

Daly, A. I., Millhollen, B., & DiGuilio, L. (2007). Soaring toward Excellence: The Case of the Esperanza School District. *AI Practitioner*, 5(3), 27 - 39.

Tschannen-Moran, M., & Tschannen-Moran, B. (2011). Taking a Strengths-based Focus Improves School Climate. *Journal of School Leadership*, 21, 422 - 448.

Watkins, J. M., Mohr, B. J., & Kelly, R. (2011). *Appreciative Inquiry: Change at the Speed of Imagination* (2nd ed.). San Francisco, CA: Jossey-Bass.

Whitney, D., Trosten-Bloom, A., & Cooperrider, D. (2010). *The Power of Appreciative Inquiry: A Practical Guide to Positive Change* (2nd ed.). San Francisco, CA: Berrett-Koehler.

Willoughby, G., & Tosey, P. (2007). Imagine Meadfield: AI as a Process for Leading School Improvement. *Educational Management, Administration, & Leadership*, 35, 499 - 520.

欣赏型探究网络资源

欣赏型探究公共平台：http：//appreciativeinquiry.case.edu
《欣赏型探究实践者在线杂志》：http：//www.aipractitioner.com
学校转型中心：http：//www.schooltransformation.com

教育中的非暴力沟通（nonviolent communication in education）

Hart，S.，& Hodson，V. K. (2004). *The Compassionate Classroom: Relationship-based Teaching and Learning*. Encinitas，CA：PuddleDancer Press.

Hart，S.，& Hodson，V. K. (2006). *Respectful Parents，Respectful Kids: 7 Keys to Turn Family Conflict into Cooperation*. Encinitas，CA：PuddleDancer Press.

Hart，S.，& Hodson，V. K. (2008). *The No-fault Classroom: Tools to Resolve Conflict and Foster Relationship Intelligence*. Encinitas，CA：PuddleDancer Press.

Leu，L. (2003). *Nonviolent Communication: Companion Workbook*. Encinitas，CA：PuddleDancer Press.

Rosenberg. M.(2003). Life-enriching Education：*Nonviolent Communication Helps Schools Improve Performance，Reduce Conflict，and Enhance Relationships*. Encinitas，CA：PuddleDancer Press.

Rosenberg，M. (2005). *Nonviolent Communication: A Language of Life* (2nd ed.). Encinitas. CA：PuddleDancer Press.

Rosenberg，M.(2005). *Teaching Children Compassionately: How Students and Teachers Can Succeed with Mutual Understanding*. Encinitas，CA：PuddleDancer Press.

Rosenberg，M. (2006). *The Nonviolent Communication Training Course* [Audiobook]. Louisville，CO：Sounds True.

教育中的非暴力沟通网络资源

非暴力沟通中心：http：//www.cnvc.org/
无过错地带：http：//www.thenofaultzone.com

参考文献

Abdul-Adil, J. K., & Farmer, A. D. (2006), Inner-city African American Parental Involvement in Elementary Schools: Getting beyond Urban Legends of Apathy. *School Psychology Quarterly*, *21*, 1-12.

Adams, C. (2010). Social Determinants of Student Trust in High-poverty Elementary Schools. In W. K. Hoy & M. F. DiPaola (Eds.), *Analyzing School Contexts* (pp.255-280). Charlotte, NC: Information Age.

Adams, C. M., & Forsyth, P. B. (2009). Conceptualizing and Validating a Measure of Student Trust. In W. K. Hoy & M. F. DiPaola (Eds.), *Studies in School Improvement* (pp.263-279). Charlotte, NC: Information Age.

Adams, C. M., & Forsyth, P. B., (2013). Revisiting the Trust Effect in Urban Elementary Schools. *The Elementary School Journal*, *114*, 1-21.

Adams, C. M., Forsyth, P. B., & Mitchell, R. M. (2009). The Formation of Parent-school Trust: A Multilevel Analysis. *Educational Administration Quarterly*, *45*, 4-33. doi: 10.1177/0013161X08327550.

Adams, K. S., & Christenson, S. L. (1998). Differences in Parent and Teacher Trust Levels. *Special Services in the Schools*, *14*, 1-22. doi: 10. 1300/J008v14n01_01.

Adams, K. S., & Christenson, S. L. (2000). Trust and the Family-school Relationship: Examination of Parent-teacher Differences in Elementary and Secondary Grades. *Journal of School Psychology*, *38*, 477-497.

Adler, P. S., & Borys, B. (1996). Two Types of Bureaucracy: Enabling and Coercive. *Administrative Quarterly*, *41*, 61-89.

Ainsworth, M. D. S., Blehar, M. C., Waters, E., & Wall, S. (1978). *Patterns of Attachment*. Hillsdale, NJ: Lawrence Erlbaum.

Allinder, R. M. (1994). The Relationship between Efficacy and the Instructional

Practices of Special Education Teachers and Consultants. *Teacher Education and Special Education*, *17*(2), 86 – 95.

Allison, S. T., & Messick, D. M. (1985). The Group Attribution Error. *Journal of Experimental Social Psychology*, *21*, 563 – 579.

Anderson, R. N., Greene, M. L., & Loewen, P. S. (1988). Relationships among Teachers' and Students' Thinking Skills, Sense of Efficacy, and Student Achievement. *Alberta Journal of Educational Research*, *34*, 148 – 165.

Armor, D., Conry-Oseguera, P., Cox, M., King, M., McDonnell, L., Pascal, A., ... & Zellmann, G. (1976). *Analysis of the School Preferred Reading Program in Selected Los Angeles Minority Schools*. Santa Monica, CA: Rand Corporation.

Ashton, P. T., & Webb, R. B. (1986). Teachers' Sense of Efficacy, Classroom Behavior, and Student Achievement. In P. T. Ashton & R. B. Webb (Eds.), *Teachers' Sense of Efficacy and Student Achievement* (pp.125– 144). New York, NY: Longman.

Baier, A. C. (1994). *Moral Prejudices*. Cambridge, MA: Harvard University Press.

Bandura, A. (1993). Perceived Self-efficacy in Cognitive Development and Functioning. *Educational Psychologist*, *28*, 117 – 148.

Bandura, A. (1997). *Self-efficacy: The Exercise of Control*. New York, NY: Freeman.

Barber, B. (1983). *The Logic and Limits of Trust*. New Brunswick, NJ: Rutgers University Press.

Barney, J. B., & Hansen, M. H. (1994). Trustworthiness as a Source of Competitive Advantage. *Strategic Management Journal*, *15*, 175 – 190.

Barnyak, N., & McNelly, T. A. (2009). An Urban School District's Parent Involvement: A Study of Teachers' and Administrators' Beliefs and Practices. *School Community Journal*, *19* (1), 33 – 58.

Baron, R. A. (1997). Positive Effects of Conflict: Insights from Social Cognition. In C. K. W. De Dreu & E. Van de Vliert (Eds.), *Using Conflict in Organizations* (pp.101 – 115). Thousand Oaks, CA: Sage.

Barth, R. (1981). The Principal as Staff Developer. *Journal of Education*, *163* (2), 144 – 162.

Berg, J., Dickhaut, J., & McCabe, K. (1995). *Trust, Reciprocity, and*

Social History. Unpublished working paper, University of Minnesota, Minneapolis.

Berliner, D. C., & Biddle, B. J. (1995). *The Manufactured Crisis: Myths, Fraud, and the Attack on America's Public Schools*. Reading, MA: Addison-Wesley.

Bies, R. J., & Tripp, T. M. (1996). Beyond Distrust:"Getting Even" and the Need for Revenge. In R. M. Kramer & T. R. Tyler (Eds.). *Trust in Organizations* (pp.246-260). Thousand Oaks, CA: Sage.

Bigley, G. A., Pearce, J. L. (1998). Straining for Shared Meaning in Organization Science: Problems of Trust and Distrust. *Academy of Management Review*, *23*, 405-421.

Blake, M., & MacNeil, A. J. (1998). Trust: The Quality Required for Successful Management. In Y. Cano, F. H. Wood, & J. C. Simmons (Eds.), *Creating High Functioning Schools: Practice and Research* (pp.29-37). Springfield, IL: Charles C. Thomas.

Bowlby, J. (1988). *A Secure Base: Parent-child Attachment and Healthy Human Development*. London, UK: Routledge.

Brewer, M. B. (1995). In-group Favoritism: The Subtle Side of Intergroup Discrimination. In D. M. Messick & A. Tenbrunsel (Eds.), *Behavioral Research and Business Ethics* (pp. 101-117). New York, NY: Russell Sage Foundation.

Bryk, A. S., & Schneider, B. (1996). *Social Trust: A Moral Resource for School Improvement*. Chicago, IL: Consortium on Chicago School Research.

Bryk, A. S., & Schneider, B. (2002). *Trust in Schools: A Core Resource for School Improvement*. New York, NY: Russell Sage Foundation.

Burt, R. S. & Knez, M. (1996). Trust and Third-party Gossip. In R. M. Kramer & T. R. Tyler (Eds.), *Trust in Organizations* (pp. 68-89). Thousand Oaks, CA: Sage.

Butler, J. K., & Cantrell, R. S. (1984). A Behavioral Decision Theory Approach to Modeling Dyadic Trust in Superiors and Subordinates. *Psychological Reports*, *55*, 81-105.

Cloke, K., & Goldsmith, J. (2002). *The End of Management and the Rise of Organizational Democracy*. San Francisco, CA: Jossey-Bass.

Coach, U.(2003). *Personal Foundation — Level 2*. Steamboat Springs, CO:

Author.

Coleman, J. S. (1990). *Foundations of Social Theory*. Cambridge, MA: Belknap Press of Harvard University Press.

Collins, J. (2002). Good to Great: *Why Some Companies Make the Leap ... and Others Don't*. New York, NY: HarperBusiness.

Conway, K., & Houtenville, A. (2008). Parental Effort, School Resources, and Student Achievement. *The Journal of Human Resources*, 43, 437 – 453.

Cosner, S. (2009). Building Organizational Capacity through Trust. *Educational Administration Quarterly*, 45, 248 – 291.

Creed, W. E. D., & Miles, R. E. (1996). Trust in Organizations: A Conceptual Framework Linking Organizational Forms, Managerial Philosophies, and the Opportunity Costs of Controls. In R. M. Kramer & T. R. Tyler (Eds.), *Trust in Organizations* (pp.16 – 38). Thousand Oaks, CA: Sage.

Cummings, L. L., & Bromily, P. (1996). The Organizational Trust Inventory (OTI): Development and Validation. In R. M. Kramer & T. R. Tyler (Eds.), *Trust in Organizations* (pp.302 – 330). Thousand Oaks, CA: Sage.

Daly, A. (2009). Rigid Response in an Age of Accountability: The Potential of Leadership and Trust. *Educational Administration Quarterly*, 45, 168 – 216.

Daly, A. J. (2010). Mapping the Terrain. In A. J. Daly (Ed.), *Social Network Theory and Educational Change* (pp.1 – 16). Cambridge, MA: Harvard Education Press.

Dasgupta, P. (1988). Trust as a Commodity. In D. Gambetta (Ed.), *Trust: Making and Breaking Cooperative Relations* (pp.213 – 238). Cambridge, MA: Basil Blackwell.

Deluga, R. J. (1994). Supervisor Trust Building, Leader-member Exchange and Organizational Citizenship Behavior. *Journal of Occupational and Organizational Psychology*, 67, 315.

Deutsch, M. (1960). The Effect of Motivational Orientation upon Trust and Suspicion. *Human Relations*, 13, 123 – 139.

Deutsch, M. (2000). Cooperation and Competition. In M. Deutsch & P. T. Coleman (Eds.), *The Handbook of Conflict Resolution: Theory and*

Practice (pp.21 - 40). San Francisco, CA: Jossey-Bass.

Dirks, K. T., & Ferric, D. I. (2001). The Role of Trust in Organizational Settings. *Organizational Science*, *12*, 450 - 467

Elangovan, A. R., & Shapiro, D. L. (1998). Betrayal of Trust in Organizations. *Academy of Management Review*, *23*, 547 - 566.

Elmore, R. F., Peterson, P. L., & McCarthey, S. J. (1996). Restructuring the Classroom: Teaching, Leaning, and School Organization. San Francisco, CA: Jossey-Bass.

Epstein, J. L. (1988). Effects on Student Achievement of Teachers' Practices for Parent Involvement. In S. Silvern (Ed.), *Literacy through Family, Community, and School Interaction*. Greenwich, CT: JAI Press.

Finders, M., & Lewis, C. (1994). Why Some Parents Don't Come to School. *Educational Leadership*, *51*(8), 50 - 55.

Fisher, R., & Brown, S. (1988). *Getting Together*. Boston, MA: Houghton Mifflin.

Forsyth, P. B., Adams, C. M., & Hoy, W. K. (2011). *Collective Trust: Why School Can't Improve without It*. New York, NY: Teachers College Press.

Fox, A. (1974). *Beyond Contract: Work, Power and Trust Relations*. London, UK: Farber & Farber.

Fulk, J., Brief, A. P., & Barr, S. H. (1985). Trust in the Supervisor and Perceived Fairness and Accuracy of Performance Evaluations. *Journal of Business Research*, *13*, 301 - 313.

Fullan, M. (2001). Leading in a Culture of Change. San Francisco, CA: Jossey-Bass.

Fullan, M. (2003). *The Moral Imperative of School Leadership*. Thousand Oaks, CA: Corwin.

Gallwey, W. T. (2000). *The Inner Game of Work*. New York, NY: Random House.

Gibson, S., & Dembo, M. H. (1984). Teacher Efficacy: A Construct Validation. *Journal of Educational Psychology*, *76*, 569 - 582.

Goddard, R. D. (2001). Collective Efficacy: A Neglected Construct in the Study of Schools and Student Achievement. *Journal of Educational Psychology*, *93*, 467 - 476.

Goddard, R. D., Hoy, W. K., & Woolfolk Hoy, A. (2000). Collective

Teacher Efficacy: Its Meaning, Measure and Effect on Student Achievement. *American Educational Research Journal*, *37*, 479 - 507.

Goddard, R. D., Salloum, S. J., & Berebitsky, D. (2009). Trust as a Mediator of the Relationships between Poverty, Racial Composition, and Academic Achievement: Evidence from Michigan's Public Elementary Schools. *Educational Administration Quarterly*, *45*, 292 - 311.

Goddard, R. D., Tschannen-Moran, M., & Hoy, W. K. (2001). A Multilevel Examination of the Distribution and Effects of Teacher Trust in Students and Parents in Urban Elementary Schools. *The Elementary School Journal*, *102*, 3 - 17.

Goldring, E. B., & Rallis, S. F. (1993). *Principals of Dynamic Schools: Taking Charge of Change*. Thousand Oaks, CA: Corwin.

Goodlad, J. I.(1984). *A Place called School: Prospects for the Future*. New York, NY: McGraw-Hill.

Govier. T. (1992). Distrust as a Practical Problem. *Journal of Social Philosophy*, *23*, 52 - 63.

Greenberg, J. (1993). The Social Side of Fairness: Interpersonal and Informational Classes of Organizational Justice. In R. Cropanzano (Ed.), *Justice in the Workplace* (pp.79 - 103). Hillsdale, NJ: Erlbaum.

Gregory, A., & Ripski, M. B. (2008). Adolescent Trust in Teachers: Implications for Behavior in the High School Classroom. *School Psychology Review*, *37*, 337 - 353.

Gulati, R. (1995). Does Familiarity Breed Trust? The Implications of Repeated Ties for Contractual Choice in Alliances. *Academy of Management Journal*, *38*, 85 - 112.

Handford, V., & Leithwood, K. (2013). Why Teachers Trust School Leaders. *Journal of Educational Administration*, *51*, 194 - 212.

Hardin, R. (2006). The Street-level Epistemology of Trust. In R. M. Kramer (Ed.), *Organizational Trust: A Reader* (pp. 21 - 47). Oxford, UK: Oxford University Press.

Harris, G. G. (1994). *Trust and Betrayal in the Workplace*. (Unpublished doctoral dissertation). University of Utah, Salt Lake City.

Hattie, J. (2012). *Visible Learning for Teachers: Maximizing Impact on Learning*. New York, NY: Routledge.

Henderson, A. T., & Mapp, K. L. (2002). A New Wave of Evidence: The

Impact of School, Family and Community Connections on Student Achievement. Austin, TX: Southwest Educational Development Lab. Retrieved from http://www.sedl.org/connections/resources/evidence.pdf.

Henderson, J. E., & Hoy, W. K. (1982). Principal Authenticity, School Climate, and Pupil-control Orientation. *Alberta Journal of Educational Research*, 2, 123 – 130.

Hill, N. B., & Tyson, D. F. (2009). Parental Involvement in Middle School: A Meta-analytic Assessment of the Strategies That Promote Achievement. *Developmental Psychology*, 45, 740 – 763. doi: 10.1037/a0015362.

Hirschhorn, L. (1997). *Reworking Authority: Leading and Following in a Post-modern Organization*. Cambridge, MA: MIT Press.

Hocker, J. L., & Wilmot, W. W. (1985). *Interpersonal Conflict* (2nd ed.). Dubuque, IA: William C. Brown.

Howes, C., & Ritchie, S. (2002). *A Matter of Trust*. New York, NY: Teachers College Press.

Hoy, W. K. (2002). Faculty Trust: A Key to Student Achievement. *Journal of School Public Relations*, 23(2), 88 – 193.

Hoy, W. K., Hannum, J., & Tschannen-Moran, M. (1998). Organizational Climate and Student Achievement: A Parsimonious and Longitudinal View. *Journal of School Leadership*, 8, 336 – 359.

Hoy, W. K., & Kupersmith, W. J. (1985). The Meaning and Measure of Faculty Trust. *Educational and Psychological Research*, 5(1), 1 – 10.

Hoy, W. K., & Miskel, C. G. (2008). *Educational Administration: Theory, Research, Practice*. Boston, MA: McGraw-Hill.

Hoy, W. K., & Sweetland, S. R. (2001). Designing Better Schools: The Meaning and Nature of Enabling School Structure. *Educational Administration Quarterly*, 37, 296 – 321.

Hoy, W. K., & Tarter, C. J. (2008). Administrators Solving the Problems of Practice: Decision-making, Concepts, Cases, and Consequences (3rd ed.). Boston, MA: Allyn & Bacon.

Hoy, W. K., Tarter, C. J., & Hoy, A. W. (2006). Academic Optimism of Schools: A Force for Student Achievement. *American Educational Research Journal*, 43, 425 – 446.

Hoy, W. K., & Tschannen-Moran, M. (1999). Five Faces of Trust: An Empirical Confirmation in Urban Elementary Schools. *Journal of School*

Leadership, *9*, 184 – 208.

Hoy, W. K., & Tschannen-Moran, M. (2003). The Conceptualization and Measurement of Faculty Trust in Schools: The Omnibus T-scale. In W. K. Hoy & C. G. Miskel (Eds.), *Studies in Leading and Organizing Schools* (pp.181 – 208). Greenwich, CT: Information Age.

Hurley, R. F. (2012). *The Decision to Trust: How Leaders Create High-trust Organizations*. San Francisco, CA: Jossey-Bass.

International Association of Coaching. (2003). IAC Ethical Principles. Retrieved from http://www.certifiedcoach.org/ethics/iacethics.pdf.

International Association of Coaching. (2009). IAC Coaching Masteries Overview. Retrieved from http://www.certifiedcoach.org/learningguide/PDFs/IAC_Masteries_ Public.pdf.

International Coach Federation. (2008a). ICF Code of Ethics. Retrieved from http://www.coachfederation.org/includes/media/docs/ethics – 2009.pdf.

International Coach Federation. (2008b). ICF Professional Coaching Core Competencies. Retrieved from http://www.coachfederation.org/includes/media/docs/ CoreCompEnglish.pdf.

ISQ Briefings. (2007). Managing Challenging Behaviour: How Do We Help Young People with Emotional, Behavioural and Social Difficulties? *ISQ Briefings*, *11* (6), 1 – 3.

Janis, I. L. (1982). *Groupthink: Psychological Studies of Policy Decisions and Fiascos*. Boston, MA: Houghton Mifflin.

Jeynes, W. (2005). A Meta-analysis of the Relationship of Parental Involvement to Urban Elementary School Student Academic Achievement. *Urban Education*, *40*, 237 – 269.

Johnson, J. F., Perez, L. G., & Uline, C. L. (2013). *Teaching Practices from America's Best Urban Schools: A Guide for School and Classroom Leaders*. Larchmont, NY: Eye on Education.

Johnson-George, C. E., & Swap, W. C. (1982). Measurement of Specific Interpersonal Trust: Construction and Validation of a Scale to Assess Trust in a Specific Other. *Journal of Personality and Social Psychology*, *43*, 1306 – 1317.

Jones, G. R., & George. J. M. (1998). The Experience and Evolution of Trust : Implications for Cooperation and Teamwork. *Academy of Management Review*, *23*, 531 – 546.

Jones, W., & Burdette, M. P. (1994). Betrayal in Relationships. In A. Weber & J. Harvey (Eds.), *Perspectives on Close Relationships* (pp.243 – 262). Boston, MA: Allyn Bacon.

Karakus, M., & Savas, A. C. (2012). The Effects of Parental Involvement, Trust in Parents, Trust in Students and Pupil Control Ideology on Conflict Management Strategies of Early Childhood Teachers. *Educational Sciences: Theory & Practice*, *123*, 2977 – 2985.

Kauffman, T. R. (2013). *Middle School Students' Lived Experiences of Teacher Relationship Impact* (Unpublished doctoral dissertation). Walden University, Minneapolis, MN.

Kipnis, D. (1996). Trust and Technology. In R. M. Kramer & T. R. Tyler (Eds.), *Trust in Organizations* (pp.39 – 50). Thousand Oaks, CA: Sage.

Kirby, M., & DiPaola, M. F. (2011). Academic Optimism and Community Engagement in Urban Schools. *Journal of Educational Administration*, *49*, 542 – 562.

Klassen, R. M., Tze, V. M. C., Betts, S. M., & Gordon, K. A. (2011). Teacher Efficacy Research 1998 – 2009: Signs of Progress or Unfulfilled Promise? *Educational Psychology Review*, *23*, 21 – 43.

Klayman, J., & Ha, Y. W. (1997). Confirmation, Disconfirmation, and Information in Hypothesis Testing. In W. M. Goldstein & R. M. Hogarth (Eds.), *Research on Judgment and Decision Making: Currents, Connections, and Controversies* (pp.205 – 243). Cambridge, UK: Cambridge University Press.

Konovsky, M. A., & Pugh, S. D. (1994). Citizenship Behavior and Social Exchange. *Academy of Management Review*, *37*, 656 – 669.

Kramer, R. M. (1996). Divergent Realities and Convergent Disappointments in the Hierarchic Relation: Trust and the Intuitive Auditor at Work. In R. M. Kramer & T. R. Tyler (Eds.), *Trust in Organizations* (pp.216 – 245). Thousand Oaks, CA: Sage.

Kramer, R. M., Brewer, M. B., & Hanna, B. A. (1996). Collective Trust and Collective Action: The Decision to Trust as a Social Decision. In R. M. Kramer & T. R. Tyler (Eds.), *Trust in Organizations* (pp.357 – 389). Thousand Oaks, CA: Sage.

Kramer, R. M., & Cook, K. S. (2004). *Trust and Distrust in Organizations: Dilemmas and Approaches*. New York, NY: Russell Sage Foundation.

Kratzer, C. C. (1997, March). *A Community of Respect, Caring, and Trust: One School's Story*. Paper presented at the annual meeting of the American Educational Research Association, Chicago, IL.

Lareau, A. (1987). Social Class Differences in Family-school Relationships: The Importance of Cultural Capital. *Sociology of Education*, *60*, 73 - 85.

Lareau, A., & Horvat, E. M. (1999). Moments of Social Inclusion and Exclusion: Race, Class, and Cultural Capital in Family-school Relationships. *Sociology of Education*, *72*, 37 - 53.

Lawrence-Lightfoot, S. (2003). *The Essential Conversation: What Parents and Teachers Can Learn from Each Other*. New York. NY: Ballantine Books.

Lee, S. J. (2007). The Relations between the Student-teacher Trust Relationship and School Success in the Case of Korean Middle Schools, *Educational Studies*, *33*, 209 - 216.

Lee, V. E., & Bryk, A. S. (1989). A Multilevel Model of the Social Distribution of High School Achievement. *Sociology of Education*, *62*, 172 - 192.

Lee, V. E., & Smith, J. B. (1999). Social Support and Achievement for Young Adolescents in Chicago: The Role of School Academic Press. *American Education Research Journal*, *36*, 907 - 945.

Leonard, P. E. (1999, November). *Do Teachers Value Collaboration: The Impact of Trust*. Paper presented at the annual meeting of the University Council for Educational Administration, Minneapolis, MN.

Lewicki, R. J., & Bunker, B. B. (1996). Developing and Maintaining Trust in Work Relationships. In R. M. Kramer & T. R. Tyler (Eds.), *Trust in Organization* (pp.114 - 139). Thousand Oaks, CA: Sage.

Lewicki, R. J., McAllister, D. J., & Bies, R. J. (1998). Trust and Distrust: New Relationships and Realities. *Academy of Management Review*, *23*, 438 - 458.

Lewis, J. D., & Weigert, A. (1985). Trust as a Social Reality. *Social Forces*, *63*, 967 - 985.

Limerick, D., & Cunnington, B. (1993). *Managing the New Organization*. San Francisco, CA: Jossey-Bass.

Lindskold, S., & Bennett, R. (1973). Attributing Trust and Conciliatory Intent from Coercive Power Capability. *Journal of Personality and Social*

Psychology, *28*,180 - 186.

Linse, C. T. (2010). Creating Taxonomies to Improve School-home Connections with Families of Culturally and Linguistically Diverse Learners. *Education and Urban Society*, *43*, 651 - 670. doi: 10.177/0013124510380908.

Louis, K. S., Kruse, S., & Associates. (1995). *Professionalism and Community: Perspectives on Reforming Urban Schools*. Thousand Oaks, CA: Corwin.

Louis, K. S., Kruse, S., & Marks, H. M. (1996). School-wide Professional Community: Teachers' Work, Intellectual Quality, and Commitment. In F. W. Newman and Associates (Eds.), *Authentic Achievement: Restructuring Schools for Intellectual Quality* (pp. 179 - 203). San Francisco, CA: Jossey-Bass.

Malen, B., Ogawa, R. T., & Kranz, J. (1990). Evidence Says Site-based Management Hindered by Many Factors. *School Administrator*, *47*(2), 30 - 32, 53 - 56, 59.

Mapp, K. (2004). Family Engagement. In F. P. Schargel & J. Smink (Eds.), *Helping Students Graduate: A Strategic Approach to Dropout Prevention* (pp.99 - 113). Larchmont, NY: Eye on Education.

Marks, H. M., & Louis, K. S. (1997). Does Teacher Empowerment Affect the Classroom? The Implications of Teacher Empowerment for Instructional Practice and Student Academic Performance. *Educational Evaluation and Policy Analysis*, *19*, 245 - 275.

Martin, R. (2002). *The Responsibility Virus*. New York, NY: Basic Books.

McAllister, D. J. (1995). Affect- and Cognition -based Trust as Foundations for Interpersonal Cooperation in Organizations. *Academy of Management Journal*, *38*, 24 - 59.

McGuigan, L., & Hoy, W. K. (2006). Principal Leadership: Creating a Culture of Academic Optimism to Improve Achievement for All Students. *Leadership and Policy in Schools*, *5*, 203 - 229.

McKnight, D. H., Cummings, L. L., & Chervany, N. L. (1998). Initial Trust Formation in New Organizational Relationships. *Academy of Management Review*, *23*, 473 - 490.

Miller, G. J. (2004). Monitoring, Rules, and the Control Paradox: Can the Good Soldier Svejk Be Trusted? In R. M. Kramer & K. S. Cook (Eds.), *Trust and Distrust in Organizations* (pp. 99 - 126). New York, NY:

Russell Sage Foundation.

Mishra, A. K. (1996). Organizational Responses to Crisis: The Centrality of Trust. In R. M. Kramer & T. R. Tyler (Eds.), *Trust in Organizations* (pp.261 – 287). Thousand Oaks, CA: Sage.

Mitchell, R., Forsyth, P., & Robinson, U. (2008). Parent Trust, Student Trust, and Identification with School. *Journal of Research in Education*, *18*(1), 116 – 123.

Mitchell, R. M., Kensler, L., Tschannen-Moran, M. (2010, November). *The Role of Trust and School Safety in Fostering Identification with School*. Paper presented at the annual meeting of the University Council for Educational Administration, New Orleans, LA.

Moolenaar, N. M., Karsten, S., Sleegers, P. J. C, & Zijlstra, B. J. H. (2010). Linking Social Networks and Trust: A Social Capital Perspective on Professional Learning Communities. In. N. M. Moolenaar (Ed.), *Ties with Potential: Nature, Antecedents, and Consequences of Social Networks in School Teams* (pp. 135 – 160). Amsterdam, Netherlands: Netherlands Organisation for Scientific Research.

Moolenaar, N. M., & Sleegers, P. J. C. (2010). Social Networks, Trust, and Innovation: The Role of Relationships in Supporting an Innovative Climate in Dutch Schools. In A. J. Daly (Ed.), *Social Network Theory and Educational Change* (pp.97 – 114). Cambridge, MA: Harvard University Press.

Moore, D. M.(2010). *Student and Faculty Perceptions of Trust and Their Relationships to School Success: Measures in an Urban School District*. (Unpublished doctoral dissertation). College of William & Mary, Williamsburg, VA.

Moye, M. J., Henkin, A. B., & Egley, R. J. (2005). Teacher-principal Relationships: Exploring Linkages between Empowerment and Interpersonal Trust. *Journal of Educational Administration*, 43, 260 – 277.

National Policy Forum for Family, School, and Community Engagement. (2010). Retrieved from http: //www. nationalpirc. org/engagement _ forum/.

Noddings, N. (2005). *The Challenge to Care in Schools: An Alternative Approach to Education*. New York, NY: Teachers College Press.

Organ, D. W. (1988). *Organizational Citizenship Behavior: The Good*

Soldier Syndrome. Lexington, MA: Lexington Books.

Owens, M. A., & Johnson, B. L. (2009). From Calculation through Courtship to Contribution: Cultivating Trust among Urban Youth in an Academic Intervention Program. *Educational Administration Quarterly*, *45*, 312 - 347.

Payne, C. M., & Kaba, M. (2001). So Much Reform, So Little Change: Building-level Obstacles to Urban School Reform. In L. B. Joseph (Ed.), *Education Policy for the 21st Century: Challenges and Opportunities in Standards-based Reform*, Chicago, IL: University of Chicago Press.

Peña, D. C. (2000). Parent Involvement: Influencing Factors and Implications. *The Journal of Educational Research*, *94* (1), 42 - 54.

Pennycuff, L. L. (2009). *An Analysis of the Impact of the Academic Component of Response to Intervention on Collective Efficacy, Parents Trust in Schools, and Referrals for Special Education, and Student Achievement*. (Unpublished doctoral dissertation). College of William & Mary, Williamsburg, VA.

Peterson, C., & Peterson, J. (1990). Fight or Flight: Factors Influencing Children's and Adults' Decisions to Avoid or Confront Conflict. *Journal of Genetic Psychology*, *151*, 461 - 471.

Pianta, R. C., & Stuhlman, M. W. (2004). Teacher-child Relationships and Children's Success in the First Years of School. *School Psychology Review*, *33*, 444 - 458.

Podsakoff, P. M., MacKenzie, S. B., Moorman, R. H., Fetter, R. (1990). Transformational Leader Behaviors and Their Effects on Followers' Trust in Leader, Satisfaction, and Organizational Citizenship Behaviors, *The Leadership Quarterly*, *1*, 107 - 142.

Pounder, D. G. (1998). *Restructuring Schools for Collaboration: Promises and Pitfalls*. Albany: State University of New York Press.

Purkey, S., & Smith, M. (1983). Effective Schools: A Review. *The Elementary School Journal*, *83*, 427 - 452.

Putnam, R. D. (1993). The Prosperous Community: Social Capital and Public Life. *The American Prospect*, *13*, 35 - 42.

Putnam, R. D. (2000). *Bowling Alone: The Collapse and Revival of American Community*. New York, NY: Simon & Schuster.

Putnam, R. T., & Borko, H. (1997). Teacher Learning: Implications of New

Views of Cognition. In B. J. Biddle, T. L. Good, & I. F. Goodson (Eds.), *The International Handbook of Teachers and Teaching* (pp.1223 – 1996). Dordrecht, Netherlands: Kluwer.

Rachman, S. (2010). Betrayal: A Psychological Analysis. *Behaviour Research and Therapy*, *48*, 304 – 331.

Reina, D., & Reina, M. (2005). *Trust and Betrayal in the Workplace* (2nd ed.). San Francisco, CA: Berrett-Koehler.

Riley, P. (2010). *Attachment Theory and the Teacher-student Relationship: A Practical Guide for Teachers, Teacher Educators and School Leaders*. London, UK: Routledge.

Roberts, K. H., & O'Reilly, C. O. (1974). Failure in Upward Communication in Organizations: Three Possible Culprits. *Academy of Management Review*, *17*, 205 – 215.

Robinson, S. L. (1996). Trust and Breach of the Psychological Contract. *Administration Science Quarterly*, *41*, 574 – 599.

Robinson, S. L., Dirks, K. T., & Ozcelik, H. (2004). Untangling the Knot of Trust and Betrayal. In R. M. Kramer & K. S. Cook (Eds.), *Trust and Distrust in Organizations: Dilemmas and Approaches* (pp.327 – 341). New York, NY: Russell Sage Foundation.

Rosen, B., & Jerdee, T. H. (1977). Influence of Subordinate Characteristics on Trust and Use of Participative Decision Strategies in a Management Simulation. *Journal of Applied Psychology*, *62*, 628 – 631.

Rosenberg. M. B. (2005). *Nonviolent Communication: A Language of Life*. Encinitas, CA: PuddleDancer Press.

Ross, J. A. (1992). Teacher Efficacy and the Effects of Coaching on Student Achievement. *Canadian Journal of Education*, *17*(1), 51 – 65.

Rotter, J. B. (1967). A New Scale for the Measurement of Interpersonal Trust. *Journal of Personality*, *35*, 651 – 665.

Rotter, J. B. (1980). Interpersonal Trust, Trustworthiness, and Gullibility. *American Psychologist*, *35*, 1 – 7.

Rousseau, D., Sitkin, S. B., Burt, R., & Camerer, C. (1998). Not So Different after All: A Cross-discipline View of Trust. *Academy of Management Review*, *23*, 393 – 404.

Rubin, J. Z., Pruit, D. G., & Kim, T. (1994). *Social Conflict: Escalation, Stalemate, and Settlement*. New York, NY: McGraw-Hill.

Ryan, R. M., & Stiller, J. D. (1994). Representations of Relationships to Teachers, Parents, and Friends as Predictors of Academic Motivation and Self-esteem. *Journal of Early Adolescence*, *14*, 226 – 250

San Antonio, D. M., & Gamage. D. T. (2007). Building Trust among Educational Stakeholders through Participatory School Administration, Leadership and Management. *Management in Education*, *21*(1), 15 – 22. doi: l0.1177/0892020607073406.

Sapienza, H. J., & Korsgaard, M. A. (1996). Managing Investor Relations: The Impact of Procedural Justice in Establishing and Sustaining Investor Support. *Academy of Management Journal*, *39*, 544 – 574

Schein, E. H. (2010). *Organizational Culture and Leadership* (4th ed.). San Francisco, CA: Jossey-Bass.

Schlenker, B. R., Helm, B., & Tedeschi, J. T. (1973). The Effects of Personality and Situational Variables on Behavioral Trust. *Journal of Personality and Social Psychology*, *25*, 419 – 427.

Seashore, K., & Kruse, S. D. (1995). *Professionalism and Community: Perspectives on Reforming Urban Schools*. Branchville, NJ: Broad Street Books.

Shapiro, D. L., Sheppard, B. H., & Cheraskin, L. (1992). Business on a Handshake. *Negotiation Journal*, *8*, 365-378.

Shapiro, D. L. (1987). The Social Control of Impersonal Trust. *American Journal of Sociology*, *93*, 623 – 658.

Shaw, R. B. (1997). Trust in the Balance: Building Successful Organizations on Results, Integrity and Concern. San Francisco, CA: Jossey-Bass.

Short, P. M., & Greer, J. T. (1997). *Leadership in Empowered Schools: Themes from Innovative Efforts*. Columbus, OH: Merrill.

Simons, T. L. (1909). Behavioral Integrity as a Critical Ingredient for Transformtional Leadership. *Journal of Organizational Change Management*, *12*, 89 – 104.

Sitkin, S. B. (1995). On the Positive Effect of Legalization on Trust. In R. J. Bies, R. J. Lewicki, & B. H. Sheppard (Eds.), *Research in Negotiations in Organizations* (Vol. 5, pp.185 – 217). Greenwich, CT: JAI Press.

Sitkin, S. B., & Roth, N. L. (1993). Explaining the Limited Effectiveness of Legalistic "Remedies" for Trust/Distrust. *Organizational Science*, *4*, 367 – 392.

Sitkin, S. B., & Stickel, D. (1996). The Road to Hell: The Dynamics of Distrust in an Era of Quality. In R. M. Kramer & T. R. Tyler (Eds.), *Trust in Organizations* (pp.196 - 215). Thousand Oaks, CA: Sage.

Smith, P. A., Hoy, W. K., & Sweetland, S. R. (2001). Organizational Health of High Schools and Dimensions of Faculty Trust. *Journal of School Leadership*, *12*, 135 - 150.

Smylie, M. A., Hart, A. W. (1999). School Leadership for Teacher Learning and Change: A Human and Social Capital Perspective. In J. Murphy & K. S. Louis (Eds.), *Handbook of Research on Educational Administration* (pp.421 - 441). San Francisco, CA: Jossey-Bass.

Solomon, R. C., & Flores, F. (2001). *Building Trust in Business, Politics, Relationships and Life*. New York, NY: Oxford University Press.

Spuck, D. W., & MacNeil, A. J. (1999, November). *Understanding Trust Relationships between Principals and Teachers*. Paper presented at the annual meeting of the University Council for Educational Administration, Minneapolis, MN.

Staw, B. M., Sandelands, L. E., & Dutton, J. E. (1981). Threat-rigidity Effects in Organizational Behavior: A Multilevel Analysis. *Administrative Science Quarterly*, *26*, 501 - 524.

Strike, K. A. (1999). Trust, Traditions, and Pluralism. In D. Carr & J. Steutel (Eds.), *Virtue, Ethics and Moral Education* (pp. 224 - 237). London, UK: Routledge.

Tarter, C. J., Bliss, J. R., & Hoy, W. K. (1989). School Characteristics and Faculty Trust in Secondary Schools. *Educational Administration Quarterly*, *25*, 294 - 308.

Tarter, C. J., Sabo, D., & Hoy, W. K. (1995). Middle School Climate, Faculty Trust and Effectiveness: A Path Analysis. *Journal of Research and Development in Education*, *29*, 41 - 49.

Thomas, K. (1976). Conflict and Conflict Management. In M. D. Dunnette (Ed.), *Handbook of Industrial and Organizational Psychology* (pp.889 - 936). Chicago, IL: Rand McNally.

Tjosvold, D. (1997). Conflict within Interdependence: Its Value for Productivity and Individuality. In C. K. W. De Dreu & E. Van de Vliert (Eds.), *Using Conflict in Organizations* (pp.23 - 37), Thousand Oaks, CA: Sage.

Tschannen-Moran, B. & Tschannen-Moran, M. (2010). *Evocative Coaching: Transforming Schools, One Conversation at a Time*. San Francisco, CA: Jossey-Bass.

Tschannen-Moran, B. & Tschannen-Moran, M. (2011). The Coach and the Evaluator. *Educational Leadership*, *69* (2), 10 – 16.

Tschannen-Moran, M. (2001). Collaboration and the Need for Trust. *Journal of Educational Administration*, *39*, 308 – 331.

Tschannen-Moran, M. (2003). Fostering Organizational Citizenship: Transformational Leadership and Trust. In W. K. Hoy & C. G. Miskel (Eds.), *Studies in Leading and Organizing Schools* (pp. 157 – 179). Greenwich, CT: Information Age.

Tschannen-Moran, M. (2004). *What's Trust Got to Do with It? The Role of Faculty and Principal Trust in Fostering Student Achievement*. Paper presented at the annual meeting of the University Council for Educational Administration, Kansas City, MO.

Tschannen-Moran, M. (2009). Fostering Teacher Professionalism: The Role of Professional Orientation and Trust. *Educational Administration Quarterly*, *45*, 217 – 247.

Tschannen-Moran, M. (2014). The Interconnectivity of Trust in Schools. In D. Van Maele, P. B. Forsyth, & M. Van Houtte (Eds.), *Trust Relationships and School Life: The Influence of Trust on Learning, Teaching, Leading and Bridging*. Dordrecht, Netherlands: Springer. doi 10.1007/978 – 94 – 017 – 8014 – 8_3.

Tschannen-Moran, M., Bankole, R., Mitchell, R., & Moore, D. (2013). Student Academic Optimism: A Confirmatory Factor Analysis. *Journal of Educational Administration*, *50*, 150 – 175.

Tschannen-Moran, M., & Barr, M. (2004). Fostering Student Achievement: The Relationship between Collective Teacher Efficacy and Student Achievement. *Leadership and Policy in Shools*, *2*, 187 – 207.

Tschannen-Moran, M., & Chen, J. (2014). Attention to Beliefs about Capability and Knowledge in Teachers' Professional Development. In L. E. Martin, S. Kragler, D. J. Quatroche, & K. L. Bauserman (Eds.), *Handbook of Professional Development in PreK – 12: Successful Models and Practices* (pp. 246 – 264). Oxford, UK: Guilford Press.

Tschannen-Moran, M., & Goddard, R. D. (2001, April). *Collective Efficacy and Trust: A Multilevel Analysis*. Paper presented at the annual meeting of the American Educational Research Association, Seattle, WA.

Tschannen-Moran, M., Hoy, W. K. (1998). A Conceptual and Empirical Analysis of Trust in Schools. *Journal of Educational Administration*, *36*, 334 – 352.

Tschannen-Moran, M., Hoy, W. K. (2000). A Multidisciplinary Analysis of the Nature, Meaning, and Measurement of Trust. *Review of Educational Research*, *71*, 547 – 593.

Tschannen-Moran, M., Salloum, S. J., & Goddard, R. D. (in press). Context Matters: The Influence of Collective Beliefs and Norms. In H. Fives & M. G. Gill (Eds.), *International Handbook of Research on Teaches' Beliefs*, New York, NY: Roultledge.

Tschannen-Moran, M., Woolfolk Hoy, A., & Hoy, W. K. (1998). Teacher Efficacy: Its Meaning and Measure. *Review of Educational Research*, *68*, 202 – 248.

Tyler, T. R., & Degoey, P. (1996). Trust in Organizational Authorities: The Influence of Motive Attributions on Willingness to Accept Decisions. In R. M. Kramer & T. R. Tyer (Eds.), *Trust in Organizations* (pp 331 – 356). Thousand Oaks, CA: Sage.

Tyler, T. R., & Kramer, R. M. (1996). Whither Trust? In R. M. Kramer & T. R.Tyler (Eds.), *Trust in Organizations* (pp.1 – 15). Thousand Oaks, CA: Sage.

Uline, C., Tschannen-Moran, M., & Perez, L. (2003). Constructive Conflict: How Controversy Can Contribute to School Improvement. *Teachers College Record*, *105*, 782 – 815.

Van Maele, D., Forsyth, P. B., & Van Houtte, M. (Eds.). (2014). *Trust Relation and School Life: The Influence of Trust on Learning, Teaching, Leading, and Bridging*. Dordrecht, Netherland: Springer. doi: 10.1007/ 978 – 94 – 017 – 8014 – 8.

Van Maele, D., & Van Houtte, M. (2009). Faculty Trust and Organizational School Characteristics: An Exploration Across Secondary Schools in Flanders. *Educational Administration Quarterly*, *45*, 556 – 589.

Van Maele, D., & Van Houtte, M. (2011). The Quality of School Life: Teacher-student Trust Relationships and the Organizational School Context. *Social Indicators Research*, *100*, 85 – 100. doi: 10.1007/s11205 – 010 –

9605 – 8.

Wahlstrom, K. L., & Louis, K. S. (2008). How Teachers Experience Principal Leadership: The Roles of Professional Community, Trust, Efficacy, and Shared Responsibility. *Educational Administration Quarterly*, *44*, 458 – 495.

Watkins, J. M., Mohr, B. J., & Kelly, R. (2011). *Appreciative Inquiry: Change at the Speed of Imagination* (2nd ed.). San Francisco, CA: Jossey-Bass / Pfeiffer.

Wason, M. (2003). *Learning to Trust: Transforming Difficult Elementary Classrooms through Developmental Discipline*. San Francisco, CA: Jossey-Bass.

Westat and Policy Studies Associates. (2001). *The Longitudinal Evaluation of School Change and Performance in Title I schools*. Washington, D. C.: US Department of Education, Offce of the Deputy Secretary, Planning and Evaluation Service.

Whitener, E. M., Brodt, S. E., Korsgaard, M. A., & Werner, J. M. (1998). Managers as Initiators of Trust: An Exchange Relationship Framework for Understanding Managerial Trustworthy Behavior. *Academy of Management Review*, *23*, 513 – 530.

Wicks, A. C., Berman, S. L., & Jones, T. M. (1999). The Structure of Optimal Trust: Moral and Strategic Implications. *Academy of Management Review*, *24*, 99 – 116.

Wrightsman, L. S. (1966). Personality and Attitudinal Correlates of Trusting and Trustworthy Behaviors in a Two-person Game. *Journal of Personality and Social Psychology*, *4*, 328 – 332.

Zand, D. E. (1997). *The Leadership Triad: Knowledge, Trust, and Power*. New York, NY: Oxford University Press.

Zucker, L. G. (1986). The Production of Trust: Institutional Sources of Economic Structure, 1840 – 1920. In B. M. Staw & L. L. Cummings (Eds.), *Research in Organizational Behavior* (Vol. 8, pp. 55 – 111). Greenwich, CT: JAI Press.

译后记

  信任是一种无形的力量,但又是可以感知和测量的。在一个由信任体系构建的价值多元的社会,信任已经成为现代社会最宝贵的资源。失去信任,不仅会失去朋友,而且会失去财富;没有信任,何以安身立命?诚如《论语·为政》所言:"人而无信,不知其可也。"作为投资公司的信托公司,要维持运行,是以信任为基础的,但以信任作为投资基础也是高风险的。人们把儿童托付给作为教育机构的学校,那是对学校的信任;在学校教育过程中,信任发挥着微妙而重要的教育作用,这种信任的教育力量不可低估。

  《信任的力量:成功学校的领导力》(第二版)一书对学校组织的信任关系进行了精彩的演绎和理论阐述,它以"仁慈、诚实、公开、可靠和胜任力"的概念系统以及生动鲜活的事例,对复杂的学校信任问题做出深刻的诠释。本书由程晋宽教授主持翻译,初稿最初由程晋宽和三位在读博士生合作翻译。程晋宽翻译前言和第一至第三章,马嵘翻译第四、第五章,夏杨燕翻译第六、第七章,李华翻译第八至第十章和附录。程晋宽对全书所有章节进行了多次修改和校对,并最终定稿。硕士研究生姜慧敏、王娜娜、黄倩、冉红月、李晨冉等对书稿的译文进行了通读和校对。感谢她们的辛苦付出。同时感谢责任编辑廖承琳女士的专业慧眼和敬业精神,为译文增光添彩。

翻译本书也是缘于信任。首先,南京师范大学张新平教授让我来组织翻译本书,这是对我的信任,我也希望自己是值得信赖的,能够堪当此任,这是他人对主我的信任。其次,我们在翻译过程中始终相信本书具有理论和实践价值,是一本具有学术魅力的著作,相信本书对学校领导者以及教师和学生都是有价值的。翻译的过程也是对著作本身价值的确信过程,这是主体对客体的信任。最后,翻译的过程也是发现自我的过程,是兑现承诺与发现生命意义的过程,也是更加自信的过程,这是主体对自我的信任。

　　信任既是一种日常的生活现象,也是一种道德哲学。本书具有循证研究的实证基础,又具有道德哲学的思考与辨证。所以,翻译本书确实不是一件容易的事情,尽管我们尽了最大的努力来保证译文的质量,希望既能够忠实于原文,做到"可信",又能够传递本书关于信任的意涵,做到"通达",还能够具有可读性,做到"雅致",但由于本书英文文本本身内涵深奥,要达到启蒙思想家严复提出的"信、达、雅"的翻译要求,是有客观难度的;也由于译者水平所限,疏漏之处在所难免,恳请读者批评指正。

　　信,人言也;人无信而不立,业无信而不兴,此乃古训。《信任的力量:成功学校的领导力》再次告诫我们:不做言而无信之人,要做言而有信之人。

　　信而无邪,言而无颇。信任就是力量。

　　是为跋。

程晋宽

2024 年 3 月

于金陵家天下

图书在版编目（CIP）数据

信任的力量：成功学校的领导力：第二版 /（美）梅甘·茜嫩-莫
兰著；程晋宽译. — 上海：上海教育出版社，2024.9. —（教师成长
必读系列 / 刘春琼，刘建主编）. —ISBN 978-7-5720-1837-4

Ⅰ . G718.3

中国国家版本馆CIP数据核字第20242GR49号

责任编辑　廖承琳
封面设计　郑　艺

教师成长必读系列
刘春琼　刘　建　主编
信任的力量：成功学校的领导力（第二版）
[美] 梅甘·茜嫩-莫兰　著
程晋宽　译

出版发行　上海教育出版社有限公司
官　　网　www.seph.com.cn
地　　址　上海市闵行区号景路159弄C座
邮　　编　201101
印　　刷　上海展强印刷有限公司
开　　本　640×965　1/16　印张20　插页1
字　　数　224千字
版　　次　2024年10月第1版
印　　次　2024年10月第1次印刷
书　　号　ISBN 978-7-5720-1837-4/G·2547
定　　价　78.00 元

如发现质量问题，读者可向本社调换　电话：021-64373213